Feen, Elfen, Zauberwesen

Janet Bord

Feen, Elfen, Zauberwesen

Begegnungen mit dem Wunderbaren

Aus dem Englischen von Oliver Deutsch

ECON Taschenbuch Verlag

Veröffentlicht im ECON Taschenbuch Verlag

Der ECON Taschenbuch Verlag
ist ein Unternehmen der ECON & List Verlagsgesellschaft

Deutsche Erstausgabe

First published in Great Britain by Michael O'Mara Books Ltd.
Titel des englischen Originals: Fairies
Aus dem Englischen übersetzt von: Oliver Deutsch
Umschlaggestaltung: Theodor Bayer-Eynck, Coesfeld
Lektorat: Andrea Kaufmann
Gesetzt aus der Novarese, Linotype
Satz: Josefine Urban – KompetenzCenter, Düsseldorf
Druck und Bindearbeiten: Ebner Ulm
Printed in Germany
ISBN 3-612-26377-3

Aus dem Englischen
von Oliver Deutsch

Inhalt

Vorwort und Danksagungen

Feen sind ... sofort bin ich um die richtigen Worte verlegen, denn Feen lassen sich nicht so einfach beschreiben. Sie sind eben für verschiedene Leute von unterschiedlicher Bedeutung, jeder sieht etwas anderes in ihnen – winzige, zarte, geflügelte Wesen oder boshafte Geschöpfe, die die Menschen zum Narren halten; die verlorenen Seelen Verstorbener oder gefallene Engel; unsere angestammten Urahnen oder Wesen aus einer anderen Welt – die Deutungen sind ebenso zahlreich wie unterschiedlich und werden alle von schlagkräftigen Beweisen untermauert. Ich habe mich jahrelang mit der Frage beschäftigt, was Feen oder Elfen tatsächlich sind: Sind sie objektiv real, nur halb-real (vielleicht aus einer anderen Dimension) oder bloße Einbildung? Für viele Menschen existieren sie lediglich in der Welt der Märchen, doch meine Nachforschungen haben mir gezeigt, daß noch heute, am Ende des zwanzigsten Jahrhunderts, viele Menschen Feen begegnen – und das nicht nur im entferntesten Winkel ihres Gartens – denn die »Naturgeister« sind immer noch zahlreich, anscheinend ist ihre Anwesenheit unserer zunehmenden Entweihung der Natur noch immer nicht zum Opfer gefallen. Daher dürfte jeder, der Feen und Elfen für einen Witz hält, sehr überrascht sein zu erfahren, wieviele Berichte über unmittelbare Begegnungen mit ihnen es tatsächlich gibt, und gerade diese Schilderungen sind es, auf die ich mich bei meiner Suche nach der Identität des »Kleinen Volkes« konzentrieren und stützen werde.

An dieser Stelle möchte ich mich auch bei all den zahlreichen Freunden und gleichgesinnten Forschern bedanken, die so freundlich waren, mich mit ihren Informationen zu unterstützen: W. Ritchie Benedict, Lindsey Campbell, Mark Chorvinsky, David Cowan, Ron Drabble, Tristan Gray Hulse, Peter D. Jackson, Ulrich Magin, Michel Raynal, Bob Rickard, Doc Shiels, Dr. Karl P. N. Shuker, Margaret Stutley, Ken Webster, Anthony Weir, und besonders bei meinem Ehemann Colin, dessen Kommentare und Vorschläge für mich von unschätzbarem Wert waren. Des weiteren gilt mein Dank denjenigen, die mir die Illustrationen zur Verfügung gestellt haben: die Fortean Picture Library; das Ulster Folk and Transport Museum and Art Gallery; Christopher Somerville; die Leeds University Library; die Mary Evans Picture Library; Bill Cox; The Pyramid Guide; Peter Hough; das Museum of Antiquities of the University and Society of Antiquaries of Newcastle-upon-Tyne.

»Es *waren bloß ein paar* Feen«:

Feen-Überlieferungen in Großbritannien und Irland

Während wir uns anschicken, das turbulente, schnellebige und von großen Veränderungen geprägte zwanzigste Jahrhundert zu verlassen und gegen ein ungewisses einundzwanzigstes einzutauschen, finden wir uns in einer Welt wieder, die sich sehr von der Welt unserer Urgroßeltern gegen Ende des neunzehnten Jahrhunderts unterscheidet. Industrielle Technologie, Weltraumforschung, das weltumspannende Verkehrsnetz der Düsenflugzeuge, Computer – all diese Dinge waren damals noch nicht einmal erdacht worden, und die Landbevölkerung, besonders in den entlegeneren Gebieten Großbritanniens und Irlands, war noch mit Kenntnissen und Lehren vertraut, die heutzutage ihre Bedeutung verloren haben. Dieser Verlust hat uns um vieles ärmer gemacht. Ich nehme damit Bezug auf die damals noch vorhandene Harmonie mit der Umwelt und das Gefühl für die jahreszeitlichen Zyklen der Natur; sie besaßen Kenntnis über Heilkräuter, und vor allem spürten sie instinktiv die Seele und Lebenskraft, die in allen lebendigen Dingen präsent ist, und die sich manchmal auf seltsame Weise manifestieren kann. Sie wußten, daß andere Existenzebenen sich mit der unseren von Zeit zu Zeit vermischen und gegenseitig beeinflussen, und sie hatten Regeln entwickelt, um damit umzugehen. Von Zeit zu Zeit begegneten sie unvermittelt den Bewohnern dieser anderen Welten, doch das beunruhigte sie nicht weiter. Meistens nahmen sie es sogar als selbstverständlich hin. Die Feen waren solche Wesen, denen man regelmäßig begegnete.

Diese Feststellung mag sich heutzutage, da die meisten Leute glauben, daß Feen lediglich in Märchen und in der Folklore existieren, unglaublich anhören. Wir sind in die schöne neue Welt der Technologien verwoben und glauben längst nicht mehr an die Anwesenheit von Feen. Und doch bleibt es eine Tatsache, daß vor nur etwas mehr als 100 Jahren die Existenz von Feen in den ländlichen Gegenden Großbritanniens und Irlands als beinahe selbstverständlich angesehen wurde, und daß sich aus diesem Wissen eine reiche Überlieferung entwickelt hat. Glücklicherweise ist eine große Anzahl dieser Feenüberlieferungen für die Nachwelt aufgezeichnet worden, ehe die ländlichen Gebiete im Laufe des zwanzigsten Jahrhunderts immer weiter urbanisiert wurden. Heute ist das Wissen um und der Glaube an die Feen auch unter der Landbevölkerung weitestgehend ausgestorben, denn sie sind mittlerweile denselben kulturellen Einflüssen durch die Medien ausgesetzt wie die Bewohner der Städte. Die Umwälzungen dieses Jahrhunderts haben jedoch nicht den völligen Untergang der Feen bewirken können: Sie haben überlebt, denn es gibt immer noch Menschen, die sie sehen. Bedeutet das, jenseits aller bukolischen Einbildungskraft, daß sie wirklich existieren?

In den späteren Kapiteln werde ich viele direkte Begegnungen mit Feen beschreiben, die große Anzahl dieser Berichte allein wirkt schon überzeugend genug, um eine objektive Realität hinter einem Phänomen sichtbar werden zu lassen, welches häufig genug in die Kinderbuchregale verbannt wird. Ich werde ebenso die zahlreichen Theorien erörtern, die im Laufe der Jahre entstanden sind, um diese Begegnungen zu erklären. Zu Anfang jedoch möchte ich »die Schauplätze beleuchten«, um einige Aspekte der Feenüberlieferung deutlich zu machen, die direkt mit den Erfahrungen der Landbevölkerung mit den Feen und der daraus resultierenden Wechselwirkung zu tun haben. Dadurch hoffe ich, das Verstehen der folgenden direkten Begegnungen zu erleichtern.

In der englischsprechenden Welt ist der Name »fairy« wohlbekannt, doch dieses Wort ist eigentlich relativ neu. Es wurde abgeleitet von dem früheren »fay«, das wiederum dem altfranzösischen *feie* entstammt, welches sich aus dem lateinischen *fata* entwickelte: die Parzen. Das waren übernatürliche Wesen, die Macht über das Schicksal und Wohlergehen der Menschen besaßen. »Fairy« sollte strenggenommen eigentlich nur als Adjektiv benutzt werden, es bedeutet soviel wie »verzaubert« oder »unwirklich«, aber heutzutage gebraucht man es als den Namen, den die Bewohner des verzauberten Landes »fairyland« tragen. Chaucer und andere Schriftsteller seiner Ära benutzten »faerie«, um »Zauber« oder »Trugbild« zu umschreiben.[1]

Ein weiterer bekannter Name ist das »Kleine Volk«, der ein eher beschreibender Terminus ist, ebenso wie viele der weniger verbreiteten Namen, wie das winzige Volk, das gute Volk, das gesegnete Volk, die guten Nachbarn. In Irland ist *sidhe* (Hügelvolk) ein gebräuchlicher Name; man kennt sie auch als die feinen Leute (the gentry). In Wales bezeichnet man sie als *y tylwyth teg*

Eine Abbildung aus dem sechzehnten Jahrhundert, auf der Feen zu sehen sind, die in einem Hügel leben und versuchen, einen Ritter dazu zu verlocken, sich zu ihnen zu gesellen (Fortean Picture Library)

(die Feen-Familie) oder *bendith y mamau* (der Segen ihrer Mutter). Diese beschreibenden Namen werden deshalb benutzt, weil man glaubte, daß es unglücklich sei, direktere Namen zu gebrauchen; den Namen zu wissen, gab einem Menschen Macht über das Individuum, und die Feen würden Rache an jedem üben, der sich die Vertraulichkeit herausnehmen würde, sie direkt anzusprechen.

Es gibt ebenfalls viele Namen, die Bezug auf spezifische Kennzeichen der Feengeschöpfe nehmen, wie brownie, pixy, goblin, elf und andere, weniger gebräuchliche, wie urisk, hob, farisee und derrick. Diese und viele weitere Namen werden in einem Buch erwähnt und erläutert, das die wohl umfassendste Sammlung von Feenüberlieferungen enthält, die je zusammengetragen wurde: Katharine Briggs' unschätzbares Buch *A Dictionary of Fairies*. Jeder, der sich ein detaillierteres Hintergrundwissen über Feenüberlieferungen aneignen möchte, als es mir der Umfang dieses Buches erlaubt, sollte Katherine Briggs' Werke lesen; zwei weitere wichtige Bücher, die sie geschrieben hat, sind: *The Fairies in Tradition and Literature* und *The Vanishing People*.

Man glaubte, daß die Feen unter der Erde oder in prähistorischen Erdhügeln, Hügelgräbern und Befestigungsanlagen lebten. Dieser Glaube hatte zur Folge, daß viele solcher Plätze nach den Feen benannt wurden: Fairy Hill, Fairy Mount, Fairy Knowe (so lauten die Namen diverser schottischer Hügelgräber), und des weiteren existieren in Schottland zahlreiche Orte, die man Sithean nennt (Sithean bedeutet Feenplatz).[2] Es gibt eine Theorie, die besagt, daß die Feen im Bewußtsein der Bevölkerung deshalb mit den prähistorischen Befestigungsanlagen in Verbindung gebracht wurden, weil diese die Wohnorte und Zufluchtsstätten ihrer Vorfahren waren, während die Hügelgräber und Tumuli ihre Begräbnisstätten darstellten. Die Feen hielten die Erinnerung an diese angestammten Urahnen wach.

Lewis Spence sah in den Feen die »Seelen der Toten«, und erläutert in seinem Buch *British Fairy Origins*, warum man glaubte, daß sie sich in prähistorischen Monumenten verbargen: Die Geister der Toten hausten in den Steinmonumenten, die ihre Begräbnisstätten markierten, und ebenso in den Hügelgräbern und Tumuli. Spence lieferte zahlreiche Beispiele für diese gedankliche Verbindung zwischen Feen und frühgeschichtlichen Steinen, wie die Säule mit einer lateinischen Grabinschrift, die einst auf einem Hügelgrab in Banwan Bryddin bei Neath (West Glamorgan, Südwales) stand. Ein alter Mann, der auf dem Besitz der Lady Mackworth arbeitete, hatte auf diesem Hügel Feen tanzen sehen, und er äußerte große Besorgnis, als er hörte, daß die Lady plante, die Säule entfernen zu lassen, um dort eine Grotte anzulegen. Es kam, wie es kommen mußte. Kurz nachdem man die Säule entfernt hatte, wurde die Gegend von einem furchtbaren Unwetter heimgesucht, und am nächsten Morgen war die Grotte verschwunden, der Hügel hatte sie unter sich begraben. Der alte Mann war davon nicht im geringsten überrascht, und er sagte, er habe die Feen lachen gehört, nachdem sich der Sturm gelegt hatte.[3]

Beide dieser Theorien, die die Feen so eng mit prähistorischen Orten in Verbindung bringen, erscheinen plausibel, jedenfalls oberflächlich betrachtet, doch mehr zu dieser und weiteren Möglichkeiten in Kapitel 6. Die Feengeschichte von Banwan Bryddin weist darüber hinaus auf ein weiteres entscheidendes Thema hin: Nämlich, daß sich die Feen rächen, wann immer man ihr geheiligtes Territorium beeinträchtigt. Die Überlieferung dokumentiert dieses Verhalten mit einer ganzen Reihe von Beispielen, besonders im Zusammenhang mit den irischen Forts, wie etwa bei folgender Begebenheit: Ein kleines Fort, mit einem Durchmesser von knapp vier Metern wurde als Tanzplatz der Feen angesehen und geachtet, und niemand wagte es, von dort auch nur eine Handvoll Erde zu entfernen. Des Nachts ertönte Musik, wie von silbernem Dudelsack gespielt, und schwebte sanft über dem Hügel. Eines Abends lag ein Junge ausgestreckt auf dem Boden, um ihr zu lauschen. Während er so dalag, vertrieb er sich die Zeit damit, kleinere Klumpen Erde aufzusammeln, um andere damit zu bewerfen (wie kleine Jungs das nun mal zu tun pflegen), als er plötzlich von so etwas wie einem harten Schlag niedergeworfen wurde. Man fand ihn bewußtlos am Boden liegend, und es verging lange Zeit, bevor er wieder Herr seiner Sinne war und sich normal verhielt. Jeder, der es wagte, die Feen dermaßen zu stören und ihren geheiligten Boden zu entweihen, würde von ihnen bestraft werden.[4]

Solche Geschichten gibt es nicht nur in der alten irischen Überlieferung: Sie werden auch noch aus unserem Jahrhundert berichtet. D. A. Mac Manus schreibt über einen Farmer namens O'Sullivan, der »vor gut fünfzig Jahren« (ca. 1910) das Gras innerhalb des 4 Acres Forts von Rathmore, das ist zwischen Tralee und Killarney, mähte. Das Gras wuchs üppig, doch es war jedesmal schwierig zu mähen, denn die steile Böschung der Wälle verhinderte das Arbeiten mit dem Mähdrescher, und es mußte deshalb mit der Sense geschnitten werden. O'Sullivan beschloß, sich die Sache zu erleichtern, indem er, gemeinsam mit seinen beiden Söhnen, einen der Wälle des Forts abtragen würde. Also brachten sie am nächsten Tag Pferd und Wagen mit, und beseitigten zwei oder drei Wagenladungen Erdreich, welches sie in einer nahe gelegenen Grube entluden. Nach einer Weile setzten sie sich nieder, um sich auszuruhen und eine Pfeife zu rauchen. Es dauerte nicht länger als dreißig Sekunden, ihre Rücken dem Wind zuzudrehen und die Pfeifen anzuzünden, doch als sie sich wieder umdrehten, mußten sie äußerst erstaunt feststellen, daß das Pferd, das noch vor wenigen Sekunden angeschirrt ganz nahe neben ihnen gestanden hatte, nun friedlich in einiger Entfernung graste. Irgendwie war es, geräuschlos, von seinem Geschirr und dem Karren befreit worden. Der Karren stand nach wie vor nahe bei ihnen, die Deichsel am Boden. Die Männer begriffen sofort, daß dies ein Zeichen war, von ihrer Arbeit am Fort abzulassen, und sie kehrten unverzüglich mit Pferd und Wagen nach Hause zurück.[5] Diese rücksichtsvolle Einstellung gegenüber den Feen gibt es bis heute. Aus dem Jahr 1968 wird berichtet, daß der Verlauf einer neuen Straße in Donegal geändert wurde, weil sich die Arbeiter weigerten, einen Baum zu fällen, von dem man glaubte, daß er von den Feen besucht würde. Obwohl er kurz zuvor einen ganzen Wald hatte fällen lassen, ließ der Bauunternehmer die Arbeit stoppen, als er bei dem knorrigen alten Baum angelangt war, der frei auf einem Feld stand. »Ich weigerte mich, ihn zu fällen, und ich konnte keinem meiner Männer befehlen, diesen Job zu tun. Ich habe so viel über diese Feenbäume gehört, daß ich das nicht riskieren wollte.« Man fragte einen anderen Bauunternehmer, ob er die Arbeit übernehmen würde, aber er weigerte sich ebenfalls. »Er hat etwas Unheimliches an sich«, sagte er. »Die Wurzeln reichen nur wenige Meter in das Erdreich hinein – und doch hat er vor sieben Jahren einem Hurrikan getrotzt.«[6]

Die Erdhügel und Forts, in denen die Feen leben, sind nicht unbedingt stattlich anzuschauen, in ihrem Inneren jedoch wird eine ganz andere Welt sichtbar. Ein Ire, der sieben Jahre lang im Feenland gewesen ist, berichtet, wie er in eine Gegend gebracht wurde, in der es anscheinend nur »Hügel und Höhlungen« gab, doch als man ihn weiterführte, erblickte er etwas, das ausschaute, wie »eine vornehme Allee, die zu einem Gutshaus führte«.[7] Ein anderer Mann erzählte von »der prachtvollsten Stadt, die je ein Mensch gesehen habe«.

Das war in einem Hügel hinter der Abtei von Corcomroe in Irland[8], und in der folkloristischen Überlieferung über das Feenreich werden idyllische Bilder wohlhabender Königreiche gezeichnet, die sich im Innern der Hügel erstrecken und in denen das Kleine Volk umgeben von Luxus lebt.

Die Anwesenheit von Feen in einem Fort wurde manchmal durch das Erscheinen von Lichtern signalisiert, und D. A. Mac Manus beschreibt in seinem Buch *The Middle Kingdom* einige Beispiele von »Feenlichtern«, die in Irland zu Beginn dieses Jahrhunderts gesehen wurden. Zwei Schwestern, die nahe des Feenforts von Crillaun lebten, sahen zum Beispiel in stillen Nächten diese Lichter. Die eine Schwester sah rote, grüne, blaue und gelbe Lichter, die andere sah weißes Licht, und zuletzt beobachtete sie, wie sich die Lichter in der Luft formierten und zu einem anderen Fort schwebten, das auf der gegenüberliegenden Seite eines kleinen Sees lag.[9] Eine weitere Zeugin von Mac Manus behauptete sogar tatsächlich, sie habe Feen gesehen, die in einem Hügel verschwanden. Sie arbeitete als Hausmädchen, als sich dies im letzten Jahrhundert ereignete. An ihrem freien Tag hielt sie sich draußen in der Sonne auf, als sie eine Gesellschaft von acht Reitern, Männern und Frauen sah, die farbenfroh gekleidet waren und lachten. Sie dachte, es seien Besucher (»vornehme Leute«, wie sie sie nannte) auf dem Weg zum Herrenhaus, und sie begann zurückzueilen. Doch während sie sich anschickte, bemerkte sie, daß die Leute über ein kleines Feld ritten und in einem der Wälle eines Feenforts, das von Dornenbüschen umgeben war, verschwanden. Auf die Fragen ihrer Freunde, warum sie ihren Weg zum Haus nicht fortgesetzt habe, antwortete sie: »Ach, es waren überhaupt keine vornehmen Leute. Es waren bloß ein paar Feen, die in das Fort hineingingen.«[10] Diese Gemütsruhe verdeutlicht ganz klar, daß die Feen von der Landbevölkerung in Irland vor nur etwa 100 Jahren als selbstverständliche Bewohner der sie umgebenden Umwelt betrachtet wurden.

Der Weg in ihr Königreich führte jedoch nicht zwangsläufig durch einen Hügel oder ein Fort. Auf Anglesey, der Insel im Nordwesten von Wales, erhielt eine Frau jede Woche ein Laib Brot von einer Fee, als Gegenleistung dafür, daß diese ihren Backofen benutzen durfte. Die Fee wies sie an, nicht hinzusehen, wenn sie das Haus verließ, aber eines Tages tat sie es doch und sah die Fee zum nahe gelegenen See, Llyn Rhosddu nahe Newborough gehen und wie sie im Wasser untertauchte.[11]

Der Heart Lake, südlich von Sligo in Irland, ist ein weiteres Gewässer, von dem man glaubte, daß die Feen es als Tor benutzten, um von ihrem Reich in das unsere zu gelangen. W. B. Yeats berichtete von einem Ereignis, bei dem eine Gruppe von Männern versuchte, den See trockenzulegen. Einer von ihnen bemerkte jedoch nach kurzer Zeit, daß sein Haus brannte. Als sie sich umwandten, sahen die anderen Männer, daß ihre Häuser ebenfalls in Flammen standen. Als sie von ihrem Vorhaben abließen und nach Hause eilten, wo sie allerdings keinerlei Anzeichen von Feuer mehr vorfanden, wurden sie dessen gewahr, daß die Feen sie getäuscht hatten, um sie vom See wegzulocken.[12]

Zweifellos gibt es eine ganze Menge Plätze für den Übergang in das Feenreich; doch es ist selten und ungewöhnlich, daß Menschen dazu in der Lage sind, den Feen über die Schwelle hinaus zu folgen, und es ist auch äußerst unklug, es zu versuchen, denn nicht jeder, der das Feenreich besucht hat, durfte nach Belieben wieder zurückkehren.

Für die Menschen gilt es nicht nur die Wohnorte der Feen nicht zu stören, sondern auch sich davor zu hüten, Feenbäumen Schaden zuzufügen, und die Pfade der Feen zu versperren. In Irland gibt es viele mit Dornen besetzte Feensträucher (siehe Fototeil auf Seite 290), die man nicht berühren darf, und auch Haselnuß-, Schwarzdorn-, Holundersträucher und zahlreiche andere Arten, galten den Feen als etwas besonderes. Wir haben gesehen, wie sich sogar noch in jüngeren Jahren Leute geweigert haben, Feenbäume zu fällen. Hier ist nun ein Beispiel dafür, was passieren kann, wenn ein solcher Baum gefällt wird. In Kiltimagh in Irland plante man um das Jahr 1920 ein neues Krankenhaus zu errichten, doch auf dem dafür vorgesehenen Gelände wuchsen zwei Feenbüsche, und man konnte das Krankenhaus nicht errichten, ohne einen davon abzuholzen. Es war schwierig, jemanden zu finden, um dieses Vorhaben durchzuführen, schließlich erklärte sich doch ein Mann dazu bereit. Nachdem er sein Werk vollendet hatte, riefen ihm einige der einheimischen Burschen scherzhaft eine Warnung zu. Er erwiderte mit lauter Stimme: »Ich komme zurück, keine Angst, und zur Hölle mit euren verdammten Feen!« In dieser Nacht erlitt er einen Schlaganfall und überlebte nur noch ein weiteres Jahr in behindertem Zustand, ehe er schließlich in die Stadt zurückgebracht wurde, wie er vorausgesagt hatte – allerdings in einem Sarg. Das Krankenhaus wurde gebaut, aber es wurde nie eröffnet![13]

Auch Gebäude, die man auf Feenpfaden errichtete, waren von keinem glücklichen Schicksal beschieden.

Die Menschen, die dort lebten, erlitten mysteriöse Krankheiten, ihre Tiere starben, die frevelhaften Höfe wurden von merkwürdigen Geräuschen heimgesucht, so als seien sie verflucht; einige stürzten sogar ein. Die Fenster und Türen, die einen Feenpfad kreuzten, mußten über Nacht offengelassen werden, so daß die Feen hindurch konnten; falls lediglich eine Ecke des Farmhauses den Pfad versperrte, konnte man alles wieder gutmachen, wenn man diese Ecke versetzte. Im Idealfall fragte man die Feen um Rat, ehe man begann, ein Gebäude zu errichten. Dies geschah, indem man ein Stück Rasen umdrehte und am nächsten Tag überprüfte, ob es unberührt war. Falls das zutraf, waren die Feen einverstanden, wenn es aber wieder umgedreht worden war, mußte man sich einen anderen Platz suchen.[14]

Bisher habe ich ganz allgemein von »den Feen« gesprochen, ohne ihr Aussehen näher zu beschreiben. Die meisten Leute haben diesbezüglich ihre eigenen fixen Ideen. Seit ihrer Kindheit sind sie vertraut mit den Feenzeichnungen aus ihren Bilderbüchern, doch die Realität sieht ein wenig anders aus, und die ephemerischen, zarten, geflügelten Geschöpfe der Feenmärchen sind definitiv nicht die Norm (siehe Tafel V). Eine sorgfältige Studie der Feenüberlieferungen in den verschiedenen Gebieten Großbritanniens und Irlands verrät, daß sich das Erscheinungsbild der Feen von Landstrich zu Landstrich unterscheidet, und daß sich jedes Geschöpf typmäßig von den anderen ebenfalls unterscheidet. Sie variieren tatsächlich von groß bis winzig und decken alle dazwischen liegenden Möglichkeiten ab: im Durchschnitt jedoch scheinen sie so groß wie

Drei Illustrationen, die die Vielfalt der Feenerscheinungen veranschaulichen. (Oben) Ein Mädchen in einer walisischen Tracht, das von winzigen Feen, einige davon mit Flügeln, begleitet wird, die höchst unterschiedlich gekleidet sind; eine Skizze des Kleinen Volkes aus dem späten neunzehnten Jahrhundert (Fortean Picture Library). (Rechts) Eine Handschriften Illustration aus dem zwölften Jahrhundert, sie zeigt eine nackte Elfe, die einen spitzen Hut mit einem Bommel trägt; man sollte sie mit der Kinderzeichnung aus dem zwanzigsten Jahrhundert vergleichen, auf der ein kleiner Mann dargestellt wird, der in Wollaton Park gesehen wurde (siehe nächste Seite). Hierbei dürfte es sich um das erste bekannte Feenbild in Großbritannien handeln (St. Johns College MS A. 8; Cambridge University Library).

VRI
AVT
NOVA
pncipium fuit archelao: ne
ficiscendi necessitas. Dieb;
septem in lugendo patre
ptis. epulisq; ferialib;
plo exhibitis. hic autē in
iudeos necessario multo
piam reelegit: nam qu
neglexerit impius estim
candida ueste indutus
ad templū. ibiq; uariis fau
ceptus a plebe ipse quoq; ine

Eine Zeichnung aus dem sechzehnten Jahrhundert zeigt behaarte Zwerge, die einen Ring umtanzen. Es handelt sich dabei möglicherweise um die »zottigen Ureinwohner«, die auf Seite 105 *als eine primitive* Rasse von *Pygmäen beschrieben werden* (Fortean Picture *Library*).

ein kleiner Mensch zu sein, etwa 1,30 Meter. Diese Fragestellung wird jedoch dadurch kompliziert, daß die Feen die Fähigkeit besitzen, ihre Erscheinung zu verändern. Ein irischer Bauer, der unterhalb des Ben Bulben im County Sligo, einem wohlbekannten Feenplatz, lebt, erzählte W. Y. Evans Wentz, der Feenüberlieferungen gesammelt hat, daß einer der »gentry«, mit dem er gesprochen hatte, und der nur vier Fuß groß zu sein schien, ihm gesagt hatte: »Ich bin größer, als ich dir jetzt vorkomme. Wir können die Alten jung werden lassen, die Großen klein, die Kleinen groß.«[15]

Ich werde auf diesen Aspekt der Feenkräfte, die als Zauberglanz in Kapitel 7 beschrieben werden, zurückkommen; dieses könnte wichtig und hilfreich dabei sein, die Natur der Feen besser zu beleuchten.

Falls die Feen die Art und Weise, wie sie von den Menschen gesehen werden, oft, oder sogar immer beeinflussen, dürfte eine detailliertere Erörterung des Erscheinungsbildes der Feen überflüssig sein. In den folgenden Kapiteln werden tatsächliche Begegnungen mit dem Kleinen Volk beschrieben, die sich in moderner Zeit ereignet haben. Dabei fällt auf, daß die Beschreibungen von Gestalt, Größe und Kleidung sehr unterschiedlich ausfallen. Das dürfte jedoch nichts anderes beweisen, als daß die Feen ihre Macht dazu benutzen, Verwirrung zu stiften; und sicherlich können diese unterschiedlichen Erscheinungsformen, die von Zeugen beschrieben werden, nicht nur der Einbildungskraft des Erzählers zugeschrieben werden. Ihre Kostümierung variiert ebenso wie die physische Erscheinung: Grün wird im allgemeinen oft als vermeintliche Farbe der Feen angesehen, doch sie bevorzugen andere Farben, und ihre Tracht kann sowohl eintönig und grau als auch bunt und farbenfroh sein, sowie alles, was dazwischen liegt. Das ist eigentlich nicht verwunderlich, sondern spiegelt die Art und Weise der Menschen wieder, wie sie sich eben zur jeweiligen Zeit und am jeweiligen Ort gekleidet haben. Einige schottische Feen trugen zum Beispiel einen Kilt und den typischen karierten Plaid. Solche Umhänge wurden oft von ihnen getragen, ebenso wie die verschiedenartigsten Hüte: Es scheint, als seien rotgepunktete Kappen sehr beliebt gewesen.[16]

Außer daß sie im allgemeinen den Menschen sehr ähnlich sehen, benahmen sich die Feen in mancherlei Hinsicht auch sehr menschlich. Sie heirateten und hatten Kinder, sie aßen und tranken, tanzten und amüsierten sich gern. Obwohl sie sterblich waren, lebten sie doch länger als ein Mensch, und ein weiterer Unterschied war, daß sie magische Kräfte besaßen. Ihre nahe Verwandtschaft zu den Menschen ist unverkennbar und wird durch die gegenseitige Beeinflussung noch verstärkt. Die volkstümliche Überlieferung ist reich an Märchen, die davon erzählen, wie die Feen den Leuten entweder weitergeholfen oder sie an etwas gehindert haben. Sie konnten äußerst hilfreich im häuslichen Bereich sein, und besonders der Brownie war bekannt für seine lebhafte Unterstützung bei der Ausführung der schweren täglichen Arbeit. Er wollte es nicht zulassen, daß man ihn dafür bezahlte: Tatsächlich konnte man ihn mit einem solchen Angebot sogar sehr verärgern. Er mochte es jedoch, wenn man ihm etwas zu essen daließ. Wenn die Menschen den Feen einen Gefallen taten, wurden sie dafür in der Regel von ihnen belohnt. In einem Haus in Anglesey zum Beispiel kamen die Feen des Nachts durch den Kamin und brachten dabei ihre Kinder mit, um sie in einer Wanne zu waschen, dazu benutzten sie die Seife und ein Handtuch, das man für sie bereitgelegt hatte. Am nächsten Tag fand die Familie das Handtuch gewaschen und gebügelt vor, die Badewanne war geleert worden und nun bis zur Hälfte mit Zwanzigschillingstücken gefüllt.[17] Geldgeschenke, die man von den Feen erhielt, mußte man jedoch geheimhalten, sonst war es damit vorbei. Ein Mann, der nahe Corwen in Nordwales lebte, fand in der Nähe eines bestimmten Tores regelmäßig Silbermünzen vor, die dort auf dem Boden lagen. Er behielt sein Glück für sich, bis ihm seine Frau so lange zusetzte, daß er ihr erzählte, woher all das Geld kam, das er mit seiner Arbeit in einer Lohgerberei schwerlich verdienen konnte. Er teilte ihr seine Vermutung mit, daß es von den Feen stamme. Kurz darauf starb er, und niemand hat an dieser Stelle je wieder Silber gefunden.[18]

Man könnte vielleicht meinen, daß ich nun etwas über den Wahrheitsgehalt dieser Geschichten äußern, sie kommentieren sollte. Da ich jedoch natürlich nicht dabei war, bin ich nicht in der Lage, sie zu belegen. Einige gehören sicherlich ins Reich der Folklore, und ich hoffe, daß man diese klar von den Berichten aus erster Hand, beziehungsweise denen, die aus zuverlässigen Quellen stammen, unterscheiden kann. Der letzte Fall, in dem es um das Silber ging, ist ein gutes Beispiel: Der Artikel, dem diese Geschichte entstammt, erschien im Jahr 1886 in einer walisischen Zeitschrift zur Geschichte, und der Autor berichtete, daß sein Informant »persönlich bekannt« mit der Ehefrau und den Kindern des Betreffenden gewesen sei, und »er daher keinerlei Zweifel an der Wahrheit hege«. Das mag so stimmen, doch aufgrund der Umstände denkt man an die modernen Märchen, die heutzutage kursieren, Geschichten, von denen uns ein Freund berichtet, der wiederum von etwas erzählt, das dem »Freund eines Freundes« zugestoßen ist. Jemand, der sich mit volkstümlicher Überlieferung beschäftigt, wird erkennen, daß der Wahrheitsgehalt hierbei meist äußerst fragwürdig ist. Deshalb ist es bei der Lektüre dieses Buches angebracht, jede Geschichte, die nicht eindeutig aus erster Hand stammt, mit Vorsicht zu betrachten.

Obwohl die Feen den Menschen oft behilflich sind, können sie ebensogut ein Ärgernis darstellen oder sogar entschieden böswillig sein, wie eben in einigen der Berichte am Anfang dieses Kapitels. Die Streiche, die sie spielen, scheinen häufig ihrer boshaften und gehässigen Natur zu entspringen. Das trifft besonders in den Fällen zu, wo Leute in die Irre geführt werden, unfähig sind, den richtigen Weg zu finden und eventuell stundenlang verlorengehen. In England sagt man, das Opfer sei »pixy-led« (von Feen verleitet); in Irland heißt es »the stray sod«, das bezieht sich auf ein Stück Rasen, das die Feen mit einem Zauberspruch belegt haben, so daß die Person, die es betritt, vom Weg abkommt. Dazu existiert eine ganze Reihe von Berichten aus moderner Zeit, wie der von der Präsidentin des Nettlecombe Women's Institute in Somerset aus dem Jahre 1961. Sie beschreibt dort ihre Reise zu einem Haus in Cornwall. Sie hielt sich dabei an die Wegbeschreibung, die man ihr auf einer nahegelegenen Farm gegeben hatte, laut der sie ein weißgestrichenes Gatter zu durchqueren hatte, wenn sie bei einer Weggabelung mit zwei Gattern angelangt sei. Es war ein nebelverhangener Wintertag, der eine gruselige Stimmung verbreitete. Schließlich kam sie zu einer dichten Hecke aus Weißdorn, doch das einzige Tor, das hindurchführte, war nicht weiß. Also erarbeitete sie sich mühsam ihren Weg weiter entlang der Hecke, doch nirgendwo gab es auch nur die Spur eines weißen Gatters. Plötzlich begegnete ihr ein vergnügt pfeifender Farmerjunge, der sie zu dem weißen Gatter führte und dann zur Farm zurückkehrte. Das weißgestrichene Gatter befand sich direkt neben jenem anderen, das sie zuvor gesehen hatte.[19]

Es hieß, daß man den Feenzauber durchbrechen konnte, wenn man die Innenseite seines Mantels nach außen trug, aber auch das funktionierte nicht immer. Weiteren Schutz gegen die Feen sollten unter anderem ein

Büschel Vogelbeeren, ein Stock aus dem Holz der Eberesche, eiserne Hufeisen, die man an den Wänden des Hauses und der Ställe befestigte, durchlöcherte Steine, die man über dem Trog für Viehfutter aufhängte, und religiöse Bezeugungen, wie das Kreuzzeichen, das Versprühen von Weihwasser und das Läuten der Kirchenglocken bieten.[20]

In seinem Buch *The Middle Kingdom* widmet D. A. Mac Manus den jüngeren Ereignissen des »stray sod« ein ganzes Kapitel. Darunter ist auch jene Begebenheit eines Pfarrers, der sich im Jahre 1916 auf einem Weg verirrte, den er sehr gut kannte. Ein Zauntritt inmitten einer dichten Dornenhecke war verschwunden, ebenso das Gatter, durch das er kurz zuvor gekommen war. Er ging den ganzen Weg entlang der Hecke zurück, doch konnte er weder Gatter noch Zauntritt wiederfinden. Nach zwei Stunden war der Bann plötzlich gebrochen, und sowohl der Tritt als auch das Gatter waren wieder dort, wo sie sein sollten.[21]

Sogar noch befremdlicher war die Geschichte des Mädchens, das im Jahre 1935 nahe Lis Ard, einem Feenfort im County Mayo, seinen Weg verlor. Als sie versuchte, den Hügel zu verlassen, gelang es ihr nicht, die Öffnung in dem äußeren Wall zu durchqueren; eine Macht aus dem Innern des Forts hinderte sie daran, ja, drehte sie herum, so daß sie wieder in das Fort hineinging. Von Panik überwältigt, versuchte sie immer und immer wieder hinauszugelangen, doch eine unsichtbare Mauer hielt sie auf. Sie spürte auch, daß sich um sie herum eine feindselige Stimmung verbreitete. Schließlich brach die Dunkelheit herein, und bald sah sie die Lichter der Männer, die nach ihr suchten und ihren Namen riefen. Sie rief zurück, aus einer Entfernung von nur zwanzig oder dreißig Yards, aber sie schienen sie nicht hören zu können und gingen weg. Später bemerkte sie dann plötzlich, daß die Barriere verschwunden war, sie konnte das Fort verlassen und nach Hause zurückkehren.[22]

Leute, die die Erfahrung des »stray sod« oder »pixy led« machen, haben für gewöhnlich keinen direkten Kontakt mit den Feen, außer, daß sie eben glauben, diese seien für das Geschehene verantwortlich – abgesehen von einigen wenigen Vorkommnissen, bei denen die Opfer Gelächter in der sie umgebenden Luft gehört haben, so als würden sich die Feen über ihr Mißgeschick amüsieren. Auch dann, wenn »Feenmusik erklingt«, ist der Kontakt zu den Feen das Resultat eines tiefsitzenden, verinnerlichten Feenglaubens. Der Komponist und Schriftsteller Dr. Thomas Wood hörte Feenmusik in Dartmoor (Devon), als er dort mit seinen Freunden im Jahr 1922 campte. Er hatte vor, alleine nach draußen zu gehen, um nachzudenken, sich Notizen für ein Buch zu machen und an seiner Musik zu schreiben. Plötzlich hörte er eine Stimme, die seinen Namen rief, doch er konnte niemanden sehen. Als er denselben Ort am nächsten Tag erneut aufsuchte, hörte er Musik in der Luft.

> Es war oben in der Luft, so leise wie ein Atemzug. Es erstarb, kam lauter wieder zurück, über mir, hin und her schwingend wie ein Weihrauchfaß. Es dauerte 20 Minuten. Tragbare schnurlose Musikgeräte gab es 1922 noch nicht. Mein Fernglas verriet mir, daß nirgendwo in Sichtweite jemand ein Picknick abhielt. Es war weder ein Grammophon, noch war es ein eingebildetes Geräusch in meinen Ohren. Diese Musik war grundharmonisch, es war weder

> eine Melodie noch ein Luftzug. Es hörte sich an, als seien feine Feenklänge miteinander verwoben und würden sich hin- und herbewegen. Ich lauschte ihnen mit allergrößter Intensität, um hinter das Geheimnis zu kommen... Die Musik verwehte, und es war still. Seitdem kam es nie wieder. Ich war ziemlich sicher, daß man mir mit voller Absicht erlaubt hatte, dem Übernatürlichen zu lauschen.[23]

Noch viel mehr Leute haben eine übernatürliche Musik gehört, aber das ist nicht immer den Feen zuzuschreiben. Der Erforscher parapsychologischer Phänomene, D. Scott Rogo, hat eine detaillierte Studie der »Sphärenmusik« erstellt, zwei faszinierende Bände mit Fallstudien. Er bringt diese Erfahrungen mit anderen übernatürlichen Ereignissen in Verbindung und kommentiert sie. Er schreibt das Phänomen dem NAD zu, einem Wort aus dem Sanskrit, das den »hörbaren Strom des Lebens« meint.[24]

Ätherische Musik wird häufig mit Feen in Verbindung gebracht – obwohl diese ja unsichtbar sind –, und zwar wegen ihrer wohlbekannten Vorliebe für das Tanzen. Über die vielen aus der Folklore überlieferten Begegnungen der Vergangenheit hinaus, gibt es auch Begegnungen aus moderner Zeit, bei denen tatsächlich Leute zugegen waren, um diese Ereignisse zu beobachten. Einige wenige davon sind im Kapitel 2 enthalten. Hier nun aber eine ältere Schilderung, die der Altertumsforscher John Aubrey aus dem siebzehnten Jahrhundert schildert.

> Im Jahr 1633, kurz nachdem ich mein Studium an der Lateinschule von Yatton Keynel (nahe Chippenham in Wiltshire) angetreten hatte, wurde unser Vikar, Mr. Hart, eines Nachts

von diesen Elfen oder Feen arg gestört. Über die Hügel kommend, es war beinahe dunkel, gelangte er zu einem der Tanzplätze der Feen, wie das gemeine Volk in diesen Gegenden diese Orte zu nennen pflegt, nämlich jene gewissen grünen Kreise, die von jenen Kobolden auf dem Grase gemacht werden. Dort sah er ganz unvermittelt eine unzählige Menge von Zwergen oder sehr kleinen Leuten, die im Kreise herum und herumtanzten und sangen, und sie machten alle die Geräusche und Gebärden Kleinwüchsiger. Er war höchst verblüfft und, wie er sagt, einfach nicht fähig wegzulaufen. Vielmehr, vermutet er, sei er dort von einer Art Zauber festgehalten worden. Sie nahmen keine weitere Notiz von ihm, doch sie waren nun überall um ihn herum, und schwankend zwischen Furcht und Erstaunen, fiel er zu Boden, wußte kaum, wie ihm geschah; und daraufhin zwickten und kniffen ihn diese kleinen Geschöpfe am ganzen Körper und gaben dabei die ganze Zeit eine Art schnelles Summen von sich; schließlich ließen sie von ihm ab, und als die Sonne aufging, fand er sich inmitten eines Feentanzplatzes wieder. Diese Schilderung gab er mir höchstselbst, einige Tage, nachdem er so schändlich mißhandelt wurde. Als mein Bettgenosse Stump und ich uns jedoch kurz darauf des Nachts zum Tanzplatz im Hügelland aufmachten, sahen wir keine Elfen oder Feen. Aber es heißt auch in der Tat, daß sie nur selten denjenigen erscheinen, die nach ihnen Ausschau halten.[25]

Leute, die unachtsamer Weise die Tanzplätze der Feen überquerten, wurden manchmal in den Kreis hineingezogen, was verheerende Folgen nach sich ziehen konnte. Ich werde später noch einmal zu diesem Thema zurückkehren. Mr. Hart hatte Glück, daß die Feen ihn nicht entführten, sondern lediglich zwickten. Sie mögen es nicht, wenn man sie bei ihrem Vergnügen stört. Das mußte auch der Waliser Edward Jones erfahren, der in Llanidloes, im mittleren Teil von Wales lebte. »Ned the Jockey«, wie man ihn nannte, kehrte eines Abends spät nach Hause zurück, als er unterwegs in eine Schar von Feen geriet, die sich durch sein Eindringen in ihre Gesellschaft gestört fühlten.

> Sie forderten ihn auf, sich zu entfernen, und ließen ihm höflicherweise die Wahl zwischen drei verschiedenen Fortbewegungsarten: von einem »heftigen, einem mittleren oder einem schwachen Wind« davongetragen zu werden. Der Jockey ließ sich die Sache durch den Kopf gehen und entschied sich bald dafür, sich bei seiner Reise durch die Lüfte von einem heftigen Wind begleiten zu lassen. Kaum daß er sich entschieden hatte, wurde er auch schon in die Luft emporgehoben, und all seine Sinne waren von der Geschwindigkeit seines Fluges vollkommen verwirrt; er kam erst wieder zu vollem Bewußtsein, als er die Erde berührte. Er wurde plötzlich mitten in einem Garten nahe Ty Gough abgesetzt. Das ist an der Bryndu Road und damit viele Meilen von dem Ort entfernt, an dem er seine luftige Reise angetreten hatte.

Es ist bemerkenswert, daß sowohl das Opfer als auch der Ort seiner Landung beim Namen genannt werden. Der Autor dieses Berichtes betont auch, daß er mit dem Opfer bekannt sei und fügt hinzu, daß »Ned, der diese Geschichte schilderte, sich für seine Authentizität verbürgt, und die Person, die die Geschichte an den Autor herantrug, einen weiteren Beweis für ihren Wahrheitsgehalt vorzuweisen wußte, nämlich, »daß in dem Garten, in dessen Mitte Ned gefunden wurde, keinerlei

Anzeichen einer Fußspur zu entdecken waren.« Doch können wir deshalb tatsächlich glauben, daß sich alles so ereignet hat, wie es geschildert wurde? Diese Geschichte demonstriert die latent vorhandene Schwierigkeit, zwischen Ereignissen, die ausgeschmückt und übertrieben dargestellt wurden, sowie Ereignissen, die eher ins Reich der Fabel gehören und denen man bekannte Orts- und Personennamen hinzugefügt hat, um ihnen eine Aura der Authentizität zu verleihen, zu unterscheiden.[25]

Kreisrunde Flecken aus verdorrtem oder hellerem Gras wurden häufig für Tanzplätze der Feen gehalten, doch es kann sich dabei ebensogut um einen unterirdischen Pilzbefall als mögliche Ursache handeln. Obwohl sie von der Landbevölkerung immer als Feenringe bezeichnet werden, ist ihre wahre Ursache inzwischen geklärt. Das kann man von den mysteriösen Kreisen, die jeden Sommer erneut in britischen Kornfeldern auftauchen, nicht behaupten. Obwohl man sie niemals ernsthaft den Feen zugeschrieben hat, erscheint diese Idee nicht weiter hergeholt als einige andere. Vielleicht erscheint es vermessen zu sein, dieses Mysterium unserer Zeit sozusagen im Vorübergehen zu behandeln, denn viele Menschen haben das Gefühl, hier seien übernatürliche Kräfte am Werk, und dies entgegen der Behauptung der Rationalisten, daß eine Mischung aus Naturgewalt und Schabernack für diese Erscheinungen verantwortlich ist. Dazu kommt noch die verlockende Theorie einer direkten Verbindung zwischen den Feen und Getreidekreisen, die man kürzlich erst veröffentlicht hat. Eine gewisse Rita Goold wird darin zitiert, wenn es um die Getreidekreise in Leicestershire geht.

Sie berichtet von einer älteren Dame, die im Besitz des betreffenden Landes ist, gehört zu haben, daß diese bereits als siebenjähriges Kind gewarnt worden sei, das Feld nach Einbruch der Dunkelheit zu betreten, denn dort habe man Feen gesehen und unheimliche Geräusche gehört. Ob man »die Feen« nun als bequeme Erklärung für die Getreidekreise zu Anfang unseres Jahrhunderts heranzieht, oder ob man tatsächlich Feen in den Feldern zu Gesicht bekommen hat, ist bisher nicht geklärt worden, doch daß man beides für möglich hält, liegt nahe.

Die Feen sind auch im zwanzigsten Jahrhundert noch aktuell und zwar weit über das Reich der Kindermärchen hinaus. Man sollte sie auch nicht als Geschöpfe abtun, die nur in der Folklore existieren. Jeder, der daran zweifelt, sollte einfach die nachfolgenden Kapitel lesen, in denen viele unmittelbare und fesselnde Begegnungen mit ihnen geschildert werden. Sogar unter Menschen, die noch nie wirklich den Feen begegnet sind, ist der Feenglaube tiefverwurzelt, Teil ihrer Existenz, und manifestiert sich in der Art und Weise, wie seltsame Ereignisse manchmal den Feen zugeschrieben werden. Im Jahre 1907 zum Beispiel, veröffentlichte der *Coleraine Chronicle* eine Reihe merkwürdiger Geschehnisse, die sich im Haus von John McLaughlin, einem älteren Farmer, der im County Londonderry in Nordirland lebte, zugetragen haben. Er holzte ein Gebüsch von Stechpalmen ab, um damit seinen Kamin zu säubern. Dabei ignorierte er die Warnungen seiner Nachbarn, daß dieser Busch den Feen heilig sei. Bereits kurze Zeit später bereute er sein törichtes Unternehmen, denn der Ruß aus dem Kamin, den er im Garten vergraben hatte, fand auf mysteriöse Weise seinen Weg zurück in die Küche. Er vergrub ihn erneut, doch wieder kam er zurück. Ganze Klumpen von Ruß wurden in den Küchengeräten wiedergefunden, hatten die weißen Wände beschmutzt, und das Steingutgeschirr war zerbrochen. Auch tauchten aus dem Nichts Steine auf, die die Fensterscheiben zertrümmerten und andere Dinge aus Glas zerbrachen. Weiter wird erzählt:

> Verschiedene Leute gaben an, daß ein tönerner Behälter, der ein Reinigungsmittel enthielt, aus einem verschlossenen Schrank heraus durch die Küche flog und schließlich an einem Fensterrahmen in sieben oder acht Stücke zerbrach. Ein Stein, der gut zwei Pfund wog und dazu diente, ein Backblech zu beschweren, wurde dabei beobachtet, wie er davonsauste. Nachdem er kurz nacheinander um zwei Ecken geflogen war, krachte er durch die geschlossene Tür ins Wohnzimmer, wo er das Fenster zertrümmerte und ein Loch im Vorhang hinterließ... Man konnte hören, wie Steine durch das Dach des Hauses herabstürzten, die hölzerne Decke der Küche durchschlugen, ohne Löcher zu hinterlassen, und schließlich auf dem Küchenboden liegend gefunden wurden.

Einige Steine wurden herausgetragen, doch sie fanden ihren Weg von selbst wieder hinein... Die Milchkannen in der Speisekammer waren mit Steinen gefüllt. Leute behaupteten, daß der Mähdrescher im Stall an einem Sonntag ganz von selbst angefangen habe zu laufen.

Viele unabhängige Zeugen haben diese merkwürdigen Ereignisse mit eigenen Augen gesehen. Niemand war in der Lage, das Phänomen unter Kontrolle zu bringen, und am Ende mußte das Haus schließlich von seinen Bewohnern verlassen werden.[28]

Wer sich mit übersinnlichen Phänomenen beschäftigt, wird sicherlich rasch bemerkt haben, daß die Vorkommnisse in dem Farmhaus heutzutage wohl einem Poltergeist zugeschrieben würden; dadurch erfährt man allerdings auch nicht mehr über die Mechanismen, die hinter diesem Geschehen stecken, als wenn man sie den Feen zuschreibt. Dieselbe Art von Phänomenen (was immer es auch sein mag) könnte auch für einige der Ereignisse verantwortlich sein, die man einst den Brownies zuschrieb, denen man nachsagte, daß sie einer Hausfrau bei ihren Verrichtungen sowohl helfen als auch behindern konnten. Wie zum Beispiel in einem französischen Buch aus dem frühen siebzehnten Jahrhundert berichtet:

> ... es gibt sehr viele Häuser, die von diesen Geistern und Kobolden heimgesucht werden, sie stören unaufhörlich den Schlaf derer, die in ihnen wohnen; sie rütteln am Geschirr, den Gefäßen, Tischen, Schränken, Schüsseln, werfen sie um, und dann schöpfen sie Wasser aus einem Brunnen, oder sie lassen die Seilwinde quietschen, Ziegel und Schieferplatten von den Dächern fallen; sie werfen mit Steinen, betreten die Zimmer, machen hier eine Katze, dort eine Maus, hier wiederum andere Tiere nach, lassen Personen, die schlafend in ihren Betten liegen, sich erheben, zerren an Vorhängen und Bettdecken, und spielen tausend üble Streiche. Diese Quälgeister haben nichts anderes im Sinn, als die Menschen zu stören, zu tyrannisieren, oder sie am schlafen zu hindern; die Haushaltsgegenstände hingegen, die sie scheinbar zerstört und zerbrochen haben, sind am nächsten Morgen alle wieder unbeschädigt.[29]

Colin Parsons berichtet in seinem Buch *Encounters with the Unknown*[30], über eine moderne Version des Brownie, der im Haushalt hilfreich zur Hand geht. Er schreibt dort über ein Ehepaar, das ein neues Haus bezogen hatte und denen von den vorherigen Bewohnern mitgeteilt worden war, daß es im Garten Brownies gab, die kleinere Arbeiten für sie verrichteten. Die neuen Hausbewohner fanden bald selber heraus, daß diese erstaunliche Behauptung wahr war:

> Das Geschirr wurde abgewaschen, während sie zur Arbeit gingen, die Waschmaschine wurde eingeschaltet und die Sachen anschließend in den Trockner gesteckt. Anfangs war Jenny Bolton davon überzeugt, daß sie die Dinge selbst getan und dann vergessen haben mußte, und sie suchte daraufhin ihren Arzt auf. Der aber konstatierte ihr beste Gesundheit und verschrieb ihr lediglich einige schwache Beruhigungsmittel. Die ungewöhnlichen Vorfälle setzten sich jedoch fort, und nun war auch Peter Bolton davon betroffen. Er stellte fest, daß der Schuppen im Garten aufgeräumt, seine Sachen gewaschen oder in die Garderobe gehängt worden waren.

Dann jedoch verlor Jenny bei einer Gelegenheit die Geduld gegenüber ihren unsichtbaren Helfern, und das Verhalten der Brownies veränderte sich schlagartig. Daraufhin regierte das Chaos. »Das Gemüse war mit Seifenpulver bestreut worden, Möbelstücke wurden umgeworfen, und ihren persischen Teppich hatte man mit Marmelade beschmiert. Es wurde so schlimm, daß sich das Haus geradezu böswillig gegen sie verschwor, so daß das Paar es verlassen mußte.«

Dieser Bericht bestätigt die Überlieferung, daß die Brownies sehr hilfreich sind, wenn sie sich von den Hausbewohnern gut behandelt fühlen, daß sie sich aber auch zu den unglaublichsten Störenfrieden entwickeln können, wenn sie sich in irgendeiner Weise schlecht behandelt oder verletzt fühlen. Vielleicht bergen andere Geschehnisse, die in populären Volksmärchen beschrieben werden, ja auch ein Körnchen Wahrheit in sich, und basieren auf wahren Ereignissen. Wenn man all die Ausschmückungen der Geschichtenerzähler wegläßt, um zum wahren Kern eines solchen Märchens vorzudringen, findet man heraus, daß Glaube oder Aberglaube zwar sehr spannende Begleiterscheinungen zum Thema sein können, doch auch die Gefahr bergen, daß der Erzähler die Geschichte als Aufhänger benutzt, um irgendeine haarsträubende Theorie zu beweisen. Sogar der umsichtigste Sucher nach der Wahrheit hegt noch gewisse Vorlieben oder Vorurteile und bringt diese mit ein, wenn es um die Untersuchung eines entsprechenden Themas geht, so daß Fakten, die nicht so recht in das vorgefaßte Bild passen, beiseite gelassen werden. Ich würde tatsächlich sogar so weit gehen, zu behaupten, daß niemand in der Lage ist, sich einem zu untersuchenden Subjekt, von einem vollkommen neutralen Standpunkt aus zu nähern. Die Schlußfolgerungen und Ergebnisse, zu denen man schließlich kommt, sind bis zu einem gewissen Grad dazu bestimmt, die Überzeugungen und Vorurteile desjenigen Verstandes widerzuspiegeln, dem sie entstammen und der sie ersonnen hat.

Die folgenden zwei Geschichten scheinen ziemlich glaubwürdig zu sein. In beiden Fällen hat man die Geschehnisse den Feen zugeschrieben, und wer kann schon behaupten, daß sie nicht dafür verantwortlich waren? Falls die Zeugen alles wahrheitsgemäß beschreiben, gibt es für beide Fälle keinerlei logische Erklärung. In den frühen siebziger Jahren dieses Jahrhunderts beschrieb Charles Williams in einem Brief an das Magazin *The Countryman*, daß sein abgelegenes Cottage in Cornwall mit Wasser aus einem Brunnen versorgt wurde, der im Sommer beinahe versiegte. Er versuchte jemanden zu finden, der den Brunnenschacht für ihn vertiefte, doch ein Einheimischer gab ihm den Ratschlag, die Hilfe der Pixies in Anspruch zu nehmen. Was er zu tun hatte, war, in einer Neumondnacht »Stückchen einer Pastete« rings um die Einfassung des Brunnens auszulegen. Man versicherte ihm nachdrücklich, daß es sich dabei um eine echte Pastete aus Cornwall handeln mußte, und Mr. Williams befolgte den Vorschlag. Zu diesem Zeitpunkt stand das Wasser in dem Brunnen nur noch zwanzig Zentimeter hoch, es hatte ziemlich lange nicht mehr geregnet, und es war eine schöne, trockene Nacht. Er schilderte, daß »als ich am nächsten Morgen zum Brunnen ging, die gesamte Pastete verschwunden und der Brunnen über drei Meter hoch mit Wasser gefüllt war.«

Solange er damit fortfuhr, Pastete auszulegen, war immer genügend Wasser vorhanden, doch als er ging, versäumten die neuen Pächter es, die Pastete zum Brunnen zu bringen, und er versiegte.[31]

Der Brauch, etwas Eßbares zu hinterlassen, um die Feen gut für sich zu stimmen, ist tief im Feenglauben verwurzelt. Unter den Dingen, die man traditionellerweise dafür benutzte, befanden sich Weizenkuchen (man deponierte sie auf zwei Hügeln in Aberdeen, um die Banshees versöhnlich zu stimmen), Käse (bei dem

Käsebrunnen auf dem Gipfel des Minchmuir, Peebles)[32] und Milch (frischgemolkene Milch, die auf einem Feenhügel, des Nachts und des Morgens vergossen wurde; so geschehen auf den Hebriden, um die »guten Leute« versöhnlich zu stimmen).[33] Wenn man ihnen keine Gaben darbrachte, war es sehr gut möglich, daß die Feen sich von selber etwas nahmen, so wie es Mr. und Mrs. Coleman, Freunden des Autors D. A. Mac Manus, passierte. Sie machten im Jahre 1938 mit ihrem Wohnwagen Urlaub in Irland. Eines Abends hielten sie in der Nähe einer stillen Landstraße im County Leitrim an und bereiteten sich auf die Nacht vor. Sie wurden dort von einer vorbeikommenden, ortsansässigen Frau angesprochen, und sie gab ihnen den Rat, »etwas für die Feen dazulassen«, doch die beiden vergaßen es kurz darauf. Mrs. Coleman entschied sich an diesem Abend dafür, ihren Buttervorrat draußen aufzubewahren, damit er kühl bliebe. Also plazierte sie 2 oder 3 Pfund Butter in einer Schüssel, markierte sie mit einem Messer, und verschloß sie mit einem Blech, welches sie zusätzlich mit einem Stein beschwerte. Das Ganze schob sie dann unter den Wohnwagen, wo jede Menge Platz war. Am nächsten Morgen holte sie die Butter wieder hervor. Sowohl das Blech als auch der Stein waren noch an ihrem Platz, doch als sie sie entfernte, stellte sie voller Erstaunen fest, daß zwei Drittel der Butter fehlten. Die gesamte markierte Butter war verschwunden, eine ganze Hälfte der Schüssel war leer bis auf den Boden, so als hätte jemand die Butter mit einem Messer geschnitten. Auch der obere Teil der zweiten Hälfte war fort, man hatte sie ganz klar mit etwas Weichem und Stumpfen herausgeschabt – vielleicht mit einer langen Zunge oder mit kleinen Händen.

Es gab keine einleuchtende, plausible Art und Weise, wie entweder ein Mensch oder ein Tier die Butter hätte entwenden können. Die Colemans hatten zwei Hunde bei sich, die draußen die ganze Nacht über Wache hielten; doch sie hatten weder gebellt, noch hatte das Ehepaar sonst irgendein Geräusch gehört. Zu guter Letzt mußten sie sich mit der einzig möglichen Erklärung zufriedengeben, daß es die Feen waren, die die Butter genommen hatten.[34]

Obwohl der Glaube an die Existenz der Feen der Landbevölkerung über die Jahrhunderte hinweg in Fleisch und Blut übergegangen ist, war es nie leicht, objektive Beweise für deren Existenz zu erbringen. Das mag erklären, warum man alles Kleine so häufig mit ihnen in Verbindung brachte. Wenn es sich dabei um ein Kleidungsstück handelt, und besonders dann, wenn es abgetragen zu sein scheint, liegt die Erklärung nahe, daß derjenige, der es getragen hat, ein sehr kleiner Mensch war. Ein gutes Beispiel ist der »Feenschuh«, der im Jahre 1835 (siehe Phototeil) auf der Beara Halbinsel in Südwestirland gefunden wurde. Ein Landarbeiter, der einen abgelegenen Gebirgspfad benutzte, fand diesen winzigen Schuh, der 7 Zentimeter lang, aber nur 2 Zentimeter breit war, und im Stil eines eleganten Herrenschuhs aus dem achtzehnten Jahrhundert gearbeitet war. Am Absatz war er abgetragen. Der Finder hatte Angst, ihn zu behalten, und so fand er schließlich seinen Weg unter ein Mikroskop der Harvard-Universität in den Vereinigten Staaten. Dort wurden winzige handgefertigte Nähte und Ösen sichtbar. Man vermutete, daß der Schuh aus Maushäuten gefertigt wurde. In einem Moor im County Donegal fand man einen weiteren »Feenschuh«.[35]

Andere winzige Artefakte, die man den Feen zuschrieb, sind ein Spiegel, der aus einer Messingplatte mit einem gemusterten Griff besteht, er befindet sich gegenwärtig im Scottish Highland Folk Museum, sowie »Feenpfeifen«, kleine tönerne Pfeifen mit Pfeifenköpfen, die gerade groß genug sind, um die Spitze des kleinen Fingers hineinstecken zu können. Man hat sie in verschiedenen Teilen von England und Wales gefunden und nannte sie dort *Letyn y tylwyth teg.*[36] Feentassen und Untertassen, Schüsseln und andere Geschirrteile wurden von Kindern in Fairy Glen oder Nameless Dean, nicht weit von Melrose in Südschottland, gefunden. Ein heftiger Regen hatte sie in der Böschung eines Flusses freigelegt. Die Kinder glaubten, daß es ihnen Glück bringe, sie zu finden.[37] Die winzigen Pfeilspitzen aus Feuerstein, die aus prähistorischer Zeit stammen, und die man überall in Großbritannien und auf der gesamten Welt gefunden hat, waren als Elfengeschoß bekannt. Isabel Gowdie, eine schottische Hexe, die von sich behauptete, sie habe das Feenreich besucht, sagte, sie habe Elfen dabei gesehen, wie sie nach den Anweisungen des Teufels Pfeile herstellten.

Man hat auch Feennahrung gefunden: ein gelber, gallertartiger Pilz namens Tremella, der auf Stechginster wächst, wurde in East Anglia »Feenbutter«[38] genannt; während man einen fossilen Seeigel als »Feenbrot« bezeichnete. In einem Bauernhaus wurde im letzten Jahrhundert ein solcher Seeigel gesehen, der mit schwarzem Blei überzogen war, »damit er schön glänzte«, und auf dem Kaminsims aufbewahrt wurde. Der Finder glaubte, er würde niemals zu wenig Brot haben, wenn er ein Feenbrot im Hause hätte.[39] In Wales nannte man ein Öl, das man in einem Felsen aus Kalkstein finden konnte, Feenbutter. Es roch angenehm, und man trug es auf den Körper von Leuten auf, die unter Rheumatismus litten.[40]

Was all die Feenartefakte gemeinsam haben, ist, daß sie sehr klein sind. Obgleich einige Feentypen geradezu winzig sind, gibt es auch viele andere, die es nicht sind, und demzufolge müßte es logischerweise auch Feenartefakte geben, die in ihrer Größe denen ihrer menschlichen Gegenstücke näherkommen – doch dann stellt sich natürlich die Frage, wer sie noch von gewöhnlichen menschlichen Gegenständen unterscheiden wollte! Die Feenartefakte lassen sich gewöhnlich (nicht immer, aber für gewöhnlich) leicht als natürliche Objekte oder als offensichtliche Fälschungen identifizieren, und der einzige physische Beweis für die Existenz von Feen, der etwas wert wäre, bestünde in einem Leichnam. Man hat jedoch noch nie sterbliche Überreste von Feen gefunden, wenngleich auf Jahrmärkten gelegentlich Funde dargeboten werden, von denen man behauptet, es seien Feen, so wie die »lebendige Fee, von der man annimmt, sie sei hundertundfünfzig Jahre alt. Das Gesicht nicht größer als das eines Kindes im Alter von einem Monat, gefunden vor sechzig Jahren, sah damals genauso alt aus wie jetzt. Ihr Kopf stellt eine ungeheure Kuriosität dar, ohne Hirnschale, mit zahlreichen Unvollständigkeiten, die es wert sind, von Ihnen betrachtet zu werden«.[41]

Es gibt auch Photographien, die die Existenz von Feen belegen sollen, einige davon werden in Kapitel 6 beschrieben und im Bildteil gezeigt, aber sie sind doch unter einigem Vorbehalt zu betrachten, denn manche, wie zum Beispiel die berühmten Cottingley-Photos, haben sich als Fälschung erwiesen. Falls einige dubiose

Photographien wirklich den stichhaltigsten Beweis für die Existenz von Feen darstellen, muß man dann nicht dem Urteil der Zweifler zustimmen, daß die Feen lediglich in der Einbildung derer leben, die behaupten, sie gesehen zu haben? Es gibt eine ungeheure Vielzahl von Berichten über Begegnungen, und selbst unter denen, auf die ich aufmerksam geworden bin, habe ich in den folgenden Kapiteln nur eine Auswahl getroffen. Aber so wie mit allen geheimnisumwitterten Kreaturen – wie dem Monster von Loch Ness oder Bigfoot, die ebenfalls vermeintlich von Tausenden von Menschen gesehen wurden –, ehe man irgendwelche physischen Überreste gefunden hat, die untersucht und identifiziert werden können, sind wir voller spannungsgeladener Erwartung, noch immer auf Armeslänge von den Geschöpfen selbst entfernt. Sei es nun, daß eines Tages objektive Beweise für die Existenz von Feen vorgelegt werden können oder auch nicht – buchstäblich Millionen von Menschen auf der ganzen Welt haben sich seit Jahrhunderten von ihrer Anwesenheit überzeugen können, und auch diejenigen, die sie in der jüngeren Vergangenheit mit eigenen Augen gesehen haben, werden weiter an sie glauben.

»Ein Tanz von großer Lebhaftigkeit«:

Berichte aus Großbritannien und Irland aus der Zeit vor dem zwanzigsten Jahrhundert

Das vorige Kapitel enthielt eine Mischung aus folkloristischen Überlieferungen und Tatsachen: Ich hoffe, daß die Mehrzahl des in den folgenden sechs Kapiteln beschriebenen Materials der Wirklichkeit entspricht – dennoch sollten die Leser auch diese unmittelbaren Begegnungen aus erster Hand kritisch betrachten. Nichts davon ist tatsächlich nachprüfbar. Es ist sehr gut möglich, daß es nur Menschen, die mit besonderen psychischen Begabungen gesegnet sind, gestattet ist, die Feen zu sehen, denn das Kleine Volk ist nicht von derart körperlicher Gestalt, wie es die Menschen sind.

Obgleich die meisten Berichte aus der Zeit vor 1900 aus weitererzählten Geschichten bestehen, deren Grundlage heutzutage nicht mehr zu bestimmen ist, bleiben doch einige Begegnungen aus erster und zweiter Hand, die einigermaßen verläßlich zu sein scheinen. Die früheste überlieferte Begegnung ist jene aus dem siebzehnten Jahrhundert, in der John Aubrey über Mr. Hart berichtet, wie jener von den Feen drangsaliert wurde, nachdem er sie tanzen gesehen hatte.

Ungefähr zur gleichen Zeit als Mr. Hart seine unangenehme Begegnung mit ihnen hatte, lernte auch die schottische Hexe Isabel Gowdie das Kleine Volk kennen. Sie beschrieb dieses Ereignis im Jahre 1662 in ihrem Bekenntnis zur Hexenkunst. Hier sind nun einige bedeutende Auszüge daraus, die ich, um das Lesen zu erleichtern, in unsere heutige Sprache übertragen habe.

> Ich war in den Hügeln der Downies und erhielt dort von der Feenkönigin mehr Fleisch, als ich zu essen vermochte. Die Feenkönigin ist wohlgekleidet in weißes Leinen und weißbraune Gewänder. Der König der Feen ist ein prächtiger Mann, wohlgefällig und mit breitem, vollem Gesicht etc. Es gab dort auch Elfenstiere, die »tobten und wüteten« dort auf und ab, sie jagten mir Angst ein.
>
> Was die Pfeilspitzen der Elfen angeht, so formt der Teufel sie mit seinen eigenen Händen und übergibt sie den Elfen-Jungen, die sie mit einem scharfen Ding, das aussieht wie eine Nadel, verzieren und zuspitzen ... der Teufel händigt sie uns aus, jeder von uns erhält soviele ... Wir haben keinen Bogen, mit dem wir schießen könnten, doch wir schleudern sie mit unseren Daumennägeln. Manchmal treffen wir nicht, aber wenn doch, tötet jede Berührung – sei es bei einem wilden Tier, einem Mann oder einer Frau, sogar wenn sie eine Rüstung tragen.[1]

John Beaumont, der im Jahre 1705 seine *Treatise of Spirits* (Abhandlung über die Gespenster)* veröffentlichte, beschreibt darin ziemlich ausführlich seine Begegnungen mit verschiedenen Gespenstern. Jene, von denen ich annehme, daß es sich bei ihnen um Feen handelt, beschreibt er als Wesen von brauner Gesichtsfarbe,

* Anmerkung des Übersetzers

deren Statur ungefähr drei Fuß hoch war; sie trugen beide schwarze, lose, netzartig geflochtene Gewänder, die in der Mitte von einer schwarzen Schärpe zusammengehalten wurden, darunter schimmerten goldfarbene Kleider mit ihrem Glanz hervor; ihre Köpfe waren nicht mit einer Haube, sondern mit Kappen aus weißem Leinen bedeckt, die von Spitzen gesäumt waren ... und darüber trugen sie Kapuzen aus schwarzem, geflochtenem Netzwerk ...

Bei einer Gelegenheit sah er sie »in einem Kreise im Garten tanzen und singen, sie hielten einander an den Händen, doch sie sahen einander nicht an. Ihre Rücken waren dem Innern des Kreises zugewandt«. Auch fragte er sie einmal, wer sie denn wären, und sie beschieden ihm, daß »sie eine Bruderschaft von Wesen seien, die den Menschen überlegen sind und unsere Gedanken beeinflussen können, und daß ihre Heimat und Behausung in der Luft zu finden sei«.[2]

Es ist vielleicht vernünftiger, diese beiden Berichte nicht allzu ernst zu nehmen. Vermeintliche Hexenbekenntnisse sind bekanntermaßen unzuverlässig, und John Beaumont, zu diesem Urteil kommt man bei eingehender Lektüre seiner Beschreibungen von Gespenstern, die ihn heimgesucht haben, scheint in einer Art Traumwelt gelebt zu haben, und war möglicherweise gar nicht fähig zwischen Einbildung und Wirklichkeit zu unterscheiden. Der nächste Zeuge jedoch war ein hochangesehener Kirchenmann des achtzehnten Jahrhunderts und sogar zeitweilig Leiter der Independent Academy in Rotherham.

Der Reverend Dr. Edward Williams wurde in Bodfari

(in Clwyd, Nordwales) geboren, und die Ereignisse, die er beschreibt, trugen sich dort im Jahre 1757 zu, als er gerade sieben Jahre alt war. In seinen späteren Jahren sagte er, er wäre »gezwungen, es unter meine *unerklärlichen Geschehnisse* einzuordnen.«

> An einem schönen Sommertag (ungefähr im Mittsommer), so zwischen 12 Uhr mittags und ein Uhr, befanden sich meine älteste Schwester und ich, die Nachbarskinder Barbara und Ann Evans, beide älter als ich, auf einem Feld namens Cae Caled, nahe bei unserem Haus. Wir waren alle in unsere unschuldigen Kinderspiele vertieft, bei einer Hecke unter einem Baum, und nicht allzuweit von einem Gatter zum Haus entfernt. Da beobachtete einer von uns in der Mitte des Feldes eine Gesellschaft von – wie soll ich sie nennen? – *Wesen*, weder Frauen, Männer, noch Kinder, die einen Tanz von großer Lebhaftigkeit vollführten. Sie befanden sich weniger als hundert Yards von uns entfernt und waren deutlich zu erkennen. Die Gruppe bestand aus sieben oder acht Paaren. Wir konnten sie infolge der Lebhaftigkeit ihrer Bewegungen und der Fassungslosigkeit, die uns bei diesem ungewöhnlichen Anblick überkam, nur mit Mühe zählen. Sie waren alle in Rot gekleidet, es war eine Art Kleidung, die einer militärischen Uniform glich. Zwar trugen sie keine Hüte, doch waren ihre Köpfe mit rötlichen Tüchern bedeckt, die mit gelben Einsprengseln versehen waren. Sie waren nicht nur alle gleich gekleidet, sondern darüber hinaus auch alle von gleicher Statur. Die Zipfel der Kopftücher hingen ihnen auf den Rücken hinab, und sie hielten alle weiße Taschentücher an einem Zipfel in den Händen. Ihre Körpergröße erschien uns ein wenig kleiner als unsere eigene zu sein, doch waren es eher Zwerge als Kinder. Nachdem wir sie entdeckt hatten, fingen wir, von Schaudern

erfüllt, an, einander zu fragen, was sie wohl sein mochten. Es waren zu diesem Zeitpunkt weder Soldaten im Lande, noch war es an der Zeit für Maientänze, und vor allem erschienen sie uns so vollkommen verschieden von all den Menschen zu sein, die wir jemals gesehen hatten. Auf diese Weise aufgeschreckt, brachen wir unser Spiel ab, verließen unser Versteck und machten uns in Richtung des Gatters auf. Dabei ließen wir sie nicht aus den Augen und mußten feststellen, daß sich einer von ihnen aus der Gruppe löste und mit schnellem Schritt auf uns zulief. Da ich der jüngste war, kam ich als letzter bei dem Gatter an, und sah, überwältigt von unbeschreiblichem Entsetzen, daß die grausige Elfe mir direkt auf den Fersen war. Ich sah ihren gleichwohl furchterregenden Anblick klar und deutlich vor mir, mit dem uralten, dunkelhäutigen und grimmigen Antlitz direkt vor meinen Augen. In höchster Not schrie ich auf, und auch meine Schwester und unsere Spielkameraden begannen laut zu schreien und zu toben, und dann zogen letztere mich mit Gewalt über das Gatter und sofort befand ich mich in Sicherheit. Dieser feindselige Liliputaner aber beugte und streckte sich, um nach mir zu greifen, doch er kam nicht herüber. Mit laut pochenden Herzen und lauten Schreien rannten wir zum Haus hinüber, wo wir die Familie aufschreckten, und ihnen von unserem Mißgeschick berichteten. Die Männer ließen sofort von ihrem Abendessen ab und begaben sich mit uns, die wir noch immer vor Schreck zitterten, zusammen an jenen Ort. Doch trotz eifrigster und gewissenhaftester Suche wurde weder dort noch sonst irgendwo in der Nachbarschaft auch nur die Andeutung einer Spur entdeckt, die je zu einer Klärung dieses bemerkenswerten Phänomens beigetragen hätte.[3]

Falls Dr. Williams sich richtig an dieses Geschehnis erinnert hat, und dabei nicht unbewußt gewisse Einzelheiten aus den Feenmärchen, die ihm als Kind erzählt wurden, mit einem anderen tatsächlichen furchteinflößenden, jedoch durchaus erklärbaren Ereignis vermischt hat, gibt es dafür so leicht keine plausible Erklärung – außer, daß es den Kindern irgendwie für eine kurze Zeit lang vergönnt war, einen flüchtigen Blick auf etwas zu erhaschen, das der Mensch normalerweise nicht zu sehen vermag.

Eine ähnliche Erscheinung, bei der ebenfalls Gestalten auf einem Feld herumtobten, wurde irgendwann im achtzehnten Jahrhundert auf der Isle of Man beobachtet, und zwar von einem Mann, der bis zu diesem Zeitpunkt überhaupt nicht an Feen glaubte. George Waldron, ein Engländer, der für die britische Regierung auf der Insel tätig war, um den Handelsverkehr zwischen 1720 und 1730 zu überwachen, beschreibt dieses Erlebnis.

> Mein nächster Nachbar, ein Gentleman, der feierlich beteuerte, daß ihm alles, was mit dem Feenglauben auch nur im mindesten in Verbindung gebracht wurde, zutiefst ein Greuel war, mußte sich schließlich eines Besseren belehren lassen. Er beobachtete mehrere kleine Gestalten, die zu spielen schienen und über die Steine auf einem Feld hüpften. Zunächst, da sie noch einige Yards entfernt waren, hielt er sie für Schulkinder, die die Schule schwänzten. Zu diesem Zeitpunkt sei es ungefähr zwischen drei und vier Uhr gewesen, sagte er. Doch als er sich ihnen bis auf wenige Meter genähert hatte, verschwanden sie ganz plötzlich, und das, obwohl er sie vom ersten Moment ihres Erscheinens an nicht aus den Augen gelassen hatte. Auch gab es dort

keinen Ort, an den sie sich so plötzlich hätten zurückziehen können. Wie ich bereits erwähnt habe, handelte es sich um ein offenes Feld, ohne Hecken oder Buschwerk, und es war heller Tag.[4]

Bei der Feenschar, die im Jahr 1815 in Ilkley Wells (West Yorkshire) von dem Mann gesehen wurde, der die dortigen Heilbäder beaufsichtigte, handelte es sich um die kleinere, grüngekleidete Erscheinungsform, die keine sonderliche Ähnlichkeit mit dem Menschen aufwies. William Butterfield machte sich wie üblich am frühen Morgen daran, die Tür zu den Bädern aufzuschließen, doch er mußte feststellen, daß der Schlüssel im Schloß einfach durchdrehte. Die Geschichte über das, was als nächstes geschah, erzählte er John Dobson, ebenfalls aus Ilkley, der sie mit diesen Worten wiedergab:

> Dann bemühte er sich, die Tür aufzudrücken, doch kaum hatte er sie halb geöffnet, wurde sie auch schon wieder zugestoßen. Schließlich gelang es ihm, mit einer großen Kraftanstrengung die Tür zu öffnen, und sie flog mit einem Krachen auf! Dann aber war da schwirr, schwirr, solch ein Lärm und Getümmel! Überall auf und über dem Wasser waren kleine grüngekleidete Geschöpfe, von denen keines vom Kopf bis zu den Füßen größer als 45 Zentimeter war. Sie plapperten, schwatzten und zwitscherten vollkommen unverständlich daher. Es schien, als würden sie ein Bad nehmen, doch badeten sie in all ihren Sachen. Bald darauf jedoch fingen einer oder zwei von ihnen an, sich aus dem Staube zu machen, indem sie wie Eichhörnchen die Wände hinaufhüpften. Er bemerkte, daß sie sich nun alle anschickten, auszureißen, deshalb rief er ihnen in dem lautesten Tonfall, zu dem er fähig war, etwas zu –

allerdings gab er später zu, daß ihm nichts anderes einfiel als »Hallo, ihr da!«. Daraufhin riß die ganze Sippschaft Hals über Kopf, holterdiepolter, kopfüber und sich überschlagend aus, und machte dabei einen Lärm, der dem von aufgescheuchten Rebhühnern glich. Dieser Anblick war so ungewöhnlich, daß er später erklärte, entweder habe er es nicht gekonnt, oder er habe sich nicht getraut ihnen hinterherzueilen... Als auch das letzte dieser fremdartigen Wesen die Heilquelle verlassen hatte, rannte er zur Tür, um nachzuschauen, wohin sie geflohen waren, doch da war nichts zu sehen. Er rannte zurück ins Badehaus, um nachzusehen, ob sie irgend etwas hinterlassen hatten; doch da war nichts: das Wasser war still und unbewegt, genau so wie er es in der vorigen Nacht verlassen hatte. Dann kam ihm der Gedanke, daß sie in ihrer Hast vielleicht einige Kleidungsstücke vergessen haben könnten, aber er konnte nichts finden. Also gab er seine Suche auf und ging seinem üblichen Tagewerk nach, indem er die Bäder vorbereitete; jedoch nicht, ohne ein- oder zweimal zur Tür zu eilen, um nachzusehen, ob sie nicht vielleicht zurückkämen. Er sah sie nie wieder.[5]

Es geschieht sehr oft, daß Leute ganz plötzlich und unerwartet von den Feen überrascht werden, und sicherlich kommen ihnen diese zum Zeitpunkt der Begegnung gar nicht in den Sinn. Es wäre möglich, daß eine gewisse geistige Unvoreingenommenheit die Voraussetzung dafür ist, eine solche übernatürliche Erfahrung machen zu können. Der einsame Reisende ist naturgemäß besonders empfänglich und aufnahmebereit. Ein Mann aus Stowmarket (Suffolk), der im Jahr 1842 in einer mondhellen Nacht auf dem Nachhauseweg war, begegnete plötzlich einer Gruppe von Feen:

> Es mögen ein Dutzend gewesen sein, die Größten waren ungefähr einen Meter und die Kleineren hatten die Größe von Puppen. Ihre Kleidung funkelte, als sei sie mit Pailletten besetzt, so wie die der Tänzerinnen auf dem Jahrmarkt. Sie bewegten sich Hand in Hand im Kreise, dabei machten sie keinerlei Geräusche. Sie schienen nur aus Licht und Schatten zu bestehen, und nicht von fester körperlicher Gestalt zu sein. Ich ging weiter und flehte den Herrn um Gnade an, denn dies mußten die Feen sein. Nun befand ich mich auf dem Feldweg und konnte sie so deutlich vor mir sehen, wie ich Sie jetzt sehe. Als ich schließlich den Zauntritt überquert hatte, wandte ich mich nach ihnen um, und sie waren noch immer dort und bewegten sich unablässig im Kreise. Ich rannte nach Hause und forderte drei Frauen auf, mit mir dorthin zurückzukehren und sie sich anzusehen. Als wir jedoch dort angelangten, waren sie alle fort. Über ihre Gesichter kann ich nichts näheres sagen. Ich befand mich ca. 30 Meter von ihnen entfernt, und mir war nicht danach, stehenzubleiben und sie anzustarren. Ich war zu diesem Zeitpunkt nämlich ziemlich nüchtern.[6]

Der nächste Augenzeuge war zu dem Zeitpunkt, als er seine Erfahrung machte, ebenfalls allein. Das Ganze ereignete sich ungefähr um die Mitte des neunzehnten Jahrhunderts. Zwar stammt die Schilderung aus zweiter Hand, doch handelt es sich bei dem Autor um einen Verwandten des Augenzeugen, weshalb ich als sicher annehme, daß die Sache glaubwürdig ist.

> ... ein naher Verwandter des Schriftstellers, der zweifellos nicht stärker von Aberglauben erfüllt war als die meisten Leute, war fest davon überzeugt, einst einen leibhaftigen Zwerg oder eine Fee gesehen zu haben. Er hatte an einem

Sommerabend die Zeit oben bei Mellor Moor, nahe Blackburn, verbracht. Er befand sich bei den Überresten der alten römischen Festung, als seine Aufmerksamkeit durch das Erscheinen eines zwergenhaften Mannes gefesselt wurde, der vollkommen wie ein Jäger gekleidet war. Er trug Schaftstiefel, Sporen, eine grüne Jacke, eine rote Fellmütze, und in seiner Hand hielt er eine große Reitpeitsche. Er rannte eine beträchtliche Strecke lang lebhaft über das Moor, sprang über eine niedrige Steinmauer, sauste einen Steilhang hinunter und war nicht mehr zu sehen. In der Nachbarschaft glaubt man, daß an diesem Ort eine unterirdische Stadt existiert, daß diese bei einem Erdbeben versunken ist, und daß man an bestimmten Tagen des Jahres das Hügelvolk hören kann, wie sie ihre Glocken läuten und sich bei verschiedenen Festen und Lustbarkeiten vergnügen. Die beachtliche Anzahl von Steinen, die man entlang der Gräben dieses rechtwinklig angelegten Ortes finden kann, dürfte diesem Gedanken an eine Stadt und ein Erdbeben Vorschub geleistet haben. Bei anderen Gelegenheiten glaubt man, die Feen dabei gesehen zu haben, wie sie in den Bergen militärische Paraden abhielten. Die Formationen, die sie zur Schau stellten, hielten jedem Vergleich mit modernen Truppenbewegungen stand. Man glaubt, daß dieses Auftreten heraufziehende Unruhen im Lande ankündigt, und es heißt, daß es in den Zeiten der Rebellion von 1745/46 häufiger als gewöhnlich vorkam.[7]

W. Y. Evans Wentz, der zu Anfang dieses Jahrhunderts Feenüberlieferungen in und aus Irland zusammentrug, hörte von Neil Colton die Geschichte einer Begegnung, die dieser persönlich gehabt hatte. All dies ereignete sich ungefähr in der Mitte des neunzehnten Jahrhunderts, Colton war zu diesem Zeitpunkt dreiundsiebzig

Jahre alt, und das Ganze fand in der Nähe des Lough Derg im County Donegal statt.

> Eines Tages, es war im Hochsommer, kurz bevor sich die Sonne neigte; ich war noch ein kleiner Junge, und mein Bruder, meine Cousine und ich sammelten bei den Felsen da hinter uns Blaubeeren, als wir auf einmal Musik hörten. Wir eilten um die Felsen herum, und da standen wir auch schon, nur einige hundert Fuß entfernt, sechs oder sieben der Leute des *vornehmen Volkes* gegenüber. Als sie uns erblickten, rannte eine kleine, ganz in Rot gewandete Frau, aus ihrer Mitte heraus auf uns zu, und dann versetzte sie meiner Cousine mit etwas, das aussah wie grünes Binsenrohr, einen Hieb quer über das Gesicht. Wir rannten so schnell wir nur konnten nach Hause, doch als meine Cousine beim Haus ankam, fiel sie tot zu Boden. Mein Vater sattelte sein Pferd und machte sich auf zu Vater Ryan. Als Vater Ryan schließlich bei uns eintraf, legte er sein Meßgewand an, fing, über meine Cousine gebeugt, an zu beten, Psalmen zu rezitieren, sie mit seinem Gewand zu berühren, und holte sie auf diese Weise zurück. Er sagte, daß sie für immer *geholt* worden wäre, wenn mein Bruder sie nicht die ganze Zeit gehalten hätte.[8]

Eine weitere seltsame Begegnung, bei der man glaubte, den Feen begegnet zu sein, ereignete sich, ebenfalls gegen Mitte des neunzehnten Jahrhunderts, in Wales. Obwohl man eine beträchtliche Zahl von Feenüberlieferungen aus Wales kennt, sind solche Begegnungen aus erster Hand doch eher selten. In diesem Fall werden wir daran erinnert, daß solche Begegnungen häufig mit einer fremdartigen Atmosphäre einhergehen, die irgendwie nicht von dieser Welt zu sein scheint.

Ein sehr alter Mann namens John Jones, der in Llanddeiniol, das ungefähr sechs Meilen von Aberystwyth entfernt ist, wohnt, setzte mich davon in Kenntnis, daß er vor vielen Jahren, als er noch ein junger Bursche von 18 Jahren war, auf einer Farm namens Perthrhys als Dienstbote beschäftigt wurde. Eines Abends ging er nach dem Essen noch zum Schneider, um dort eine Garnitur von Sachen abzuholen, die dieser für ihn gemacht hatte. Da die Kleidungsstücke aber noch nicht alle fertig waren, mußte er bis zu später Stunde dort warten, ehe er nach Hause zurückkehren konnte. Die Nacht war jedoch von einem angenehm hellen Mondlicht erfüllt. Während er schließlich einem einsamen Pfad entlang eines Moores, welches man als Rhosrhydd kennt, folgte, geschah es, daß er sich umsah und plötzlich vom Anblick zweier junger Männer oder Knaben überrascht wurde. Es schien so, als würden sie ihm folgen. Zuerst dachte er, es seien nur ein paar Jungen, die ihm ein wenig angst machen wollten. Nachdem sie ihm aber eine Weile lang gefolgt waren, kamen sie bis auf die kurze Entfernung von 30 oder 40 Yards zu ihm heran, verließen den Pfad und fingen an zu hüpfen und zu tanzen, und bewegten sich dabei im Kreise, so wie man es von den Feen gehört hat. Sie waren vollkommen weiß und ungeheuer flink, und der alte Mann berichtete mir, daß sowohl ihre Erscheinung als auch ihre Bewegungen etwas Übernatürliches hatten. Er ist bis zum heutigen Tage davon überzeugt, daß es sich bei ihnen nicht um menschliche Wesen gehandelt haben kann. Als er zu Hause auf der Farm ankam und sein Abenteuer schilderte, war jedermann im Haus davon überzeugt, daß jene merkwürdigen Geschöpfe, die er da gesehen hatte, Feen gewesen sein mußten.[9]

Eine alte englische Illustration aus einem Volksbuch, die tanzende Feen zeigt. Diese Zeichnung weist einige höchst interessante Details auf. Man beachte den Feenhügel auf der linken Seite, der mit einer richtigen Tür ausgestattet ist – dabei handelt es sich ganz klar um einen Eingang ins Feenreich. Beachten Sie auch das Gesicht im Laubwerk des Baumes: Das ist der grüne Mann oder Pflanzengeist, der schon beschrieben wurde. Es gibt sogar einen auffälligen »magischen Pilz«, dessen bewußtseinserweiternde Qualitäten bei einigen Begegnungen mit dem Kleinen Volk eine Rolle gespielt haben könnten (Fortean Picture Library).

Eine (unbeantwortbare) Frage, die sich immer wieder stellt, ist: Warum werden die Feen so oft »tanzend« beobachtet?

Im August des Jahres 1862 kamen David Evans und Evan Lewis mit ihren Wagen von der Küste von Cardiganshire und waren auf dem Weg nach Brecon, um Holz für den Bau von Schiffen im Hafen von New Quay zu holen. Bei der Rückreise durch Carmathenshire hielten sie für kurze Zeit an einem Ort namens Cwmdwr, der an der Straße liegt, die von Llanwrda nach Lampeter führt. Es war ungefähr 2 Uhr mittags, und die zwei Männer mit ihren Pferden und Wagen standen gegenüber einer Farm namens Maestwynog, wo die Landarbeiter gerade damit beschäftigt waren, ein nahegelegenes Weizenfeld abzuernten. Während sie in die Richtung der ebenfalls nahegelegenen Hügel blickten, sah David Evans ungefähr fünfzig kleine Heubündel (sopynau bychain), wie er zuerst dachte. Bei näherer Betrachtung bemerkte er jedoch, daß diese sich hinauf bewegten, daher hielt er sie für Feldarbeiter. Sie waren allesamt vollkommen gleich gekleidet und gingen rasch einer nach dem anderen entlang dem Trampelpfad den Hügel hinauf. David Evans machte nun auch seinen Kollegen Evan Lewis darauf aufmerksam und fragte ihn, um wen es sich wohl handeln könnte. Doch noch ehe er Zeit für weitere Beobachtungen fand, erreichte der erste derjenigen, die dort den gewundenen Pfad hinaufstiegen, eine kleine ebene Fläche an der Spitze des Hügels. Die anderen folgten ihm rasch, und jeder, der die Spitze erreichte, tat einen Sprung in die Luft, begann zu tanzen, und schließlich formierten sie sich zu einem Kreis. Nachdem sie eine kurze Zeit lang getanzt hatten, trat einer der Tänzer in die Mitte des Kreises, andere schlossen sich ihm an; so tat einer es dem anderen nach, bis die Formation aussah wie das Gewinde einer Schraube. Dann verschwanden sie im Erdboden. Nach einer Weile erschien einer von ihnen wieder und sah sich nach allen Richtungen um, genau wie eine Ratte. Die anderen schlossen sich wiederum einer nach dem anderen an und taten das gleiche. Dann tanzten sie einige Zeit lang, genau wie zuvor, und verschwanden im Boden, wie sie es beim ersten Mal getan hatten. Die beiden Männer, David Evans und Evan Lewis, beobachteten sie aus einer Entfernung von ungefähr 400 Yards, und sie waren mehr als erstaunt, Menschen, wie sie dachten, zu sehen, die sich dort auf diesem Hügel dermaßen merkwürdig und ungewöhnlich verhielten. Sie ließen den Hügel noch für einige Zeit nicht aus den Augen, doch die Tänzer erschienen nicht wieder. Schließlich setzten die zwei Männer ihre Reise fort, bis sie an einem alten Mann vorbeikamen, der an der Straße arbeitete. Sie fragten ihn, ob er irgend etwas über die Menschen wisse, die sie im Kreise auf der Spitze des Hügels bei Maestwynog hatten tanzen sehen. Der alte Mann antwortete ihnen, daß er nicht die geringste Ahnung hätte, doch habe er seinen Großvater einst sagen hören, daß zu seiner Zeit dort die Tylwyth Teg (Feen) zu tanzen pflegten. Nachdem sie dies hörten, mußten unsere beiden Freunde lächeln.[10]

Nach diesen beiden Begegnungen mit tanzenden Feen im Westen von Wales, folgen nun zwei Erfahrungen mit den Feen der Isle of Man, die alle ganz in Rot gekleidet sind. Es geschah ungefähr im Jahr 1870, als T. C. Kermode, ein Mitglied des Parlamentes der Insel, sie sah. Er beschrieb es später folgendermaßen:

Auf der Insel ist der Glaube stark verbreitet, daß es dort tatsächlich Feen gibt, und aufgrund meiner eigenen seltsamen Erfahrung schreibe ich diesen Glauben einem natürlichen Phänomen zu. Vor ungefähr vierzig Jahren, es war in einer Oktobernacht, ging ich zusammen mit einem anderen jungen Mann zu einer Art inseltypischem Erntedankfest in Cronk-a-Voddy. Während wir plaudernd die Glen-Helen-Straße, ungefähr auf der Höhe der Beary Farm, entlanggingen, warf mein Freund zufällig einen Blick auf das andere Flußufer und sagte: »Oh, sieh nur, da sind die Feen. Hast du sie je gesehen?« Ich schaute über den Fluß und sah einen

> Kreis übernatürlichen Lichts, welches ich heute als das »Astral-Licht« oder Licht der Natur betrachte, so wie es auch von den Mystikern bezeichnet wird, und in dem Geister Gestalt annehmen. Die Stelle, an der das Licht erschien, war eine ebene Fläche, die an den vom Fluß abgewandten Seiten von einer Böschung und niedrigen Hügeln begrenzt wurde. Genau dorthin, in den Lichterkreis, sah ich eine große Menge kleiner Wesen eilen, die sogar noch kleiner waren als Tom Thumb und seine Frau. In Gruppen von zweien oder dreien trafen sie dort ein und schienen aus der Böschung und den Hügeln zu kommen. Sie traten alle auf wie Soldaten und waren in Rot gekleidet. Sie bewegten sich inmitten des Kreises vor und zurück, und formierten sich dabei zu einer Marschkolonne, wie bei einer Truppenübung. Ich schlug vor, näher heranzugehen, doch mein Freund sagte: »Nein, ich gehe zu dem Fest.« Nachdem wir ihnen einige Minuten lang zugesehen hatten, machte mein Freund ein lautes Geräusch mit seinem Stock, als er die Mauer entlang der Straße berührte, und wir verloren die Vision und das Licht verschwand.[7]

Kermode gab zu, daß das Erlebnis eine Art von Vision war, die sie aus gewisser Entfernung beobachtet hatten, wohingegen der nächste Zeuge von der Isle of Man ganz ohne Zweifel geltend machte, eine interaktive Begegnung mit den Feen gehabt zu haben, und zwar eine, die er lieber nicht gehabt hätte. Die Schilderung stammt aus dem Jahr 1887, sie wurde demnach drei Jahre, nachdem Sie sich ereignet hatte, niedergeschrieben und dürfte dementsprechend ziemlich originalgetreu sein. Außerdem sprach der Verfasser selbst mit dem Zeugen.

Eines abends, während der Sommermonate des Jahres 1884, machte sich der Postkutschenfahrer in einem der Inselstädtchen wie üblich auf, um die Postsäcke des umliegenden Bezirkes einzusammeln. Er hätte damit eigentlich um halb zwei Uhr morgens fertig sein müssen, doch er erschien in seiner Dienststelle erst um ungefähr halb sechs und wirkte dabei furchtbar verängstigt und aufgeregt. Auf die Frage nach dem Grund für seine Verspätung, beschrieb er mit ernster Miene, wie er ungefähr sechs Meilen von zu Hause entfernt von einer Schar von Feen umringt worden war, die alle ziemlich aufwendige rote Kostüme trugen und mit Laternen ausgerüstet waren. Sie hielten sein Pferd an, warfen die Postsäcke auf die Straße und umtanzten diese auf die für Feen typische Art und Weise. Der arme Postfahrer leistete ihnen vergeblich Widerstand. Kaum war es ihm gelungen, einen der Säcke zurückzuholen, wurde dieser sofort wieder hinausgeworfen. Das ging so weiter, bis das Tageslicht heranbrach. Dann hielten die Feen es offenbar für angebracht, augenblicklich zu verschwinden, und sie ließen den Postfahrer in einem Zustand allergrößter Erschöpfung und Nervosität zurück. Nachdem er sich einen Moment lang ausgeruht und neue Kräfte gesammelt hatte, lud er die Post schließlich wieder auf seinen Wagen und erreichte ohne weitere Zwischenfälle das Ziel seiner Reise. Als ich ihn kurze Zeit später kennenlernte, kam er mir nicht wie jemand vor, der allzu leicht das Opfer seiner eigenen lebhaften Phantasie wird. Was den Zustand anbetrifft, in dem er sich zu diesem Zeitpunkt befand, ist noch anzumerken, daß er die Poststation in dieser Nacht wie üblich nüchtern verlassen hatte und auch wieder nüchtern dort eintraf. Ohnehin kannte man ihn seit vielen Jahren nur als einen Mann von aufrichtiger und nüchterner Wesensart.[12]

Bei den meisten Begegnungen mit dem Kleinen Volk sehen die Zeugen die Geschöpfe nur sehr kurz, und es findet nur selten eine Interaktion mit ihnen statt.

Eine Fee mag zwar zu erkennen geben, daß sie die Anwesenheit eines Menschen bemerkt, indem sie ihn direkt ansieht, ihn sogar anlächelt, doch normalerweise wird der erstaunte Zuschauer einfach ignoriert. Das zuvor geschilderte Erlebnis des Postkutschenfahrers stellt daher eher eine Ausnahme und nicht die Regel dar. Die folgende Geschichte ist deshalb sogar noch ungewöhnlicher (und zwar so ungewöhnlich, daß sie sich eben eher wie eine »Geschichte« und nicht wie eine Schilderung tatsächlicher Ereignisse anhört, obgleich sie letzteres für sich in Anspruch nimmt). Sie stammt von einem alten Mann und seiner Frau, diese erzählten sie Lady Gregory, W. B. Yeats und Miss Pollexfen Mitte der zwanziger Jahre dieses Jahrhunderts in den Wicklow Mountains in Irland. Das Geschehene ereignete sich viele Jahre zuvor, als die beiden gerade jung verheiratet waren. Mr. Kelleher sagte: »Es war im Winter, und es lag Schnee, und draußen sah ich einen von ihnen, und ich brachte ihn mit hinein und setzte ihn auf die Anrichte, und er blieb eine Weile lang im Haus, ungefähr eine Woche.« Mrs. Kelleher unterbrach ihn und sagte, es seien eher zwei oder drei Wochen gewesen; dann fuhr ihr Mann mit seiner Schilderung fort und sagte:

> Er war ungefähr 40 Zentimeter groß. Er war sehr freundlich. Wahrscheinlich schlief er des Nachts auf der Anrichte. Wenn die Jungs im Wirtshaus genug Porter getrunken hatten, kamen sie für gewöhnlich zum Haus, um sich ihn anzusehen, und wenn sie ihn sahen, lachten sie. Aber ich habe es nie zugelassen, daß sie ihm ein Leid zufügten.

> ... Eines Tages sah ich, nicht weit vom Haus entfernt, noch ein Wesen von dieser Art, doch es sah eher wie ein Mädchen aus, und die Kleider waren grauer als die seinen, die rot waren. Und als ich an diesem Abend zusammen mit der Missus am Feuer saß, erzählte ich ihr davon, und der kleine Kerl, der auf der Anrichte saß, rief: »Das ist Geoffrey der Winzige, der mich besuchen kommt«, und er sprang hinunter, ging zur Tür hinaus und ich sah ihn nie wieder. Ich dachte, es sei ein Mädchen, das ich da gesehen hatte, aber Geoffrey ist nicht gerade ein Mädchenname, oder? Er hatte vorher noch nie gesprochen. Irgendwie denke ich, daß er mich lieber mochte als die Missus. Ich fütterte ihn immer mit Brot und Milch.

Er fügte noch hinzu, daß er ihn mit einem Löffel fütterte, den er ihm zum Mund führte. Mrs. Kelleher beschrieb das Geschöpf darüber hinaus noch eingehender: »Zuerst sah er richtig frisch aus, doch nach einer Weile fing er an älter auszusehen. Er sah irgendwie faltig und runzelig aus. Er trug eine rote Mütze und einen kleinen, roten, leinenen Rock. Darüber hatte er einen kleinen, kurzen, karierten Mantel an; unter dem Rock trug er Hosen und lange Strümpfe, auch sie waren rot.«[13] Diejenigen, die das Kleine Volk zu Gesicht bekommen haben, beschreiben oft rote Kleidungsstücke. Allen Anschein nach ist Grün die zweitbeliebteste Farbe. Der tiefere Sinn, der sich hinter der so beliebten roten Farbe verbirgt, ist, falls es überhaupt einen gibt, unklar. Grün jedoch ist die Farbe der Natur und könnte sich von der Rolle dieser Geschöpfe als Wächter und Beschützer der Natur ableiten. Mehr zu diesem Thema in Kapitel 6.

Im Jahr 1928 beschrieb Mrs. G. M. Herbert, wie sie 1897, als siebenjähriges Mädchen, in Dartmoor (Devon) einen »Pixy« gesehen hatte.

> Obwohl ich eine erwachsene Frau mit drei Söhnen bin, glaube ich immer noch fest an Pixies und an Feen. Als siebenjähriges Kind hatte ich einen Pixie gesehen, und vor wenigen Jahren bin ich im Dartmoor ein Opfer des »pixy-led« geworden. Ich sah den Pixie unter einem überhängenden Felsen in der Nähe von Shaugh Bridge (am südlichen Rand von Dartmoor), es war am Nachmittag. An die genaue Zeit kann ich mich nicht mehr erinnern, aber ich weiß noch, daß ich nach einem Nachmittagsspaziergang zu meiner Mutter gerannt bin und ihr erzählt habe, daß ich einen Pixie gesehen hatte – und daß ich dafür ausgelacht wurde. Das war im Jahr 1897. Es sah aus wie ein kleiner verhutzelter Mann, es war (soweit ich mich erinnern kann) ungefähr einen halben Meter oder vielleicht auch 60 Zentimeter groß, ich neige eher zu ersterer Schätzung. Es trug eine kleine, gepunktete Mütze, die sich leicht nach vorne wölbte, ein Wams und kleine Kniebundhosen. Darüber hinaus erinnere ich mich an den Eindruck kontrastierender Farben, ich weiß jedoch nicht, welche es waren. Ich vermute, daß es Rot und Blau gewesen sind. Sein Gesicht war braun, runzelig und verwelkt. Ich sah es für einen Moment, und es verschwand. Als ich es anschaute, war es unter dem Felsen, und dann verschwand es.[14]

Obwohl die Feen im allgemeinen in Gruppen gesichtet werden, erscheinen sie doch auch manchmal alleine, so wie jene in der letzten Beschreibung. Auch in der folgenden Schilderung hat man eine einzelne Fee gesehen. Die Einzelheiten beschrieb Jeannie Robertson, die Enkelin der Dame, die dieses Erlebnis gehabt hatte, im Jahr 1959. All dies ereignete sich meiner Schätzung nach gegen Ende des neunzehnten Jahrhunderts. Sie war sechzehn oder siebzehn Jahre alt, als sie eines Nachts, irgendwo in Schottland, durch ein Kornfeld ging, um etwas Futter für ihr hungriges Pferd zu holen. Da bemerkte sie eine wunderhübsch gekleidete »kleine Dame«, die von Ähre zu Ähre hüpfte. Nachdem sie das gesehen hatte, war sie nicht mehr fähig, irgend etwas von dem Korn zu stehlen; und tatsächlich könnte die Rolle der Fee in diesem Fall die der Wächterin des Kornfeldes gewesen sein.[15]

Zum Schluß folgen noch zwei irische Schilderungen aus der Zeit des neunzehnten Jahrhunderts. In beiden spielen Pferde eine Rolle, obwohl es sich in der ersten Geschichte um Feenpferde handelt. Die Aktivitäten der ersten Gruppe zeigen die nahe Verwandtschaft der Feen zu den Menschen auf, indem sie sich sogar an der gleichen Sportart erfreuen. Ein Mann aus dem County Clare berichtete der Volkskundlerin Lady Gregory folgendes:

> Ich habe sie eines Nachts selber gesehen, als ich mit einer Ladung Stroh unterwegs nach Ennis war. Es war, als wir nach Bunnahow kamen, der Mond schien hell, ich saß oben auf der Ladung Stroh, und da sah ich sie auf einem Feld. Sie wirkten genau wie Jockeys. Wie diese ritten auch sie auf Pferden, trugen rote Kleidung und Mützen, aber sie waren klein. Sie hatten eine Hürde aus Büschen auf dem Feld errichtet und einige der Pferde sprangen hinüber, doch die meisten scheiterten an dem Hindernis, als man sie dazu antrieb. Die Männer, mit denen ich unterwegs war, sahen sie nicht, sie sahen nur die Straße, auf der sie gingen, doch auch sie hörten die Geräusche der Pferde.[16]

In seinem Buch *Ghostland* beschreibt der Geisterjäger Elliot O'Donnell eine Begegnung, die ein Verwandter von ihm nahe Ballymanty im County Limerick hatte.

> Das Pferd war am Ende und stand still, es zitterte, während auf der Straße eine Anzahl winziger schemenhafter Gestalten auftauchte, die den Wagen umringten und versuchten, den unglücklichen Fahrer, der vor Schreck wie gelähmt war, von seinem Sitz zu zerren. Mr. B. jedoch, der zu dem Schluß kam, daß das was er da sah, nur die Feen sein konnten ... und deren Existenz er bis dahin äußerst skeptisch gegenüber gestanden hatte, ergriff die Zügel und trieb das Pferd voran. Sein Diener schien unterdessen vor Furcht immer noch wie gelähmt zu sein, und erst als sie außer Sichtweite waren, gewann der Mann die Kontrolle über seine Stimme und seinen Körper wieder ... Dann beschrieb er, was ihm seiner Meinung nach zugestoßen war ... Er fuhr ganz normal seines Weges, bis das Pferd plötzlich anhielt, und als er hinuntersah, um herauszufinden, aus welchem Grund dies geschah, bemerkte er einen Haufen von Feen, die sich auf ihn stürzten und vom Wagen zerren wollten. Er berichtete, daß ihr Griff, als sie ihn berührten, so kalt gewesen sei, daß er wie benommen war. Doch da er unablässig betete, gelang es ihm, standzuhalten. Die Ursache für diesen Angriff war offenkundig.
>
> »Es geschah alles nur deshalb, Herr, weil wir in sie hinein gerieten, während sie tanzten. Sie wollen bei ihren Vergnügungen nicht gestört werden. Wäre es ihnen gelungen, mich auf die Straße zu zerren, hätte ich wahrscheinlich mein Augenlicht, mein Gehör oder die Sprache verloren, in jedem Fall aber meine Seele.«[17]

Diese Sammlung von Schilderungen aus der Zeit vor 1900, veranschaulicht bereits gewisse, immer wiederkehrende Verhaltensmuster, und es dürfte sehr interessant werden, nachzuprüfen, ob diese auch in den Schilderungen aus dem zwanzigsten Jahrhundert auftauchen, mit denen sich das folgende Kapitel beschäftigt. Ein vorherrschendes Element ist, daß die Zeugen in der Regel alleine sind, ja des Nachts alleine sind, und sich demgemäß in einem Geisteszustand befinden, der übernatürlichen Ereignissen gegenüber empfänglicher ist. Wenn zwei Leute gemeinsam einen Vorfall bezeugen, wird möglicherweise einer der beiden die Feen zuerst bemerken, und indem er den anderen auf deren Gegenwart aufmerksam macht, löst er eine parallele Vision aus, bzw. die beiden teilen ihre Halluzination miteinander. Obwohl dies vergleichsweise selten geschieht, ist es doch nicht unmöglich. Es geschieht besonders dann, wenn zwei Leute sich aufgrund gewisser Umstände in dem gleichen empfänglichen Geisteszustand befinden und deshalb zum gegebenen Zeitpunkt eng miteinander harmonieren. Das Erlebnis auf der Isle of Man, das Mr. Kermode beschreibt, scheint dies zu bestätigen.

Ein weiteres Bild, das sich immer wieder zu gleichen scheint, ist das Verhalten der beschriebenen Geschöpfe. Häufig werden sie tanzend oder Possen reißend, unter offenem Himmel geschildert. Dies wird so häufig erwähnt, daß ich geneigt bin, dem einen gewissen Wahrheitsgehalt zuzuschreiben; obgleich es mir an einer Erklärungsmöglichkeit dafür fehlt, warum die Feen gerade nachts so gerne tanzen sollen. Vielleicht verhält es sich aber einfach so, daß sie Spaß daran haben und jede Gelegenheit nutzen, um sich auf diese

Art zu entspannen. Möglicherweise zelebrieren sie gewisse Rituale, genau wie die Hexen, die jahrhundertelang in dem Ruf standen, sich nachts an irgendwelchen abgelegenen Orten zu versammeln. Vielleicht hat man sogar das ein oder andere Mal Hexen für Feen gehalten, und umgekehrt. Die Beschreibung tanzender Feen erinnert auch daran, daß der Volkstanz von den Briten bis zum heutigen Tage noch hingebungsvoll betrieben wird, besonders beim sogenannten Morris-Tanz, dessen geheimnisumwitterte Ursprünge nach wie vor im dunkeln liegen. Es wäre nicht einmal undenkbar, daß die Menschen vor Jahrhunderten anfingen Feentänze nachzuahmen, diese im Laufe der Jahre veränderten bzw. weiterentwickelten, und daraus jene Art der Vorführung wurde, die wir heute kennen. Ganz sicher hat die Art, wie die Feen tanzen, die Reverend Dr. Williams und seine Freunde aus Kindertagen einst in Clwyd gesehen haben, eine gewisse Ähnlichkeit mit dem modernen britischen Volkstanz unserer Zeit.

Vielleicht würden wir alle die Feen sehr oft sehen können, wenn wir nur etwas medialer veranlagt wären und nicht so sehr von den Banalitäten des Alltags in Anspruch genommen würden. So würde es uns vielleicht auch gelingen, eine Art von Beziehung zu ihnen aufzubauen, und dabei könnten wir herausfinden, wer sie wirklich sind, und was sie wollen. Einige Leute behaupten, sie regelmäßig zu sehen und sogar mit ihnen gesprochen zu haben, wie wir in den nächsten beiden Kapiteln hören werden. Vielleicht sind die Feen tatsächlich »überall um uns herum und so zahlreich wie die Grashalme«, wie es einst einer von Lady Gregorys Informanten zu verstehen gab.[18]

3
»Kleine braungekleidete Gestalten«

Berichte aus Großbritannien und Irland aus dem zwanzigsten Jahrhundert

Sogar in unserem modernen Zeitalter, in dem Wissenschaft und Technik jede Form von Aberglauben und Irrationalität verdrängt zu haben scheinen, haben Menschen noch immer Begegnungen mit dem Kleinen Volk – und das Kleine Volk tanzt noch immer. So wie es etwa um das Jahr 1945 der Wünschelrutengänger J. Foot White beschrieb:

> Vor einigen Jahren hatte man mich eingeladen, an einem nachmittäglichen Ausflug zu den lieblichen Oxeford Hills in Dorset teilzunehmen. Da es dort weder Bäume noch Büsche oder Hecken gibt, kann man ungehindert über weite Entfernungen hinweg sehen. Ich war mit einem ortsansässigen Begleiter unterwegs, und wir hatten uns ein wenig von den anderen entfernt, als ich zu meinem Erstaunen etwas sah, das ich für eine Anzahl sehr kleiner Kinder hielt. Es waren ungefähr zwanzig, alle trugen kleine, bunte, kurze Röcke, und ihre Beine waren nackt. Sie hielten einander bei den Händen und hatten diese hoch erhoben. Dabei tanzten sie vergnügt und heiter in einem makellosen Kreis. Wir standen da und beobachteten sie, als sie im Nu alle aus unserer Sicht verschwanden. Mein Begleiter erklärte mir, daß dies Feen seien, und daß sie diesen speziellen Ort häufig aufsuchten, um dort ihre Feste abzuhalten. Es kann

sein, daß sie sich durch unsere Gegenwart gestört fühlten.[1]

Es war ebenfalls in der ersten Hälfte des Jahrhunderts und wieder in Dorset, als ein Mr. Lonsdale das Kleine Volk in einem Garten im Branksome Park Bournemouth tanzen sah.

> Plötzlich bemerkte ich am Saum des Rasens eine Bewegung ... ich sah mehrere kleine braungekleidete Gestalten, die zwischen den Büschen auftauchten ... innerhalb weniger Sekunden rannten ein Dutzend oder mehr, etwa zwei Fuß großer, hellgekleideter kleiner Leute mit freudestrahlenden Gesichtern auf den Rasen zu und tanzten hin und her ... das dauerte etwa vier oder fünf Minuten. Ein Hausangestellter, der den Tee brachte, versetzte sie in Furcht und verjagte sie dadurch.[2]

Auch schlechtes Wetter macht dem Kleinen Volk nichts aus. W. E. Thorner beschrieb, wie er auf der Insel Hoy (Orkney Islands), zur Zeit des Zweiten Weltkrieges, »wilde Männer« bei einem Sturm tanzen sah. Er erkämpfte sich mühsam seinen Weg entlang der sturmumtosten Klippen von Torness, eingehüllt in Nebel und Regen, als er »ein Dutzend oder mehr ›wilde Männer‹ dort oben tanzen sah, hin und her ...«

> Diese Kreaturen waren von kleiner Statur, aber sie hatten keine langen Nasen, und ihr Verhalten wirkte nicht sehr vertrauenerweckend. Sie hatten runde Gesichter, von fahlgelbem Aussehen. Ihre Haare waren lang, dunkel und schmutzig. Als ich sie dort oben so tanzen sah, wobei es schien, als wollten sie einander über den Rand der Klippen stürzen,

> spürte ich, daß ich Zeuge eines rituellen Tanzes primitiver Stammesangehöriger war. Es ist schwierig, die Gefühle und die Verwirrung, die mich zu diesem Zeitpunkt beschlichen, in wenigen Worten wiederzugeben. Die ganze Szene dauerte vielleicht drei Minuten, dann setzte ich meinen Weg fort, um den Rand der Klippen zu verlassen.[3]

Auch Bessi Skea, eine Frau von den Orkney Inseln, beschrieb kleine Männer (»Trolle«), die auf verschiedenen der Inseln beobachtet wurden. Sie selbst hatte einen von ihnen gesehen, ebenso ihre Schwiegermutter, als sie noch ein kleines Mädchen war. Als sie und ihr Bruder auf dem Heimweg von der Schule waren, sahen sie »einen kleinen Mann, der auf dem Deich vor dem Haus saß«. Er trug einen langen grauen Bart, und sie hatten ihn noch niemals zuvor gesehen. Sie waren furchtbar erschrocken, und um nicht an ihm vorbeigehen zu müssen, liefen sie zur Rückseite des Hauses.[4]

In ihrem *Dictionary of Fairies* erläutert Katharine Briggs, daß es seit dem sechzehnten Jahrhundert kontinuierliche Belege dafür gibt, daß die Feen tanzen, und sie merkt an, daß alle Spezies, die dem Kleinen Volk angehören, sich voller Freude dem Tanz hingeben. Das betrifft sowohl die winzigen, wunderschönen Feen als auch die häßlichen Zwerge.[5] Die beiden letzten Zitate veranschaulichen dies sehr deutlich, da sind zum einen die hübschen Feen von Dorset und zum anderen die »wilden Männer« der Orkney-Inseln. Der Tanz ist jedoch nicht ihr einziges Vergnügen – manchmal scheinen sie einfach nur herumzutoben –, bei allem was sie tun, bewegen sie sich auf jeden Fall mit kraftvoller Energie. Es gibt eine These, derzufolge die raschen, sprunghaften Bewegungen, etwa beim Tanzen und Umhertollen, dazu dienen, eine Energie zu erzeugen, die das Pflanzenwachstum begünstigt. Bereits bei uralten Ernteritualen haben die Menschen der Vorzeit getanzt und sind in die Luft gesprungen.[6]

Es gibt gewisse Gegenden, die als Stätten des Kleinen Volkes bekannt sind, obgleich nicht ganz klar ist, warum sie manche Orte bevorzugen und andere eben nicht. W. M. Thomas dokumentierte, wie er in den frühen sechziger Jahren den Mynydd Llangynidir nahe Brecon (Powys) erforscht hat und dabei mit einem alten Farmer ins Gespräch kam. Dieser erzählte ihm davon, wie er einmal zwei Amateurbotanikern, die die Pflanzen der dortigen Bergwelt sammelten, erlaubt hatte, auf einem nahegelegenen Feld zu kampieren. Jedesmal, wenn er bei ihnen vorbeikam, redete er ein paar Worte mit ihnen, und eines Tages entwickelte sich daraus eine angeregte Unterhaltung. Einer der beiden Männer behauptete steif und fest, daß er dort, wo sie nach Pflanzen gesucht hatten, »Horden winziger Leute spielen« gesehen habe. Es seien winzig kleine Männer und Frauen gewesen, und er beschrieb ihre Kleidung. Sein Begleiter glaubte ihm nicht, denn er hatte nichts gesehen. Als sie dem Farmer den Ort auf der Karte zeigten, übersetzte dieser den walisischen Namen für sie: Feenmoor.[7]

Das Tanzen und all die anderen Feen-Aktivitäten dieser Art, könnten auch jetzt noch überall in Großbritannien stattfinden, nur dürften sie dem menschlichen Auge für gewöhnlich verborgen bleiben. Trotz der Tatsache, daß Teile Großbritanniens sehr dicht bevölkert sind, gibt es doch immer noch Gegenden, in denen man hauptsächlich Schafe antrifft, und gerade in diesen abgelegenen Gebieten könnte das Kleine Volk unbeschwert seine Aktivitäten entfalten, ohne daß ein Mensch dabei zusieht.

Des weiteren ist vermutlich anzunehmen, daß es ohnehin nur medial veranlagten Menschen vergönnt ist, sie zu sehen, und sie deshalb im allgemeinen unsichtbar sind. In jedem Fall gilt: Wenn man diese Veranlagung nicht besitzt und also nicht »auf derselben Wellenlänge sendet und empfängt«, kann man durchaus an einer Gruppen von Feen, die auf einem Feld tanzen, vorbeilaufen, ohne etwas davon zu ahnen.

Für den Fall, daß diese Art der Unsichtbarkeit nicht ausreichte, bedienten die Feen sich oft weiterer Mittel der Tarnung, indem sie ihre Umzüge im Freien in der Nacht abhielten, so daß sie sogar in dicht bevölkerten Gebieten weitestgehend ungesehen bleiben konnten. Mitten in der Nacht schlafen schließlich die meisten, und nur solche Leute wie z. B. Polizisten sind unterwegs. Diese bekommen manchmal allerdings seltsame Dinge zu sehen: Am 10. August 1977 sah ein Polizeibeamter bei einer Kontrollfahrt am frühen Morgen drei Gestalten, die auf einem Sportplatz tanzten und bei seinem Herannahen verschwanden. Wie die *Hull Daily Mail* berichtete, sah der Constable David Swift zuerst nur eine »Nebelbank« auf dem Spielfeld in der Nähe der Stonebridge Avenue in East Hull (Humberside) und dann drei tanzende Gestalten, die er für Betrunkene hielt. Als er jedoch näher herankam, lösten sie sich in Luft auf. Er beschrieb eine dieser Gestalten als »einen Mann, der mit einem ärmellosen Wams und eng anliegenden Hosen« bekleidet war. Die beiden anderen Gestalten waren Frauen, die »Hüte, Schals und weiße Kleider trugen«. Alle drei hatten einen Arm hoch erhoben, so als tanzten sie um einen Maibaum herum.

Zehn Jahre später, im September 1987, wurden verschiedene Personen, unter denen auch Polizisten waren, Zeugen seltsamer Ereignisse in Pearoyd Bridge, Stocksbridge, nahe Sheffield in Süd-Yorkshire. Auch diesmal wurden gespenstische Gestalten gesehen. Darunter war auch eine Gruppe (vermeintlich) kleiner Kinder, die dabei beobachtet wurden, wie sie gegen Mitternacht um einen mächtigen Strommast herum spielten. Die Zeugen fuhren dort vorbei und hielten ganz in der Nähe an. Als sie den Erdboden rund um den Pfeiler auf Fußspuren untersuchten, konnten sie auf dem feuchten, schlammigen Boden nichts entdecken.[8] Es war schon ziemlich ungewöhnlich, so spät in der Nacht Kinder draußen spielen zu sehen, besonders solche, die keine Fußspuren hinterließen. Die Gestalten, die man dort gesehen hatte, hätten daher auch gut und gerne dem Kleinen Volk angehören können.

Tanzende und umhertollende Feen trifft man zumeist in Gruppen an – manchmal sind es nur einige wenige, manchmal sind es viele –, doch die Kleinen Leute treten auch einzeln auf, wie zahlreiche Berichte belegen. Mr. W. S. Jones zum Beispiel, der in den späten zwanziger Jahren dieses Jahrhunderts etwa acht oder neun Jahre alt war und zu diesem Zeitpunkt in Llanystumdwy, auf der Lleyn-Halbinsel von Gwynedd, Nordwales lebte, sah einen »kleinen alten Kerl« inmitten eines Baumkreises. Der Junge sammelte in einem Obstgarten nahe des Dorfes gerade Feuerholz und rauchte dabei unerlaubterweise eine Zigarette, als er einen Mann sah, der aus dem Gebüsch trat. Er war ungefähr 90 Zentimeter groß, von der Taille an abwärts grün, und er trug eine rote Mütze. Es wurde kein einziges Wort gesprochen, und Mr. Jones konnte sich auch nicht daran erinnern, wie der kleine Mann wieder gegangen ist, aber er war ganz sicher, daß er sich das Ganze nicht eingebildet hatte: »Er war dort, der kleine alte Kerl, soviel steht fest.«[9]

Mr. E. J. A., Reynolds aus London wurde während des Krieges nach Horsham in Sussex evakuiert, und er verbrachte dort im Jahr 1948, er war damals zehn Jahre alt, im Sommer erneut seine Schulferien. Er beschrieb, was er in einer mondhellen Nacht sah, als er draußen Kaninchenfallen aufstellte:

> Ich beschloß, still dazusitzen und zu beobachten. Jung, wie ich damals war, glaubte ich, daß die Kaninchen herauskommen würden, und ich dabei zusehen könnte, wie sie in die Falle tappten. Während ich still dasaß und wartete, bemerkte ich plötzlich einen struppigen kleinen Mann, der aus einem Brombeergebüsch herausgetreten war. Er war nicht größer als 50 cm und über und über mit Haaren bedeckt. Sein Gesicht war zwar unbehaart, doch es wirkte irgendwie lederig. Die Nase war markant. Ich bemerkte dies, als er mir sein Profil zuwandte. Er hatte auch ganz zweifellos Hände. Seine Arme schienen länger als die eines Menschen zu sein. Ich habe seine Füße nicht gesehen. Das Wesen war ganz ohne Zweifel real und von körperlicher Substanz. Es hatte mich nicht bemerkt, und wenn doch, ließ es sich das nicht anmerken. Es drehte sich um und verschwand wieder in dem Brombeergebüsch. Als ich dem Ehepaar, bei dem ich wohnte, davon erzählte, lachten sie mich aus.

Ein paar Tage später sah Mr. Reynolds das Geschöpf wieder, als er oben in einem Doppeldeckerbus mitfuhr.

Das war am hellichten Tag und an einem anderen Ort in Horsham. Er sah den kleinen Mann inmitten eines großen Gartens einen Rasen überqueren.[10]

Nur wenige Jahre später, im Juni des Jahres 1952, sah Mrs. C. Woods einen kleinen alten, etwa einen Meter großen Mann im Dartmoor in Devon. Er trug einen braunen Kittel, der in der Taille mit einer Kordel zusammengehalten wurde. Seine Beine waren mit einem braunen Stoff bedeckt, und er trug eine braune Kappe, oder er hatte braunes Haar. Mrs. Woods war mit ihrem Sohn auf dem Weg nach Haytor. Es war eine heißer Sommertag, sie ging alleine voraus und kletterte einen steinigen Pfad hinauf, als sie dort einen kleinen Mann sah, der sie offenbar anschaute. Als sie sich ihm bis auf etwa 40 Meter genähert hatte, wandte er sich ab und ging hinter einen Felsblock. Sie rief ihren Sohn herbei, und gemeinsam gingen sie, um nachzusehen, wo der Mann geblieben war. Doch sie konnten nichts finden: keinen kleinen Mann, kein Loch, keinen Ort, an dem er sich hätte verstecken können.[11]

In der Nähe von St. Asaph in Clwyd (Nordwales) hatte im Jahre 1961 ein Mann, der seinen Hund ausführte, eine Begegnung mit einem kleinen, nur etwa 90 Zentimeter großen Mann. Der Zeuge klopfte mit seinem schmutzigen Spazierstock mehrere Male an ein metallenes Straßenschild, woraufhin der kleine Mann gleich daneben erschien, ganz so, als habe ihn das Klopfen herbeigerufen – vielleicht war er aber auch ungehalten über die durch das Klopfen verursachte Störung, denn der Zeuge spürte, daß das Geschöpf eine Aura der Feindseligkeit umgab. Sein Gesicht war braun und sehr häßlich, und es war ganz in Grün gekleidet. Auch der Hund fühlte sich nicht wohl in seiner Haut, und sein Fell sträubte sich. Nach einer Weile verschwand der kleine Mann plötzlich wieder.[12]

Die Kinderbuchautorin Mary Tredgold sah, während sie mit dem Bus auf der Insel Mull in Schottland unterwegs war, einen winzigen, nur etwa 40 Zentimeter großen Mann.

> Mein Bus hielt an einem Rastplatz, und ich schaute gelangweilt aus dem Fenster auf eine weite Fläche mit gestochenem Torf. Dieser winzige junge Mann stand, den Fuß auf einem Spaten, neben einem großen Haufen mit Heidekraut. Er trug blaue Arbeitshosen und ein sehr weißes Hemd. Er ließ mich an einen Leprechaun denken. Er war keine Erscheinung aus der Vergangenheit, denn er trug ja zeitgemäße Kleidung; und wenn er eine Fata Morgana darstellte, kam er wohl von weit her, denn draußen tobte ein Schneesturm und er stand dort in Hemdsärmeln.

Im Laufe dieses Jahrhunderts kommt die größte Anzahl von Augenzeugenberichten aus Irland, wo sich der traditionelle Feenglaube am längsten erhalten hat. Hier sind nun vier verschiedene Schilderungen aus diesem Land, bei denen einzelne Feen gesehen wurden. Sie beginnen mit einem neun Jahre alten Jungen, der mit Freunden ein Bad im Fluß Moy bei Foxford im County Mayo nahm. Das Ganze ereignete sich zu Anfang dieses Jahrhunderts: Der Junge absolvierte später das Trinity College in Dublin und war im Ersten Weltkrieg Armeeoffizier. An jenem heißen Sommertag schlenderte er gemächlich zusammen mit einem Freund nach Hause, als er eine Gestalt sah, die schnell hinter einem Felsen verschwand. Die beiden gingen dorthin, um nachzusehen, und sahen einen kleinen, nur etwa einen Meter großen Mann. Er war mit einem kragenlosen schwarzen Mantel bekleidet, der bis zum Kinn zugeknöpft war; sein Haar war mit einer Kappe bedeckt. Er hatte ein flaches Gesicht und einen lockigen braunen Backenbart, der sein Kinn bedeckte und von einem Ohr zum anderen reichte. Er stand da und grinste sie an, doch das genügte nicht, um die Furcht der beiden Jungen zu besänftigen: sie rannten so schnell sie nur konnten davon.[13]

Offenbar ebenso unbeeindruckt durch die Gegenwart eines Menschen zeigte sich die einen Meter zwanzig große Fee, die von einem neunjährigen Mädchen aus Cranagh, nahe Borris im County Carlow, gesehen wurde. An jenem denkwürdigen Novembernachmittag am Anfang dieses Jahrhunderts, war sie gerade dabei, die Kühe ihres Vaters nach Hause zu treiben. Als sie an der Weide angelangte und darauf wartete, daß die Kühe das Gatter durchquerten, sah sie den kleinen Mann, der sich rasch vor einer Kuh herbewegte. Das Vieh schüttelte den Kopf, woraufhin der kleine Mann ihm sachte mit einer Holzgerte, die er bei sich trug, auf die Nüstern klopfte. Das Mädchen sah, daß er einen hellroten, zugeknöpften Mantel, enganliegende dicke Lederhosen, und eine kesse schwarze Mütze trug, die sich ein wenig nach vorne wölbte. Er ging hinter ihr her und kam so nah an sie heran, daß er sie beinah berührte. Dann sah der Feenmann sie an, sprang über einen Graben und verschwand in einem mit Gras bewachsenen Hügel. Er ging geradewegs in den Erdboden hinein, so als gäbe es kein Hindernis und er überschreite lediglich eine Türschwelle, und als solche mag er sie natürlich auch empfunden haben. Es existieren noch weitere

Berichte, die davon erzählen, wie die Kleinen Leute ganz offensichtlich durch »massive« Objekte hindurchgehen.[14]

Etwa fünfunddreißig Jahre später wurde bei Dunroe, ebenfalls im County Carlow und nahe Cranagh, ein »winzig kleiner roter Mann« gesehen. Das war im November des Jahres 1959. John Byrne trug mit einem Bulldozer gerade ein großes Gebüsch ab, als der neunzig Zentimeter große Mann darunter zum Vorschein kam und wegrannte. Er wurde von drei weiteren Männern dabei beobachtet, wie er über das Feld lief und über einen Zaun sprang. Unter dem Gebüsch fanden die Männer eine große Steinplatte, unter der anscheinend ein Loch verborgen war. Sie versuchten, die Platte zu bewegen, doch es gelang ihnen nicht, sie von der Stelle zu bewegen. Als sie es sogar mit Sprengstoff versuchen wollten, explodierte dieser einfach nicht. Zu guter Letzt zog der Farmer mit all seinen Maschinen wieder ab und stellte die Arbeiten auf diesem Gelände ein.[15]

Nur wenige Jahre zuvor, das war 1951, beobachteten zwei Mädchen einen kleinen, schwarzgekleideten Mann, der eine Landstraße im County Wicklow entlangging. Als sie ihn zum erstenmal sahen, stand er in der Nähe eines alten Dornbusches auf der Straße und sah sie an. Sie blieben überrascht stehen und starrten ihn ihrerseits an. Später beschrieben sie ihn als einen zwischen sechzig und neunzig Zentimeter großen, recht jung aussehenden Mann, der ganz in Schwarz gekleidet war und eine schwarze Kappe trug. Als ihnen klar wurde, daß dies eine Fee sein mußte, öffneten sie ein Gatter, liefen hindurch, und schlossen es wieder hinter sich, ehe sie rasch über das Feld rannten. Als sie sich anschließend umsahen, konnten sie den kleinen Mann nicht entdecken, aber sie bemerkten etwas Seltsames, das von der Größe und den Umrissen her einer Küchenuhr glich, auf einem der Pfosten des Gatters. Worum es sich dabei gehandelt haben mag, bleibt der Phantasie jedes einzelnen überlassen.[16]

Die Begegnungen dauern bis zum heutigen Tage an. Erst vor kurzem, so etwa in den frühen neunziger Jahren, verbrachte der fünfzehn Jahre alte Brian Collins seine Ferien auf den Aran-Inseln vor der Westküste Irlands. Als er früh am Morgen einen Spaziergang unternahm, sah er zwei kleine Männer, die vom Ufer aus fischten. Sie waren ungefähr einen Meter groß, ganz in Grün gekleidet, und hatten braune Stiefel an. Der eine hatte einen grauen Bart und trug einen flachen Hut. Die beiden lachten und unterhielten sich auf Irisch, und plötzlich verschwanden sie hinter der Uferböschung. Als Brian dort hinging, um nach ihnen Ausschau zu halten, waren sie fort, doch sie hatten eine Flöte zurückgelassen. Er nahm sie mit zu dem Haus, in dem er wohnte, dort jedoch verschwand sie dann aus einer verschlossenen Schublade. Als Brian die kleinen Männer erneut sah, versuchte er, sie zu fotografieren und ihr Gespräch mit einem Rekorder aufzuzeichnen, doch sowohl der Film als auch das Tonband waren anschließend leer.[17]

Es scheint einleuchtend zu sein, daß die Begegnungen mit dem Kleinen Volk unter freiem Himmel stattfinden, da sie ja Geschöpfe der natürlichen Umwelt zu sein scheinen – und tatsächlich beschreiben die meisten Augenzeugenberichte ein Zusammentreffen in der freien Natur –, doch gelegentlich sind sie auch in geschlossenen Räumen gesehen worden. Die Feen sind dabei üblicherweise alleine, und die Zeugen meistens Kinder, wie etwa der Sechsjährige, der mitten in der Nacht aufwachte, um einen »kleinen Mann« zu sehen. »Er hatte keine richtigen Sachen an, doch für mich sah er überall grau aus. Ich kann nicht sagen, wie alt er war, aber er sah mehr wie ein Gnom aus. Er hatte ein großes Wollknäuel in der Hand, das er auftrennte, als er rückwärts durch den Raum wegging und dann die Treppen runterlief. Ich habe ihn nie mehr wiedergesehen.«[18]

Das Mädchen aus Wandsworth in London, das im Kamin ihres Hauses eine Fee gesehen hatte, war ebenso jung (fünf Jahre alt, um genau zu sein), und das Ganze ereignete sich wahrscheinlich am Anfang des zwanzigsten Jahrhunderts. Sie übte gerade ein paar Tanzschritte im Salon, als sie plötzlich eine kleine Gestalt bemerkte, die mitten in der Feuerstelle saß. Das Wesen war nur halb so groß wie sie selbst, ganz in Grün gekleidet und trug einen roten »verbeulten« Hut. Als sie niederkniete, um es hochzuheben, lächelte es, nickte mit dem Kopf, und verschwand dann ganz plötzlich.[19]

Im Jahre 1909 sah ein Paar neunjähriger Zwillingsbrüder, die in Rosehaugh House bei Avoch auf der Black Isle in Schottland miteinander spielten, zwei kleine Männer im Treppenhaus. Die Männer kamen die Treppe hinunter, gingen an den Jungen vorbei und verschwanden unten in der Halle. Sie waren ca. fünfundvierzig Zentimeter groß, trugen »weite Umhänge und kleine gepunktete Hüte«. Ihre Haare waren grau, und sie hatten Bärte. Kurz darauf fand man merkwürdige Schuhriemen aus ledernen Schnüren und ohne metallene Endstücke.[20] In einem Haus auf der Insel Iona, ebenfalls in Schottland, wurde einmal eine ganze Feenschar beobachtet. Sie wurden zuerst draußen von einer norwegischen Besucherin gesehen. Die Wesen waren etwa dreißig Zentimeter groß, und da die Norwegerin das Gefühl hatte, daß sie seelischen Beistand brauchten, segnete sie sie. Am Abend desselben Tages sah die Besucherin sie wieder. Das geschah in einem Haus, das die Insulaner Grianan nennen, und sie erschienen im sogenannten Feenzimmer. Sie hatten ein Kreuz aus Zweigen und Baumrinde mitgebracht, und die Norwegerin vermutete, daß dies bedeutete, daß sie den christlichen Glauben akzeptierten.[21]

Dieser letzte Fall stellt ein Beispiel für den Austausch zwischen dem Kleinen Volk und den Menschen dar. Diese Art der Interaktion stellt sich durchaus nicht immer ein, und wenn doch, ist sie eher von geringfügiger Natur: Die Feen mögen den Betrachter anschauen, ja sogar anlächeln, doch nur selten sagen sie etwas. Sie mögen entfliehen, wenn sich der Betrachter nähert, werden sich ihm jedoch nur selten nähern oder ihn gar attackieren. Es existieren jedoch einige wenige Berichte, in denen ein ausgiebiger Austausch beschrieben wird, wie die folgenden beiden aus Irland, in denen die Feen gesprochen haben – allerdings nur, um ihrer Mißbilligung gegenüber dem Betrachter Ausdruck zu verleihen. Im Jahr 1951 beschrieb ein Farmer aus den Mournes seine Begegnung mit diesen Worten:

> Ich habe selbst eine Fee gesehen. Wir waren an einem Sonntagabend noch draußen am Kanal – sie wissen wie junge Burschen so sind –, um Hagebutten zu pflücken. Na ja, ich war der Kleinste – ich war nur ein kleiner Knirps – und die anderen, größeren Burschen waren auf den Dornbaum raufgeklettert. Es war kurz nach der Dämmerung an einem

> Sonntagabend, sie brachen mit ihren Händen Zweige und Äste ab und warfen sie zu mir runter. Naja, da kommt dieses winzige Männchen am Fuße des Baumes vorbei und schreit: »Kommt bloß da runter! Kommt bloß da runter! Kommt bloß da runter!« – und ich schreie »Heiliges Kanonenrohr – da ist 'ne Fee!«. Und sie kamen alle runter, und es war keine Fee zu sehen. Sie war weg, und sie wollten mir erzählen, da wär' gar nichts gewesen. Aber ich hab es gesehen, ein winziges Männchen war da, mit 'nem großen breiten Hut auf – das ist Himmel nochmal die Wahrheit –, ich seh's noch heute vor mir![22]

Dieses Geschöpf protestierte ganz eindeutig dagegen, daß der Feenbaum beschädigt wurde. Dasjenige, mit dem John Keely 1938 gesprochen hat, wollte ihm seine Geheimnisse eindeutig nicht preisgeben. Der Schuljunge Keely ging ganz alleine eine Straße im Westen des County Limerick entlang, als er auf eine Fee traf. Er lief zu seinen Freunden, um es ihnen zu erzählen, und sie schlugen ihm vor, zurückzugehen und die Fee anzusprechen. Wahrscheinlich machten sie sich nur über ihn lustig und glaubten ihm nicht wirklich, daß er dergleichen gesehen hatte. Keely jedoch ging dorthin zurück und fragte die Fee, wo sie hergekommen sei, worauf der kleine Mann entgegnete: »Ich bin aus den Bergen, und meine Angelegenheiten gehen dich gar nichts an.« Am nächsten Tag wurden zwei Feen dabei gesehen, wie sie an einer Kreuzung zwischen Ballingarry und Kilfinney Luftsprünge vollführten. John Keely ging zu ihnen hin und ergriff die Hand des einen. Er ging mit ihnen davon, und hätte sich vielleicht bald in der Rolle eines entführten Opfers wiedergefunden, doch die Kleinen Leute bemerkten, daß seine Freunde sich in den Büschen versteckt hielten, und ergriffen die Flucht. Die Feen wurden als etwa sechzig Zentimeter groß beschrieben, und sie hätten »harte, haarige Gesichter« und keine Ohren gehabt. Sie waren in Rot gekleidet, trugen Kniebundhosen, und einer hatte ein weißes Cape umgehängt. Obwohl sie über Hecken, Kanäle und das Marschland davonjagten, sahen sie sauber und ordentlich aus.[23]

Manchmal geraten die Feen in engeren Kontakt mit den Menschen, als ihnen lieb ist, und sie laufen, wie im vorherigen Fall davon. Die Geschöpfe aus Limerick liefen ihren Verfolgern mit Leichtigkeit davon, obwohl sie kleiner als diese waren. Zudem blieben sie dabei sauber und ordentlich, was den Gedanken nahelegt, daß ihnen etwas Übernatürliches anhaftete. Die winzige Fee, die am Anfang dieses Jahrhunderts in Gloucestershire etwas zu nah an eine Frau herangeriet, befand sich in einem geradezu peinlichen Dilemma, falls wir dieser eigentümlichen Geschichte glauben dürfen.

> Ich wohnte in einem alten Haus in Gloucester, dessen Garten in seinem hinteren Teil in den Wäldern von Birdlip Beeches endete. Die Zeit des »Pagenkopfes« war noch nicht angebrochen, und ich hatte mir meine Haare gewaschen und trocknete sie in der Sonne, irgendwo im Wald. Das Haus war schon nicht mehr zu sehen. Plötzlich spürte ich, wie etwas an meinen Haaren zog, und ich wandte mich um, um zu sehen, was es war.
>
> Meinen Augen bot sich ein höchst außergewöhnlicher Anblick dar. Es war ungefähr zwanzig Zentimeter groß, und das furchtbar häßlichste, furchtbar mißratenste, runzeligste und winzigste Männchen, das ich je gesehen habe.

Es hatte die Farbe von verwelktem Espenlaub, irgendwie gelbbraun – und es sprach mit hoher, piepsender Stimme. Es hatte sich in den Strähnen meiner Haare verfangen. Es versuchte, sich daraus zu befreien, und es nörgelte und beklagte sich die ganze Zeit. Es erzählte mir, daß ich kein Recht habe, dort vorbeizukommen und anständige Leute zu belästigen, daß ich es mit meinem Haar glatt hätte erdrosseln können. Schließlich gelang es ihm, sich zu befreien, und es verschwand.

Ich habe dieses Erlebnis später einem Professor der Universität von Bristol gegenüber erwähnt. Er war davon nicht überrascht und erzählte mir, daß der Wald von Birdlip Beeches noch einer der wenigen Orte sei, an dem es Feen gäbe, und der deshalb von niemandem aufgesucht werden könne.[24]

Die folgenden Ereignisse sind von vollkommen unterschiedlicher Natur und auf ihre Art sogar noch merkwürdiger. Sie trugen sich um das Jahr 1910 auf der Insel Muck, vor der Westküste Schottlands zu. Der Pfarrer Alexander Fraser hörte die Geschichte von einem älteren Mitglied seiner Gemeinde, das als Fischer Jagd auf Hummer machte. Zwei zehn und sieben Jahre alte Burschen suchten eines Morgens den Strand nach Treibholz ab, und dabei fanden sie eine Blechbüchse, die sie zu öffnen versuchten, indem sie sie mit einem großen Stein bearbeiteten. Während sie hingebungsvoll damit beschäftigt waren, erschienen zwei winzige grüngekleidete Jungen und fragten, was sie da täten. Die Feen sprachen Englisch, aber sie konnten ebensogut Gälisch, und sie stellten den beiden Fragen nach ihrem Zuhause und ihrer Familie. Die Burschen sahen abseits ein winziges Boot am Ufer. An Bord befanden sich eine winzigkleine Frau und ein Hund von der Größe einer Ratte. Die ebenfalls grüngekleidete Frau lud sie ein, zu ihr herüberzukommen und Tee zu trinken, doch die beiden lehnten ab. Also gab sie ihnen einige Laib Brot, die etwa so groß waren wie eine Walnuß. Die beiden aßen sie mit großem Genuß. Dann verließen die Feen den Ort und sagten: »Wir werden nie mehr hierher zurückkehren; doch es werden andere aus unserem Volk kommen«. Später fand die Schwester der beiden die Burschen, wie sie am Ufer saßen und auf das Meer hinaus starrten. Als sie sie ansprach, durchbrach sie damit den Zauber, und die beiden wurden auf der Stelle ängstlich und furchtsam, und das, obwohl sie sich vorher glücklich gefühlt hatten.[25]

Manche der Kleinen Leute scheinen geisterhafte Qualitäten zu besitzen: Sie gehen durch feste Objekte hindurch und sie scheinen sich in Luft auflösen zu können. In einigen Schilderungen werden diese Fähigkeiten besonders hervorgehoben, und dann ist es schwierig, zu unterscheiden, ob das Wesen, das gesehen wurde, eine Fee oder »bloß« ein Geist war. In Irland sah – früher in diesem Jahrhundert – ein Mädchen im Teenageralter, das aus England herübergekommen war, um ihrer Tante beim Hüten der Kinder behilflich zu sein, in ihrem Haus einen kleinen, etwa einen Meter und dreißig großen Mann. Eines der kleinen Mädchen hatte ihn an ihrem Kinderbett stehen sehen, und laut aufgeschrien. Als sie ihn beide anstarrten, verschwand er. Das ältere Mädchen beschrieb ihn später. Er habe einen grünen Hut ohne Krempe, einen enganliegenden grünen Mantel, Weste und Krawatte von gelblicher Farbe, dicke, weiche Kniebundhosen aus Leder, graue Wollsocken und grobe Arbeitsschuhe getragen. Er hatte blaue Augen, braunes Haar und keinen Bart. Sie sah ihn ein paar Wochen später, kurz vor ihrer Rückkehr nach England, noch einmal. Ihr Onkel, Colonel Henry Jordan, erzählte einem alten Mann, der auf dem Besitz arbeitete, davon. Dieser erinnerte sich daran, das Wesen in seiner Jugend ebenfalls gesehen zu haben. Es war auf einem Feld nahe des Gutshauses gewesen. Er habe dort seine Pfeife geraucht, und den kleinen Mann sowohl auf Englisch als auch auf Irisch angesprochen. Da er jedoch keine Antwort erhielt, habe er ihn vor Ärger darüber verflucht – woraufhin der kleine Mann verschwand. Als er die Geschichte später in der Küche erzählte, behauptete eines der Dienstmädchen, das Wesen sehr oft zu sehen.[26]

Ganz anders erschien die geisterhafte alte Hexe, die irgendwann in den achtziger Jahren auf einem Fußweg bei der Pittentian Farm in Crieff (Schottland) gesehen wurde. An einem Sonntagmittag waren vier Kinder, ein Hund und eine Erwachsene namens Margaret Mills zu einem Spaziergang unterwegs, als sie eine alte Dame bemerkten, die ihnen entgegen kam. Beunruhigenderweise schien diese keine Füße zu haben und, während sie sie ansahen, von den Beinen an abwärts zu verschwinden. Sie hörten sie auch sprechen und »tee-hee« sagen. Man interpretierte das später als »taigh shidhe« oder Feenhaus, und der Name Pittentian selbst bedeutet »Ort der Feen« oder »Feenhügel«. Falls diese Auslegung der geisterhaften Worte richtig ist, wird damit ganz klar aufgezeigt, was in anderen Fällen nur angedeutet wurde: nämlich, daß es eine Verbindung zwischen zwei anscheinend verschiedenen Wesen, Geistern und Feen, gibt.

Bisher waren die Kleinen Leute nicht so besonders klein, in einer Größe zwischen etwa neunzig Zentimeter und einem Meter dreißig; gelegentlich wurden auch kleinere Geschöpfe beschrieben. Es wurden sogar wirklich winzige Feen, wie die, die sich in dem Haar des Mädchens verfangen hatte, gesehen. Hier sind nun noch einige mehr. Im Jahr 1936 beschrieb Marjorie T. Johnson aus Nottingham ein Erlebnis aus ihrer Kindheit:

> Das Haus, in dem ich damals lebte, war von wunderschönen Gärten mit Obstbäumen umgeben und lag ganz in der Nähe ausgedehnter Wälder und Felder in einem einsamen Teil Nottinghams. An jenem besonderen Morgen lag ich noch im Bett und genoß den Sonnenschein des frühen Morgens, der durch das niedrige, weit geöffnete Fenster hereinströmte. Plötzlich verspürte ich den unwiderstehlichen Drang, mich im Bett aufzusetzen und meinen Blick auf die leere Feuerstelle des Kamins zu richten. Und da saß, auf einem dünnen Spinnennetz zwischen den Gitterstäben, eine merkwürdige kleine Kreatur. Sie wirkte recht unerschrocken, und das breite Grinsen auf ihrem Gesicht schien zu bedeuten, daß sie es genoß, von mir beobachtet zu werden. Zuerst verhielt ich mich ganz still und starrte sie nur an. Sie wiederum blinzelte mich mit einem stumpfsinnigen Ausdruck an, der auf eine nur geringe Intelligenz hinwies. Kurz darauf konnte ich meine kindliche Neugier nicht länger zügeln und kletterte aus dem Bett. Daraufhin verschwand die Elfe augenblicklich. Ich stieg zurück ins Bett, und als ich mich wieder umdrehte, saß sie wieder am selben Platz. Dieses Verschwinden und Wiederauftauchen dauerte solange an, bis ich das Spinnennetz entfernte. Ich sah diesen Naturgeist nie wieder. Ich würde sagen, daß die

> Elfe zwischen zehn und zwölf Zentimeter groß war, sehr lange Ohren hatte, und daß ihr Körper von schimmernder grüner Farbe war ...[27]

Violet Tweedale sah um das Jahr 1915 eine ähnliche Kreatur, als sie in Devon unterwegs war. Ihr fiel das stark schwankende Blatt einer wilden Schwertlilie auf.

> Ich erwartete eigentlich, eine Feldmaus darauf sitzen zu sehen, und näherte mich ganz vorsichtig. Zu meiner großen Freude sah ich ein winziges grünes Männlein. Es war ungefähr zwölf Zentimeter lang ... Es bot sich mir der Anblick eines lustigen kleinen Antlitzes, das etwas Rotes in Form einer Mütze auf dem Kopf trug. Ich hatte eine ganze Minute lang die Gelegenheit, es dort auf dem Blatt hin- und herschwingend zu betrachten. Dann verschwand es.[28]

Sir Arthur Conan Doyle veröffentlichte diese Schilderung in den zwanziger Jahren dieses Jahrhunderts. Zu dieser Zeit entwickelte er ein starkes Interesse an Feenüberlieferungen und widmete zusammen mit dem Feenbegeisterten Edward L. Gardner den Feenfotographien von Cottingley (die im Kapitel 6 ausführlicher beschrieben werden) große Aufmerksamkeit. Einige der Leute, mit denen Gardner korrespondierte, schilderten ihm in allen Einzelheiten die Begegnungen mit Feen, die sie selbst gehabt hatten. Die beiden nun folgenden Schilderungen stellen nur eine Auswahl daraus dar. Dabei ist es auch interessant, daß die Cottingley-Fotographien, Feen der winzigen, beinahe durchsichtigen Art zeigen, genau wie diejenigen, die Gardner selbst am meisten interessiert haben. In seinen Schriften finden die größeren, weltlicher anmutenden und eher dem Menschen ähnelnden Feen, keinerlei Erwähnung, und das, obwohl diese viel häufiger gesehen wurden. Er war vollkommen von den »Naturgeistern« eingenommen. Dabei drängen sich folgende Fragen auf: Sind diese winzigen Feen das gleiche, wie die bis zu einem Meter zwanzig großen Wesen? Sehen verschiedene Leute die Feen auf unterschiedliche Art und Weise, oder gibt es verschiedenartig ausgeprägte Erscheinungsformen des Kleinen Volkes? Diese komplizierte Frage wird in Kapitel 6 erneut behandelt werden. Hier sind unterdessen zwei weitere Augenzeugenberichte, bei denen winzige Feen gesehen wurden. Der erste stammt von dem Reverend Arnold J. Holmes von der Isle of Man.

> Der höchst erstaunliche Vorgang ereignete sich während meiner nächtlichen Reise von Peel Town nach St. Marks (wo ich das Amt des Pfarrers ausübte).
>
> Nachdem ich Greeba Castle, den wunderschönen Besitz von Sir Hall Caine, hinter mir gelassen hatte, blieb mein Pferd – eine feurige Stute – plötzlich wie angewurzelt stehen. Ich schaute nach vorn und sah inmitten des Halbdunkels und des nebligen Mondscheins etwas, das wie eine kleine Armee verschwommener Gestalten erschien – sehr klein und in hauchdünne Sachen gekleidet. Sie schienen vollkommen glückselig zu sein, sie tollten und tänzelten auf der Straße umher, und kamen aus der Richtung des wunderschönen bewaldeten Tales von Greeba, in dem sich die ungedeckte Kirche von St. Trinians befindet. Der Legende nach war dies seit jeher ein Ort der Feen. Zweimal hatte man im Laufe der Zeit den Versuch unternommen, ein Dach über der Kirche zu errichten, und jedesmal hatten die Feen über Nacht die Arbeit wieder zunichte gemacht. Seit nun-

mehr einem Jahrhundert hatte niemand mehr einen derartigen Versuch unternommen, und man hatte diesen Ort dem »Kleinen Volk« überlassen, welches ihn als ihren Besitz betrachtete.

Ich sah dem Treiben wie gebannt zu, während mein Pferd vor Angst fast verrückt wurde. Schließlich wandte sich die glückselige kleine Armee in die Richtung von Witchs Hill (Hexenhügel*) und erklomm eine moosbewachsene Böschung. Einer der »kleinen Männer«, der ungefähr 35 Zentimeter hoch, und damit etwas größer als die anderen war, nahm eine Art Hab-Acht-Stellung ein, während der Rest singend und tanzend an ihm vorbei paradierte, und in fröhlicher Ausgelassenheit durch das Tal nach St. John's Mount zog.[29]

Mr. Rose aus Southend-on-Sea berichtete Gardner:

Ich denke, ich habe seit jeher Feen gesehen. Ich sehe sie immer wieder in den Sträuchern am Meer. Sie versammeln sich unter den Bäumen und schwirren dort herum, und es finden sich Zwerge dort ein, um sie zu beschützen. Die Zwerge sind wie kleine alte Männer mit kleinen grünen Kappen, und ihre Sachen sind im allgemeinen in einem neutralen Grün gehalten. Die Feen selbst sind in leichtes feines Tuch gekleidet. Ich habe auch gesehen, wie sie im Wintergarten meines Hauses über Pflanzen und Blumen hinweg geschwebt sind. Die Feen scheinen unablässig zu spielen, sie ruhen sich nur manchmal auf dem Rasen oder einem Baum aus. Einmal beobachtete ich sogar, wie eine Gruppen von Zwergen einander auf den Schultern balancierten, wie es Turner bei ihren Aufführungen zu tun pfle-

* Anmerk. d. Übersetzers

gen. Sie scheinen genauso lebendig zu sein, wie ich selbst es bin. Das ist keine Einbildung. Ich habe gesehen, wie die Zwerge eine Art Moosbett für die Feen bereitet haben, und die Feen genauso darauf untergebracht haben, wie eine Vogelmutter es mit ihren Jungen tut. Ich bekomme niemals irgendein Geräusch von den Gnomen oder Feen zu hören, aber sie sehen immer glücklich und zufrieden aus, so als ob es ihnen richtig gut ginge.[30]

Die winzigen Kreaturen, die auf und zwischen Blumen und Pflanzen gesehen wurden, könnten die Naturgeister sein, die Edward C. Gardner in seinem Buch *Fairies* beschreibt:

Das Dasein des Naturgeistes stellt beinahe die absonderlichste und primitivste Lebensform dar. Sie ist in den Wäldern, Wiesen und Gärten aktiv, überall da, wo es Vegetation gibt, denn es ist ihre Funktion, als lebendes Bindeglied zwischen der stimulierenden Energie der Sonne und dem Rohmaterial der sich entwickelnden Daseinsformen zu fungieren. Das Wachstum einer Pflanze, vom Samenkorn an, das wir als das »natürliche« Resultat seines Daseins im warmen feuchten Erdboden betrachten, könnte ohne das Zutun der Schöpfer dieser Natur gar nicht stattfinden. Genauso, wie Orgelmusik nicht alleine durch die gepreßte Luft in den Orgelpfeifen und die entsprechende Partitur des Komponisten entsteht, sondern daß es dazu vielmehr auch noch eines lebendigen Bindeglieds in Form des Organisten bedarf, braucht es auch die Anwesenheit dieser Handwerker der Natur, um die Bestandteile des Erdbodens mit der Struktur einer Pflanze zu vereinen und zusammenzustellen.

Die durchschnittliche körperliche Beschaffenheit der Feen oder Elfen, die diese bei ihrer Beschäftigung mit der Unterstützung des Pflanzenwachstums innehaben, gleicht nicht der des Menschen oder irgendeiner anderen bekannten Lebensform. Darin liegt auch die Erklärung für die vielen unterschiedlichen Beschreibungen der Feen und ihrer Artverwandten. Sie besitzen keine klar umrissene Gestalt, und ihre Körper lassen sich allenfalls als bunte Wolken, irgendwie verschwommen, leuchtend, mit einem hellen elektrisierenden Inneren bezeichnen ... Obwohl man den Naturgeist gleichwohl als unbeschwert betrachten kann, hat er doch ein fröhliches, zufriedenes und sorgloses Leben und geht seiner Aufgabe mit geradezu besessener Freude nach, so läßt er diese Arbeit doch auch gelegentlich im Stich und tritt aus dem Pflanzendasein hervor. Er verändert dann sofort seine Gestalt und nimmt das verkleinerte Aussehen eines Menschen an. Auch dann ist er für den normalen Betrachter noch nicht mit bloßem Auge zu erkennen, doch er ist bereits beinahe in der Reichweite des Sichtbaren. So blitzartig wie er dann auf einmal auftaucht, verschwindet er auch wieder.[31]

Hier folgen nun zwei Schilderungen von Leuten, die das Glück hatten, die Naturgeister bei ihrem seltenen Auftreten in menschlicher Gestalt zu sehen. Cynthia Montefiorc aus Somerset schrieb im Jahr 1977:

Ich war zusammen mit meiner Mutter bei ihr zu Hause im Garten ... als sich das ereignete. Mutter wollte mir zeigen, wie man die Rosenstöcke am besten beschneidet. Sie stand hinter dem prächtigsten Rosenstock, den wir besaßen, und sie hielt eine Gartenschere in der Hand, während ich davor stand. Wir wandten einander das Gesicht zu, mit dem Rosenstock zwischen uns.

Plötzlich legte Mutter einen Finger auf die Lippen, um mir zu bedeuten, daß ich schweigen sollte, und dann zeigte sie auf eine der Blüten. Mit Erstaunen registrierte ich, was sie dort sah – eine kleine, ungefähr fünfzehn Zentimeter hohe Gestalt, mit den vollkommensten weiblichen Umrissen und mit funkelnden farbigen hauchdünnen Flügeln, die denen einer Libelle glichen. Das Wesen hielt einen kleinen Zauberstab in der Hand und zeigte damit auf das Herz der Rose. An der Spitze des Stabes funkelte ein kleines, sternengleiches Licht. Die Glieder des Wesens waren von einem zarten Rosa, und man konnte sie durch ihre Kleider scheinen sehen. Sie hatte langes, silberglänzendes Haar, das von einer Aura umgeben war. Sie umschwebte die Rose zwei Minuten lang, dabei vibrierten ihre Flügel ganz rasch, wie die eines Kolibris, und dann verschwand sie.

»Du hast das doch gesehen, nicht wahr?«, fragte mich meine Mutter. Ich nickte nur, und wir gingen beide zum Haus zurück, noch ganz erfüllt und eingenommen von unserem gemeinsamen Erlebnis. Unsere Rosen hatten wir vollkommen vergessen.

Das vielleicht Überraschendste an unserem Erlebnis war die Art und Weise, wie das kleine Wesen, das wir beide gesehen hatten, praktisch in allen Einzelheiten dem Feenbild der volkstümlichen Überlieferung und der Märchen glich. Ich weiß jetzt, daß diese Beschreibungen sich auf reale Vorbilder stützen.

Bei einem zweiten Erlebnis, das ich hatte, als ich diesmal alleine im selben Garten war, wurde mir dies erneut bewiesen. Ich saß unter einem Baum und las ein Buch, als ich direkt vor mir eine plötzliche Bewegung wahrnahm. Eine kleine, ungefähr fünfzig Zentimeter hohe Gestalt lief über den Rasen und verschwand schließlich unter einem jungen Nadelbaum. Die kräftige, untersetzte Gestalt schien in einen einteiligen, braunen Anzug gekleidet zu sein. Ich konnte ihr Gesicht nicht sehen, denn es war von mir abge-

> wandt. Ich sprang auf der Stelle auf und suchte die Stelle rund um den Nadelbaum ab, aber da war keine Spur von dem Zwerg mehr zu finden. Nicht allzu lange nach dieser Episode sah ein Freund der Familie, der meiner Mutter bei der Arbeit im Gemüsebeet half, denselben Zwerg und beschrieb ihn mir ...[32]

Eine Freundin von mir hat, ebenfalls in einem Rosengarten, auch einen Naturgeist gesehen. Sylvia Pigeon beschnitt gerade die Rosen in ihrem Garten in Hampshire, als sie auf dem Boden eine Gestalt bemerkte. »Sie schimmerte in sämtlichen Grünschattierungen und war irgendwie leicht – leicht und durchscheinend – und ich habe eine vage Erinnerung daran, eine Art von kleinem Gesicht gesehen zu haben, aber ich kann mich nicht an Gliedmaßen, weder Arme noch Beine, erinnern. Es war irgendwie rundlich und es bewegte sich ungeheuer vorsichtig, so als tastete es sich langsam vorwärts. Es war zwischen zwanzig und dreißig Zentimeter groß, wirkte nebelhaft und glich einem Blatt ... es erschien mir wirklich wie eine Art Geist der Rosen, und es war in eine Art von Tüchern gehüllt, aber sie waren mehr wie die Blätter und Blumen, weißt du, gewölbt und verflochten, und fließend. Zu dem Zeitpunkt, als Mrs. Pigeon das Geschöpf sah, dachte sie viel über die bevorstehende Hochzeit ihrer Tochter nach, und über die Schönheit der Rosen, und sie spürte irgendwie, daß das Erscheinen dieses Geschöpfes, die Hochzeit und die Rosen, miteinander in Verbindung standen. Sie spürte, daß »Liebe und Mitgefühl« von dem Wesen ausgingen, daß es »mich mit Wohlwollen betrachtete, ich möchte sogar sagen, mit Liebe und Zuneigung, ja, meine lieben Freunde, ich hatte wirklich ein Gefühl von Liebe und Freundlichkeit«.[33]

Aus den Schilderungen anderer Leute geht hervor, daß die Naturgeister weder in jedem Fall winzig sein müssen, noch daß sie immer in menschenähnlicher Gestalt erscheinen. Dazu kommt noch, daß sie, obwohl sie die Rolle übernehmen, die man von Naturgeistern allgemein erwartet, sich selbst nicht notwendigerweise auch als solche betrachten! Das Adjektiv »verwirrend« ist noch eine recht abgeschwächte Beschreibung dessen, was die nun folgenden Schilderungen an Informationen enthalten, doch es ist nur fair, diese erst einmal für sich selbst sprechen zu lassen, um sie dann später zu bewerten. Einige Augenzeugen nehmen für sich in Anspruch, mit Naturgeistern gesprochen zu haben. Einer von ihnen war ein Mann, der unter dem Namen Circumlibra für das Magazin *The Ley Hunter* schrieb. Im Jahr 1973 veröffentlichte er folgendes:

> Das Ereignis, dem diese Geschichte zugrunde liegt, fand an einem bezaubernden Tag statt. Die Bäume und alles Wachstum strebte seinem Höhepunkt entgegen, und es war großartig, am Leben zu sein. Ich kletterte den steilen Hügel hinter der Brücke hinauf, und die geschäftige Hauptstraße, die das Tal durchquert und die paar Häuser, die ganz Alderwasley (Derbyshire) ausmachen, gerieten langsam außer Sicht. Der Pfad dahinter ist bereits weniger steil und oberhalb der Häuser nimmt er ohne ersichtlichen Grund eine Biegung, die mich immer wieder überrascht und anzieht. Hier befand ich mich also nun bei dieser Gelegenheit und kletterte über einen Zaun. Ich bemerkte einen kleinen Hügel an der Hangseite und ging hinüber, um ihn in Augenschein zu nehmen. Doch es gab dort nichts weiter zu sehen, und da es so ein bezaubernder Tag war, suchte ich mir im Gras einen Platz, um mich auszuruhen. Kurze Zeit später

wurde ich mir dessen bewußt, daß sich neben mir irgend etwas Lebendiges befand, und als ich mich danach umdrehte, sah ich eine recht merkwürdig aussehende Kreatur. Es war ein gedrungener kleiner Kerl, der vom Boden bis zur Spitze seines gepunkteten Hutes höchstens einen Meter zwanzig groß war. Er hatte überall die gleiche Farbe wie das Gras, das um ihn herum wuchs. Ich fühlte mich weder beunruhigt noch aufgeregt, ich war lediglich neugierig darauf, mehr über ihn zu erfahren, denn er war der erste dieser Art, den ich je getroffen hatte.

Ich spürte, daß es einen Grund für sein Erscheinen gab, und vielleicht wollte er mir ja etwas mitteilen. Genauso war es, und so führten wir ein kurzes Gespräch miteinander. Nun, nennen wir es mal ein Gespräch, aber eigentlich war es ein Gedankenaustausch, bei dem wir einander voll und ganz verstanden. Ich gewann den Eindruck, daß seine Arbeit darin bestand, die abgestorbenen Triebe der Pflanzen abzubrechen und sie dem natürlichen Kreislauf des Wachstums wieder zuzuführen. Wir redeten auch noch über andere Sachen, doch am meisten beeindruckte mich seine Behauptung, daß er ein Mensch sei, wohingegen ich doch annahm, er wäre ein Elementar- oder Naturgeist.[34]

Auch der Schotte R. Ogilvie Crombie (Spitzname Roc) hat mit Naturgeistern kommuniziert, und zwar im Garten von Findhorn und in Edinburghs Royal Botanic Gardens. An einem Tag im März des Jahres 1966 sah er im Botanischen Garten eine Kreatur, die halb Tier, halb Mensch war: Sie war neunzig Zentimeter groß, hatte gespaltene Hufe, gab ihren Namen mit Kurmos an und erzählte Roc, daß sie den Bäumen beim Wachsen helfen würde. Roc nahm Kurmos mit in seine Wohnung in der Stadt. Später sah er ihn im Garten wieder; als Roc nach ihm rief, kam Kurmos. Während ihrer Zusammenkünfte unterhielten sie sich, und später gab sich das Wesen als der Gott Pan zu erkennen.

Als eine mögliche Erklärung für diese merkwürdigen Erlebnisse mag gelten, daß Roc eine gewisse Affinität zu den Naturkräften entwickelte, und er deshalb in der Lage war, Lebensformen, die die meisten Menschen nicht einmal zu sehen vermögen, wahrzunehmen und sogar mit ihnen zu kommunizieren. Diese Leute, die das Glück haben, Feen nicht nur einmal, sondern mehrmals zu sehen, sind gegenüber den Schwingungen, die den unsichtbaren Vorhang überwinden, der uns von der Welt des Kleinen Volkes trennt, in der Regel wesentlich aufgeschlossener. Der Schotte Struan Robertson hatte verschiedene Begegnungen mit Feen, die er im Jahr 1936 beschrieb.

> Die erste Fee, der ich begegnete, war alleine auf einem Hügel bei Aberfoyle, dort, wo Robert Kirk sein *Commonwealth of Fairies* schrieb. Sie war sehr freundlich, gab mir ein Zeichen, ihr zu folgen, und zeigte mir schließlich die wunderbarsten Dinge. (Unglücklicherweise geht Robertson nicht näher darauf ein. Es wäre interessant zu wissen, was genau er sah.)
>
> Eines Nachmittags in Arran sah ich zehn Feen, die draußen zwischen den Ginsterbüschen und den grasenden Schafen herumspielten. Die Schafe zeigten sich davon recht unbeeindruckt, nur wenn ihnen eine Fee allzu nahe kam, trotteten sie ein paar Meter weiter.
>
> Als ich eines Morgens einen Wald in Arran durchwanderte, hörte ich die silberhellen Laute der Feen, und als ich dem Geräusch folgte, sah ich, wie ein ganzer Clan von ihnen eilig einen grünen Fußpfad entlangging.

Sie beobachteten, wie ich mich näherte, plapperten laut daher, stoben auseinander wie ein Schwarm aufgescheuchter Spatzen und flohen hastig.

Ich trampte in der Nähe von Loch Rannoch, da erreichten plötzlich melodische Töne mein Ohr, die aus den Rhododendronbüschen zu kommen schienen. Als ich mich vorsichtig näherte, wurde ich Augenzeuge eines wundervollen Tanzes. Ich war so davon eingenommen, daß ich vergaß, die Feen zu zählen. Statt dessen konzentrierte ich mich darauf, so nahe wie möglich an sie heranzukommen. Als ich nur noch zehn Schritte von ihnen entfernt war, erblickte mich eine von ihnen und alarmierte die anderen Tänzer, die daraufhin zwischen den Büschen verschwanden. Ich werde wohl niemals den Blick vergessen, den sie mir zuwarf, ehe sie verschwand, und auch nicht die Art, wie sie sich bewegte. Einen solch anmutigen Abgang habe ich bisher nur von der unvergleichlichen Pavlova höchstpersönlich gesehen.[36]

Die spannendste und ausführlichste Begegnung mit dem Kleinen Volk, die sich in jüngerer Zeit ereignete, habe ich mir bis zum Schluß aufgehoben. Die Augenzeugen waren eine Gruppe von vier Kindern, im Alter zwischen acht und zehn Jahren, und das Ganze ereignete sich im September 1979 in Wollaton Park, Nottingham. Es war halb neun Uhr abends und es wurde langsam dunkel, doch es war immer noch hell genug, um etwas zu erkennen. In einem sumpfigen Areal zwischen den Bäumen, das für die Besucher abgezäunt war, sahen die Kinder ungefähr sechzig kleine Männer, die nur halb so groß waren wie sie selbst. Sie hatten lange weiße Bärte mit roten Spitzen (obgleich ein Junge meinte, die Bärte seien schwarz gewesen) und runzelige

Die Zeichnung eines kleinen grünen Männchens, das im Wollaton Park von einem Kind gesehen wurde.

Gesichter. Ihre Köpfe waren mit Hauben bedeckt, die der Beschreibung nach altmodischen Nachtmützen glichen.

Sie trugen außerdem blaue Oberteile und gelbe Hosen. Die meiste Zeit der fünfzehn Minuten, die die Kinder mit ihnen zubrachten, saßen die kleinen Männer in kleinen Autos. Es waren dreißig Autos, in jedem saßen zwei Männer. (Ein Kind sagte, die Autos seien grün und blau gewesen, ein anderes sagte, sie waren rot, und ein weiteres meinte, sie seien rot und weiß gewesen; vielleicht waren sie ja verschiedenfarbig.) Die Wagen besaßen kein Lenkrad, sondern ein rundes Ding mit einer Kurbel daran. Es war auch kein Motorengeräusch zu hören, obwohl sie sehr schnell fuhren. Sie konnten wie Hunde über kleine Hindernisse springen. Die kleinen Männer verfolgten die Kinder, holten sie jedoch nicht ein, obgleich sie es gekonnt hätten. Die Kinder waren sicher, daß es bloß ein Spiel war. Sie sagten, daß die Männer zwar nicht gesprochen, jedoch viel gelacht und freundlich dreingeschaut hätten – »fröhlich«, wie eines der Kinder sagte. Sie haben die Kinder zu keinem Zeitpunkt berührt, und auch die Kinder ihrerseits berührten sie nicht. Man hat sie auch auf Bäumen gesehen, sie kamen aus Löchern und kehrten in diese zurück. Die Kinder spürten, daß sie nur herauskommen konnten, wenn es dunkel war.

Trotz der Tatsache, daß ihnen ihre Eltern nicht glaubten, als sie von den kleinen Männern berichteten, beharrten die Kinder darauf, keine Lügengeschichten zu erzählen. Sie behaupteten des weiteren, die Kleinen Leute bereits vorher, während der Sommerferien, gesehen zu haben. Der Direktor ihrer Schule befragte sie jeweils einzeln, kurz nach den Ereignissen, und zeichnete die Gespräche auf. Trotz einiger weniger Diskrepanzen in ihren Schilderungen und unter Berücksichtigung gewisser Ausschmückungen, schienen die Kinder die Wahrheit zu sagen.

Mehr als sechs Jahre, bevor in den Medien über die Feen von Wollaton berichtet wurde, hatte ich mit Marina Fry aus Cornwall korrespondiert. Sie berichtete mir ausführlich über die Feenbegegnung, die sie um 1940, im Alter von etwa vier Jahren gehabt hatte. Eines Nachts, als sie und ihre älteren Schwestern schliefen, wurden diese von einem summenden Geräusch geweckt (eine Schwester sagte »Musik und Glocken«).

Als sie aus dem Fenster schauten, sahen sie »einen kleinen Mann in einem winzigen roten Auto, der im Kreis herumfuhr. Er war etwa vierzig Zentimeter groß, hatte einen weißen Bart und eine »rote, gesprenkelte Mütze auf«. Sie betonte, daß er »sehr glücklich aussah«. Nach einer Weile verschwand er wieder. Die Ähnlichkeiten zwischen dieser Begebenheit und der in Wollaton Park sind bemerkenswert.[37]

Ein Feenboot, Feenautos... es gibt auch einen Bericht über ein Feenflugzeug. Im Jahr 1929 sahen ein fünf Jahre altes Mädchen und ihr acht Jahre alter Bruder einen winzigen Piloten in einem winzigen Flugzeug. Sie waren im Garten ihres Hauses in Hertford, als sie ein Motorengeräusch hörten und etwas, das wie ein Doppeldecker mit einer Spannweite von fünfundzwanzig bis dreißig Zentimetern aussah, erblickten. Es schwebte geradewegs über den Gartenzaun. Es landete kurz, streifte beinahe die Mülltonne, hob dann wieder ab und flog davon. Der Pilot trug eine Fliegerhaube aus Leder und winkte den Kindern zu, als er abhob.[38]

Kleine Leute, die in Flugzeugen reisen, lassen mich an andere Flugobjekte denken, die von kleinen Wesen gelenkt werden: die sogenannten UFOs aus den modernen Märchen des zwanzigsten Jahrhunderts. Im fünften Kapitel werden einige der zahlreichen Berichte darüber Erwähnung finden, und es wird diskutiert werden, ob es eine Verbindung zum Kleinen Volk gibt. Zuvor jedoch müssen wir Großbritannien und Irland verlassen und uns weiter hinauswagen, um zu entdecken und herauszufinden, ob man das Kleine Volk auch noch woanders auf der Welt gesehen hat, oder ob es sich dabei um ein speziell britisches und irisches Phänomen handelt.

4
Zwerge, Mumien und kleine grüne Männchen

Das Kleine Volk rund um die Welt

Der Glaube an die Existenz von Feen und des Kleinen Volkes ist keinesfalls nur auf England, Wales, Schottland und Irland beschränkt. Die volkstümlichen Überlieferungen dieser Welt sind voller Geschichten, die von Wesen berichten, die kleiner als Menschen sind, und die eine bemerkenswerte Ähnlichkeit mit ihren britischen und irischen Ebenbildern aufweisen. In Rußland zum Beispiel gab es einen Hausgeist namens Domovik oder Domovoj, der dem Brownie gleicht. Er war alt und grauhaarig, liebte das Feuer und lebte hinter dem Ofen. Man nannte ihn einfach »er«, »derjenige«, oder »Großvater« – genau wie in Großbritannien war es tabu, ihn beim Namen zu nennen. Des Nachts stellte man ihm etwas zu essen hin.

In Europa kannte man die Kleinen Leute in nahezu jedem Land. Die bretonische Überlieferung in Frankreich ist voller Feen, da die Bretagne ein keltisches Land mit engen Verbindungen zu den keltischen Gebieten Britanniens und Irlands ist. Man bezeichnet sie dort als »les Fées« und »Corrigans«, und sie traten so zahlreich auf wie die Gentry in Irland.[1]

In Skandinavien kennt man Elfen, Zwerge und Trolle; in Deutschland und in der Schweiz lebten in den Bergen die Zwerge. Noch weiter nördlich, in Island, lebte ein »Volk im Verborgenen« (Huldufolk), das ähnliche Eigenschaften aufwies wie die Feen; und noch heute ist der Glaube an sie weitverbreitet. Eine Umfrage in der Mitte der siebziger Jahre ergab, daß von 900 befragten Leuten 55 Prozent die Existenz von solchen Wesen für möglich, wahrscheinlich, oder gar für sicher hielten.

Bei dem Bau neuer Straßen in Island tauchen immer wieder Probleme auf, weil dabei das Territorium der Feen beeinträchtigt wird. Als im Norden des Landes, in Akureyri, in den frühen achtziger Jahren eine Straße angelegt wurde, erkrankten viele der Arbeiter, und die Maschinen versagten. Die neue Straße, die Reykjavik mit der Vorstadt Kopavogur verbindet, wurde um einen Hügel herum gebaut, weil es hieß, daß dort Elfen leben. Man gab ihr den Namen Elfenberg-Straße. Helgi Hallgrimsson, der Leiter des Naturgeschichtlichen Museums von Akureyri, hat viele Augenzeugenberichte über Begegnungen mit Feen gesammelt. Er erläuterte: »Diejenigen, die mir diese Geschichten erzählten, sind ehrliche, anständige Leute, von denen viele bis zu ihrer ersten leibhaftigen Begegnung mit diesen Geschöpfen nicht an deren Existenz geglaubt haben.« In den frühen neunziger Jahren gab das Bauplanungsamt von Reykjavik eine Landkarte heraus, auf der die wichtigsten Aufenthaltsorte des »verborgenen Volkes, der Elfen, Kobolde, Gnome und Zwerge« verzeichnet waren.[2]

Das Kleine Volk findet man auch in den heiteren Ländern rund um den Äquator und weiter südlich davon. In den dreißiger Jahren beschrieb G. I. Davys ein Feenerlebnis in Indien:

> In den Bergen von Simla, nahe Dharmpur und Kasauli, heißt es, daß die Feen kleine, nur etwa 15 cm große Menschen sind. Im Winter leben sie in den Stämmen der Pinien, und im Sommer kommen sie ins Freie und tanzen auf den Blumen. Sie mögen Kletterpflanzen besonders gerne, da die Blumen dort ganze Brücken bilden, wie z. B. an Zäunen entlang oder in den Zweigen und Ästen der Bäume. Einige der Feen sind grün, andere sind blau. Ich weiß nicht, ob sie Flügel besitzen, denn keiner unserer Gärtner hat darauf besonders geachtet. Der Älteste unter unseren Gärtnern gab an, sie ständig zu sehen und ordnete sie ganz klar dem weiblichen Geschlecht zu. Sie seien eigentlich immer glücklich und gutmütig. Nie hat uns jemand davon berichtet, daß sie irgendwelchen Schaden angerichtet hätten. Es hieß, sie seien ganz vernarrt in Süßigkeiten, besonders in Zucker. Die Gärtner hinterlassen ihnen immer etwas Zucker, sie stellen ihn neben die Blumen. Die Feen bevorzugen mondhelle Nächte, um ihre Tänze abzuhalten. Wir persönlich haben sie nie gesehen. Man glaubt des weiteren, daß sie Wohltaten verüben und Glück bringen, und in der Tat waren wir in den Bergen von Simla sehr glücklich.[3]

Ganz anders dagegen waren die Kleinen Leute, die auf dem bewaldeten Hügel hinter Bawyi, in Ghana (Westafrika) lebten. Man kannte sie als die Asamanukpai.

> Sie sind Zwergenmenschen, ihre Füße sind rückwärts gewandt, sie sind, »ein bißchen größer als ein Affe«, und entweder schwarz, weiß oder rot... Die alten Zwerge sind am größten und haben Bärte. Sie alle benutzen aufragende Findlinge aus weichem Felsgestein, die sie glätten und polieren, um darauf zu essen und zu tanzen.
>
> Dieses scheibenförmige Quarzgestein, das in der Mitte

ausgehöhlt ist, ist unbekannter Herkunft und kommt in der Gegend sehr häufig vor. Es heißt, es sei vom Himmel gefallen, und des weiteren glaubt man, daß die Vertiefungen entstanden sind, als ein *Asamanukpa* sie mit Daumen und Zeigefinger aufgefangen habe.

Die Jäger, die genötigt sind, das Territorium der Asamanukpai aufzusuchen, besänftigen sie, indem sie ihnen Rum darbieten, den sie an ihren Tanzsteinen plazieren, und mit Schüsseln, die mit klarem Wasser gefüllt sind, denn sie baden und planschen gerne darin. Wenn sie sich gestört fühlen, oder in Wut geraten, steinigen sie die Eindringlinge, locken sie tief in den Wald hinein und führen sie in die Irre.

Gelegentlich verlocken sie einen Mann dazu, sich mit ihnen einzulassen, und solange er bei ihnen bleibt, bringen sie ihm alles bei, was sie wissen. Sie träufeln ihm den Saft einer Pflanze in Augen, Ohren und Mund, so daß er hernach in der Lage ist, die Gedanken der Menschen zu sehen und zu hören, alle kommenden Ereignisse vorauszusehen und mit dem Volk der Asamanukpa zu sprechen und zu singen. Wenn derjenige dann nach einem Aufenthalt von einer oder zwei Wochen nach Hause zurückkehrt... wird er zu einem hochgeachteten Wahrsager und zu einem Ratgeber in medizinischen und anderen Angelegenheiten.[4]

Folkloristische Überlieferungen dieser Art könnten auf Tatsachen beruhen: In dieser Gegend könnte einmal ein Volk von Pygmäen gelebt haben, das abgesondert von der normalwüchsigen Bevölkerung hauste. Tatsächlich dürften zwergenwüchsige Rassen die Ursache für zahlreiche Sagen über das Kleine Volk überall auf der Welt sein. So zum Beispiel im australischen Busch, in den Dschungeln Malaysias, in verschiedenen afrikanischen Ländern, und ebenso in Süd- und Mittelamerika.[5] Zwergenwüchsige Völker werden oft gemeinhin als Erklärung für das Phänomen der Feen herangezogen, deshalb werde ich darauf noch einmal näher in Kapitel 6 eingehen. Dort werden alle Theorien rekapituliert.

Auch in der Folklore der amerikanischen Indianer sind Sagen über Kleine Leute weitverbreitet. Das könnte darauf hindeuten, daß auch auf dem nordamerikanischen Kontinent einmal pygmäenhafte Völker gelebt haben. Im hohen Norden, in der Gemeinde von Cambridge Bay, an der Küste des Nordpolarmeeres (Victoria Island, Kanadisches Nordwestterritorium), behaupten einige der etwa 1000 Einwohner, in den vergangenen Jahren einen etwa siebzig Köpfe zählenden Stamm Kleiner Leute gesehen zu haben, von dem man annimmt, daß er die arktische Tundra durchstreift. Sie sollen ungefähr neunzig Zentimeter groß, in Cariboubäute gekleidet sein und Pfeile und Bögen benutzen. Sean Peterson, der Naturschutzbeauftragte für dieses Gebiet, bemerkt dazu, daß »die Leute Nahrungsmittel da draußen deponieren, in der Hoffnung, daß, wer immer da draußen lebt, kommt, um sie sich zu holen, und wenn sie einmal in die Stadt kommen sollten, sich freundschaftlich zu benehmen versuchen. Alle älteren Leute sagen, daß es sie gibt. Sie seien an ihrem Lager vorbeigezogen, und einige Leute haben beobachtet, wie sie in der Tundra gejagt haben.«[6]

Ein Bericht wie dieser veranschaulicht die manchmal auftauchende Schwierigkeit, einen klar zu erkennenden Trennungsstrich zwischen Realität und Fiktion zu ziehen. Obwohl es auf den ersten Blick als durchaus möglich erscheint, daß die ortsansässige Bevölkerung tatsächlich einen Stamm Kleiner Leute gesehen haben könnte, wäre es genausogut möglich, daß eine uralte Legende vom Glauben an deren Existenz wiederbelebt worden ist. Indem die Geschichte von einem zum anderen weitergereicht wird, haftet ihr schließlich eine künstliche Aura des Realen an, genau wie den »modernen Märchen«, (die tote Oma, die vom Dachgepäckträger des Autos gestohlen wurde, oder das Haustier in der Mikrowelle) die in der westlichen Welt kursieren. Wenn man das Ganze vorurteilsfrei betrachtet, erscheint es unangemessen, solche Schilderungen einfach von der Hand zu weisen – denn es ist nicht unmöglich, daß eine Rasse kleinwüchsiger Menschen in irgendeiner dünn besiedelten Gegend überlebt hat. Es ist auch nicht undenkbar, daß Bigfoot/Sasquatch und andere große behaarte Hominiden noch heute in den Wäldern Nordamerikas, Sibiriens und Chinas, usw. leben – doch es ebensowenig angemessen, solche Berichte unkritisch anzunehmen, solange keine positiven Beweise für deren Existenz erbracht werden. Wir sollten uns immer dessen bewußt sein, daß sich Gerüchte nur allzugern hinter einer Fassade der Authentizität verbergen.

Weiter südlich in Kanada und den Vereinigten Staaten hat das Kleine Volk sowohl in Wirklichkeit als auch in der Überlieferung überlebt. Die Tatsachenberichte werden später in diesem Kapitel noch behandelt werden. Werfen wir erst einmal einen Blick auf die Feenüberlieferungen.

An der Westküste von Cape Breton Island in Nova Scotia, gibt es eine Gemeinde, die von den schottischen Siedlern Inverness genannt wird. Sie nannten den Ort auch Shean, das von dem gälischen Wort

»Sithean« abgeleitet wurde, was wiederum soviel bedeutet wie Feenhaus, und sie glaubten, daß man das Kleine Volk dort sehen könne. Menschen, die nachts dort unterwegs wären, würden sie sehen, doch wenn sie den Hügel erreichten, würden die Feen verschwinden. Dieser Glaube ist ganz klar aus Schottland importiert worden, die Verbindung zur alten Heimat ist leicht zu erkennen,[7] doch von woher haben die amerikanischen Indianer ihre Feenüberlieferungen importiert? Oder haben sich diese ganz unabhängig entwickelt, auf die gleiche Weise, wie die keltischen Feenüberlieferungen entstanden?

Die Cherokee Indianer North Carolinas zum Beispiel kennen das Kleine Volk als Yunw Tsunsdi, eine Rasse elfengleicher Indianer. Sie finden im Winter kleine Fußabdrücke im Schnee, doch es ist gefährlich, ihnen nachzugehen. Falls sie es doch tun, riskieren es die Cherokees, mit Steinen beworfen oder mit einer Zauberformel gebannt zu werden. In seinem 1901 veröffentlichten Buch *Myths of the Cherokee* erzählt James Mooney die Geschichte eines Jägers, der in den Bergen einige dieser kleinen Fußabdrücke im Schnee fand. Er folgte ihnen und kam zu einer Höhle, in der Kleine Leute tanzten und trommelten. Sie holten ihn herein, gaben ihm etwas zu essen und einen Platz zum Schlafen, und er blieb sechzehn Tage lang dort. Seine Freunde, die nach ihm gesucht hatten, hielten ihn für tot. Mooney führt aus:

> Nachdem er wohl ausgeruht war, hatten sie ihn ein Stück weit auf seinem Heimweg begleitet. Schließlich kamen sie zu einem kleinen, nur knietiefen Bach und wiesen ihn an, hindurchzuwaten. Auf der anderen Seite würde er den Weg

nach Hause wiederfinden. Er watete hindurch und wandte sich dann um, doch die Kleinen Leute waren fort, und der Bach war ein tiefer Fluß. Als er zu Hause ankam, waren seine Beine erfroren, und er lebte nur noch einige wenige Tage.

Im Jahr 1987 erzählte die siebenundsiebzigjährige Martha Wachacha einige der Geschichten, die sie in ihrer Jugend gehört hatte. Sie sagte, die Kleinen Leute seien ungefähr fünfzig Zentimeter groß, gut gebaut und ihr Haar sei so lang, daß es ihre Fersen berühre. Einige trügen goldene Kappen, während andere barhäuptig seien. Lois Calonehuskie, ein Rechtsanwalt, berichtete: »Die Cherokees behandeln die Kleinen Leute mit Respekt, sie halten sie für die Geister der Indianer aus uralter Zeit, lange bevor es Menschen gab«.[8]

All diese weltweiten Geschichten über das Kleine Volk weisen Ähnlichkeiten mit den keltischen Feenüberlieferungen auf, und jeder, der die Überlieferungen aus der ganzen Welt einer detailgenauen Studie unterzieht, dürfte sicherlich Anhaltspunkte dafür finden, warum dieser Glaube einst so weitverbreitet war. Heute geht eine Menge althergebrachten Wissens in immer rascherem Tempo verloren, doch die Tatsache, daß man die Kleinen Leute immer noch sieht, beweist, daß der Impuls, der hinter dem Feenglauben steckt, trotz der Beeinträchtigungen durch die »Zivilisation« noch immer sehr stark ist. Es könnte natürlich ebensogut darauf hindeuten, daß das Kleine Volk offensichtlich wirklich existiert, wenn auch nicht überall auf der Welt.

Sterbliche Überreste würden den sichersten Beweis für die Existenz der Kleinen Leute darstellen ... aber auch hier ist die Situation nicht so eindeutig wie man meinen könnte. Von Zeit zu Zeit werden die Leichen »kleiner Menschen« zu Tage gefördert, doch deren Identifizierung ist nicht schlüssig. In den Polen wurden Skelettüberreste von Leuten, deren durchschnittliche Körpergröße unter einem Meter fünfzig lag, gefunden: Sie schienen darauf hinzudeuten, daß im ersten Jahrhundert vor der Zeitenwende in der Region von Breslau/Sobotka eine pygmäenhafte Rasse gelebt hat. Auch in der Schweiz hat man die Überreste von Menschen gefunden, die kleiner als ein Meter fünfzig waren, und in Eguisheim im Elsaß lag die Größe einiger Körperfunde sogar noch etwas darunter. Es scheint also so zu sein, daß in Europa einst zwergenhafte Völker gelebt haben, und zwar vor nicht allzu langer Zeit.

Von den begrabenen Resten zwergenhafter Menschen wurde im Jahr 1890 auch aus Victoria, British Columbia (Kanada) berichtet. Ausgrabungen in Macaulays Point und Cadboro Bay förderten Waffen und Gebrauchsgegenstände aus Eisen sowie Steingräber zutage, in denen man »zwergenhafte Körper, aneinandergelehnt und in sitzender Haltung« gefunden hat. Man nahm an, daß es sich bei ihnen um urgeschichtliche Indianerstämme handelte.[10]

Nun ist die Vorstellung, daß es in vielen Teilen dieser Welt einmal Zwergen- bzw. pygmäenhafte Menschen gegeben hat, nicht allzu abwegig, da diese Leute nicht um so vieles kleiner waren, als wir es heute im Durchschnitt sind. Viel unglaublicher wäre es, wenn die Skelette nur fünfundzwanzig bis dreißig Zentimeter groß wären. Keine bekannte zwergwüchsige Rasse ist je so klein gewesen. Und doch haben im Jahr 1932 zwei Goldsucher, die einen Granitfelsen in den Pedro Mountains, fünfundsechzig Meilen südwestlich von Casper in Wyoming sprengten, dahinter eine kleine Höhle entdeckt. Darin fanden sie einen mumifizierten kleinen Mann, der auf einem winzigen Sims saß (siehe Fototeil). Er hatte eine dunkelbraune, runzelige Haut, eine niedrige Stirn, eine flache Nase, und einen breiten Mund mit zugespitzten Zähnen. Als man ihn im Amerikanischen Museum für Naturgeschichte einer Röntgenuntersuchung unterzog, fand man heraus, daß sein Skelett von menschlicher Struktur war. Es war ein erwachsenes Geschöpf im Alter von ungefähr fünfundsechzig Jahren. Allerdings glaubte Dr. George Gill, Professor für Anthropologie an der Universität Wyoming, der die Röntgenaufnahmen 1979 noch einmal untersuchte (die Mumie selbst war da bereits verschwunden), daß es sich um einen Säugling oder Fötus, der an Anenzephalie litt, handelte. Das könnte eine mögliche Erklärung für die Proportionen eines Erwachsenen bei einem Säugling sein. Falls er recht hat, ist das Geheimnis aufgeklärt. Die Pedro-Mumie ist jedoch nicht die einzige, die gefunden wurde. Des weiteren hat man auch kleine Schädel gefunden, nicht nur in Washington, sondern auch in den Beartooth Mountains in Montana. Den Verdacht, daß das Kleine Volk der Indianer eine Rasse winziger Pygmäen gewesen ist, hat bisher noch niemand widerlegen können.[11]

Eine weitere, sogar noch kleinere Mumie, wurde 1979 in San Anselmo ausgestellt. Sie war lediglich dreißig Zentimeter lang, und es hieß, man habe sie in Mittelamerika gefunden. Sie war mit gekreuzten Händen und Beinen, in sitzender Haltung, mumifiziert gefunden worden. Auf Röntgenaufnahmen wurde ihre Knochenstruktur gezeigt, weitere Untersuchungen werden zeigen, ob es sich um einen Erwachsenen, ein Kind, oder einen Fötus handelt.[12]

Die Funde winziger Pfeilspitzen haben Spekulationen darüber ausgelöst, ob sie von einer ebenso kleinen Rasse hergestellt und benutzt worden sind. Archäologen gehen gemeinhin von einer einfacheren Erklärung aus. Manchmal werden winzig kleine Pfeile als »Vogelpunkte« bezeichnet. Sie könnten dafür benutzt worden sein, Vögel zu jagen, doch das ist lediglich Spekulation. Solche Miniaturwerkzeuge hat man in vielen Teilen der Welt gefunden, in Ägypten, Afrika, Australien, Frankreich, Sizilien und Indien, ebenso in verschiedenen Gegenden der Vereinigten Staaten von Amerika. Gegen Ende des neunzehnten Jahrhunderts hat man in East Lancashire in England Hunderte von Werkzeugen aus Feuerstein gefunden – Schaber, Bohrer, gebogene Messer – keines dieser Teile war länger als anderthalb Zentimeter, einige waren sogar nicht einmal halb so groß. Wozu sie dienten, weiß man nicht, man vermutet, daß sie zu rituellen Zwecken verwendet wurden. Eine andere Möglichkeit wäre natürlich, daß sie für den täglichen Gebrauch eines winzigen Menschengeschlechts hergestellt wurden – für das Kleine Volk.[13]

Ganz egal, ob diese sehr kleinen Menschen in unserer Wirklichkeit je existiert haben oder nicht – überall auf der Welt gibt es Leute, die behaupten, sie gesehen zu haben. Der deutsche Forscher Ulrich Magin ist auf Berichte aus dem siebzehnten Jahrhundert gestoßen, denenzufolge man in Deutschland sowohl große behaarte »wilde Männer«, als auch kleine »Erdzwerge« mit langen weißen Bärten gesehen hat.

Im Jahre 1635 sah Hans Krepel in der Nähe von Saalfeld eine »Moosfrau« und plauderte ein wenig mit ihr. Am 18. August 1644 gelang es dem Kurfürsten Johann Georg I. in der Nähe von Chemnitz eine ungefähr sechzig Zentimeter große Zwergenfrau zu fangen. Eine Erdfrau versuchte 1662 bei Saalfeld ein Menschenkind zu stehlen und dafür ihr eigenes dazulassen. In einem Keller in Lützen hauste eine seltsame, winzige menschenähnliche Kreatur, die 1665 mehrmals beobachtet wurde. Ein Jahr zuvor sah man bei Dresden einen Erdzwerg. Im März des Jahres 1669 wurde in Torgau ein weiterer Zwerg gesehen.

Noch in jüngerer Zeit, so in den fünfziger Jahren dieses Jahrhunderts, hieß es, daß in Schloß Wildenstein bei Heilbronn, das im fünfzehnten Jahrhundert erbaut wurde, ein Kobold lebe. Immer wieder hatte man im Laufe der vergangenen Jahrhunderte dort merkwürdige Geräusche gehört und sogar Gespenster gesehen. Doch erst im Februar 1955 wurde dieser Kobold zum ersten Mal beobachtet. Der Besitzer des Schlosses, Maximilian, Baron Hofer von Lobenstein, sah den Kobold selbst, als er spät in der Nacht die Hunde rausließ. Nur etwa drei Meter weit weg, stand dieser kleine bärtige Mann, der sich von einem blau schimmernden Licht im Hintergrund abhob. Er hüpfte und sprang um den Baron herum, und verschwand dann plötzlich. Bei einer anderen Gelegenheit hat ihn auch die Baronin gesehen. Es war so gegen Mittag, als sie einen ca. sechzig Zentimeter großen Mann in einer gelben Weste und mit einem spitzen Hut sah, der in einem der Zimmer des Schlosses Purzelbäume schlug.

Im Laufe der fünfziger Jahre ereigneten sich dort noch viele weitere merkwürdige Dinge, so daß schließlich sogar eine Gruppe von Erforschern parapsychologischer Phänomene das Schloß einer eingehenden Untersuchung unterzog.[15]

In Deutschland und in Osteuropa nannte man die Gespenster, die in den Minen der Bergwerke lebten, Kobolde. Sie waren heimtückisch und böse, und wenn die Bergleute ihr Klopfen vernahmen, deuteten sie dies als ein Zeichen, sich in dieser Richtung nicht weiter vorzuarbeiten. Michael Engelbrecht, ein Bergmann, der im letzten Jahrhundert in Ungarn lebte, glaubte, daß diese Klopfzeichen ihm ankündigten, wann die Gespenster in seiner Baracke erscheinen würden. Ein solches Erscheinen in körperlicher Gestalt wurde von der Schriftstellerin Mme. Kalozdy bezeugt: Man sah Lichter, in denen die verschwommenen Umrisse kleiner menschlicher Gestalten sichtbar wurden, die sie als schwarz und grotesk beschrieb. Sie flatterten herum und verschwanden.[16]

Eine besonders seltsame Geschichte stammt aus Transsylvanien in Rumänien, und zwar aus dem Jahr 1883.

> Frau A. G. aus Szemerja fand, als sie in der letzten Freitagnacht nach Hause kam, einen kleinen roten Mann an ihrem Ofen sitzend vor. Das Mondlicht schien direkt auf den Ofen, deshalb waren die Umrisse des kleinen Mannes deutlich zu erkennen: Er war ungefähr armlang; eine schwarze Kappe krönte sein Haupt, seine Kleider waren rot; Arme und Gesicht waren mit Haaren bedeckt. Der Frau gefror das Blut in ihren Adern, als sie das seltsame Wesen anstarrte, das unbeweglich im Mondlicht saß. Nach einiger Zeit ging die Kreatur ein paar Schritte auf sie zu und verschwand. Sie betete die ganze Nacht lang, und am Morgen schrubbte sie den Platz, auf dem der kleine Mann gesessen hatte, mit Knoblauch ab und räucherte ihn aus. Doch es war alles umsonst, in der folgenden Nacht saß der kleine Mann wie-

der an ihrem Ofen. Als die Frau das Zimmer betrat, kam er auf sie zu; die Frau warf (entweder aus Angst oder dank ihres wiederkehrenden Mutes) mit der Kanne, die sie in der Hand hielt nach dem Kobold. Im selben Moment war dieser bereits auf ihren Rücken gesprungen, bog ihren Kopf zurück und zerkratzte ihre Stirn. Sie wurde ohnmächtig! Danach war sie drei Tage lang bettlägerig, und sie erholte sich erst, als sie dreimal ein wenig Staub von dem Platz, an dem der Kobold gesessen hatte, aufgesammelt, und mit Wasser vermischt getrunken hatte. Anschließend räucherte sie sich selbst und jenen Platz dreimal aus! Der kleine Mann wurde an dem darauffolgenden Samstag, nachdem er die ohnmächtige Frau verlassen hatte, noch einmal von anderen Leuten gesehen, blieb aber seitdem verschwunden. Ganz ohne Zweifel hatte sie einen umherstreunenden Affen gesehen, der bei einem Unfall das Weite gesucht hatte. Doch die guten Leute von Szemerja sind vollkommen davon überzeugt, daß es ein Kobold war, wenn nicht sogar der Teufel selbst, denn die Kreatur hatte Spuren hinterlassen, die genau wie die einer Gans aussahen.[17]

Früher, im neunzehnten Jahrhundert, hatte der Reverend Sabine Baring-Gould (1834–1924), ein Pastor aus Devon, der sich sehr für folkloristische Überlieferungen, Kuriositäten und rätselhafte Ereignisse interessierte und viele Bücher zu diesen Themen verfaßt hatte, selbst einige Kleine Leute gesehen. Dies geschah, als er in seiner Kindheit eine Reise durch die Provence (Frankreich) unternahm. Während er an einem heißen Sommertag auf einem der Koffer seines Vaters saß, sah er eine Horde von Zwergen. Es waren kleine Männer mit spitzen Hüten, die durch die mit Kieselsteinen übersäte Landschaft von Cran liefen. Die Zwerge schienen zu versuchen, auf die Pferde zu klettern, sie hüpften über Grasbüschel und schnitten ihm Grimassen. Kein anderer konnte sie sehen, und nach und nach sah er weniger und weniger von ihnen, bis er gar keinen mehr sehen konnte.[18] Es wäre denkbar, daß es Baring-Gould für kurze Zeit möglich war, hinter den Vorhang zu blicken, der unsere Welt von der des Kleinen Volkes trennt.

Manchmal werden die Kleinen Leute dabei gesehen, wie sie auf ihren eigenen winzigen Pferden reiten, so wie zuvor in Großbritannien. Die folgende Schilderung wurde von Mrs. Hardy niedergeschrieben, der Frau eines Siedlers aus dem Maori-Distrikt in Neuseeland. Ungefähr im Jahr 1920 wurde diese Erzählung, inspiriert von den Feengeschichten von Sir Arthur Conan Doyle und Edward L. Gardner, veröffentlicht.

> Nachdem ich davon las, was andere gesehen haben, fühle ich mich ermutigt, Ihnen von dem zu berichten, was ich selbst vor fünf Jahren erlebt habe. Darf ich Sie wohl darum bitten, Nachsicht dafür zu üben, daß ich auch einige das Haus betreffende Details erwähne, die mit der Geschichte zusammenhängen? Unser Haus ist auf der Kuppe eines Hügels erbaut worden. Der Erdboden ist ringsherum auf eine gewisse Entfernung eingeebnet worden, um Platz für das Haus, die Wirtschaftsgebäude und eine Rasenfläche usw. zu schaffen. Jenseits davon fällt der Grund zu jeder Seite steil ab, an der linken Seite gesäumt von einem Obstgarten und zur Rechten von Gebüschen und den Koppeln der Pferde, die an die Hauptstraße grenzen. Eines Abends ging ich kurz nach Einbruch der Dämmerung in den Garten, um Wäsche aufzuhängen. Als ich gerade die Stufen der Veranda herunterging, hörte ich aus der Richtung des Obstgartens das Geräusch eines sanften Galoppierens. Ich

glaubte, mich getäuscht zu haben, und daß das Geräusch von der Straße her kam, denn dort galoppierten die Maoris sehr oft mit ihren Pferden her. Ich überquerte den Rasen, um die Wäscheklammern zu holen und hörte, wie sich das Galoppieren näherte. Ich ging zur Wäscheleine hinüber und setzte gerade an, die Handtücher aufzuhängen, als ich mit erhobenen Armen stehenblieb. Das Geräusch war nun direkt hinter mir, und plötzlich ritt eine kleine Gestalt auf einem winzigen Pferd genau unter meinen erhobenen Armen vorbei. Ich schaute mich um und bemerkte, daß ich von acht bis zehn winzigen Gestalten umringt war, die auf winzigen Pferden ritten, die wirkten wie zwergenhafte Shetlandponies. Die kleine Gestalt, die so nah an mich herangekommen war, konnte man in dem Licht des erleuchteten Fensters klar erkennen, doch sie stand mit dem Rücken dazu, und ich vermochte ihr Gesicht nicht zu sehen. Die Gesichter der anderen waren recht braun, ebenso wie die Ponies. Falls sie Kleider trugen, waren diese so enganliegend wie der Strampelanzug eines Babys. Sie wirkten wie winzige Zwerge, oder wie Kinder im Alter von ungefähr zwei Jahren. Ich war äußerst überrascht und rief aus: »Was um Gottes willen ist das?« Ich glaube, ich habe ihnen damit Angst eingejagt, denn als sie den Klang meiner Stimme hörten, ritten sie alle durch das Rosenspalier hinüber zur Auffahrt und von dort hinunter ins Gebüsch. Ich hörte, wie ihr Galopp langsam in der Ferne erstarb, lauschte, bis das Geräusch verschwunden war und ging dann ins Haus. Meine Tochter, die bereits mehrmals übernatürliche Erfahrungen gemacht hatte, sagte zu mir: »Mutter, wie blaß und verängstigt du aussiehst! Was hast du gesehen? Und mit wem hast du gerade im Garten geredet?« Ich sagte: »Ich habe die Feen reiten gesehen!«[19]

In jüngerer Zeit und ebenfalls in der südlichen Hemisphäre haben einige Kinder auf den Fidschi-Inseln, ganz in der Nähe ihrer Schule, behaarte Zwerge gesehen. Die *Fiji Times* berichtete 1975 in einem Zeitungsbericht über die Einzelheiten.

Den Schilderungen der methodistischen Missionsschule von Lautoka zufolge sind dort ca. acht geheimnisvolle kleine Gestalten ganz in der Nähe gesehen worden. Sie waren sechzig Zentimeter groß und schwarz behaart. Die Gestalten, von denen man annimmt, daß es sich um Zwerge handelt, verschwanden eilig im nahegelegenen Buschwerk, als die Kinder anfingen, sich ihnen zu nähern. Als sich diese Nachricht verbreitete, erschienen zahlreiche Anwohner am Schauplatz des Geschehens. Die »Zwerge« konnten auch nach eingehender Suche nicht aufgefunden werden. Anscheinend waren sie in eine Erdspalte im nahegelegenen Gebüsch gesprungen.

Seit jener ersten Beobachtung haben sich Dutzende von Leuten an der Erdspalte versammelt in der Hoffnung, die Zwerge selber zu sehen. Einige harrten stundenlang mit Stöcken und Taschenlampen ausgerüstet dort aus für den Fall, daß die »kleinen Männer« sich als bösartig erweisen sollten.

Der Leiter der Methodistenschule, Mr. Narayan, gab an, den Kindern drakonische Strafen für den Fall angedroht zu haben, daß es sich um erfundene Geschichten handelte, »doch sie beharren fest auf dem, was sie über die geheimnisvollen Gestalten gesagt haben«.

Anscheinend hatten sechs verschiedene Schüler im Alter von zehn bis vierzehn Jahren tatsächlich diese Gestalten gesehen, während sie auf dem Heimweg von der Schule waren. Einer der Schüler sagte: »Ich sah seine weißen funkelnden Augen und die schwarzen Haare. Ich fürchtete mich.«

»Einer zeigte mir seine Zähne und rannte dann fort«, behauptete ein anderer Schüler.

David, ein Schüler, der allem Anschein nach acht der kleinen Menschen gesehen hatte, wollte mit ihnen reden, doch als er sich ihnen näherte, »rannten die Kleinen davon«.

Mr. Peniasi Tora, ein alteingesessener Dorfeinwohner, der am Schauplatz erschien, nachdem er die Neuigkeiten gehört hatte, erwähnte, daß seine Vorfahren, als sie zum ersten Mal nach Fidschi kamen, kleine Männer angetroffen hätten, die bereits hier lebten.[20]

Wie bereits am Ende des Artikels vermutet, könnte es sich hier möglicherweise um die letzten Überlebenden einer Rasse sehr kleiner Menschen handeln, die auf der Insel lebten – doch gäbe es, wenn dem so wäre, nicht ganz sicher mehr solcher Begegnungen? Interessanterweise hieß es, daß sie in einer Erdspalte Zuflucht gesucht haben. Dies stimmt mit den zahlreichen Schilderungen aus Großbritannien überein, in denen geschildert wird, wie die Kleinen Leute im Innern der Erde leben.

Ganz anders, doch ebenfalls sehr rätselhaft, ist eine Geschichte aus Kuba. Irgendwann um das Jahr 1930 fuhr ein Marineoffizier gegen Mitternacht auf der Straße von Güines in Richtung Havanna, als der Strahl seiner Scheinwerfer eine kleine Gestalt erfaßte, die mitten auf der Straße stand. In der Annahme, es handle sich um ein verirrtes Kind, hielt der Fahrer an und stieg aus dem Wagen. Er konnte die Gesichtszüge des Wesens nicht genau erkennen, denn die Scheinwerfer beleuchteten es nun nicht mehr, doch es war etwa einen Meter groß und schien kräftig gebaut zu sein. Er versuchte, es hochzuheben, aber es ließ sich nicht bewegen. Es war so hart wie ein Felsen und schien aus Leder gemacht zu sein. Vollkommen überrascht und wahrscheinlich auch erschrocken, rannte er zurück zu seinem Fahrzeug und fuhr davon.[21]

Die Folklore Südamerikas ist voller Geschichten von Zwergenwesen, die häufig ihre Heimat unter der Erde haben. Von Zeit zu Zeit werden jedoch auch Schilderungen aus moderner Zeit veröffentlicht. So gab es zum Beispiel in Argentinien in den 1980er Jahren jede Menge Zeitungsberichte über von Kindern gesehene Zwerge und Gnome. Im November des Jahres 1983 wurden in der Villa Montoro, einem alten Haus in La Plata City, grüne Zwerge gesehen. Sie wurden als einen halben Meter groß beschrieben und hatten große Köpfe, eine runzelige menschenähnliche Haut, und trugen grüne Kleidung. Man entdeckte Fußabdrücke und fand Kratzspuren an einem Baumstamm; es hieß, daß die Zwerge in Tunneln unter dem Haus und dem Garten lebten, und daß sie aus einem Brunnenschacht im Garten ins Freie kämen. Als jemand versuchte, einen Zwerg zu fotografieren, erschienen auf dem Film nur dunkle Schatten. Ein Junge, der vor einer Gruppe von Zwergen flüchtete und dabei in den Schlamm fiel, berichtete, daß sie gejammert und mit ihm geschimpft hätten; einer habe sogar mit einem Ziegelstein nach ihm geworfen.

Über die nächsten paar Jahre hinweg erschienen die kleinen Männer in verschiedenen Landesteilen Argentiniens. Im Mai/Juni des Jahres 1985 versuchten schwarzbehaarte Zwerge in Roque Saenz Pena, einen fünf Jahre alten Jungen zu entführen. In Parana City spielten im Dezember 1986 drei Kinder im Alter von acht bis elf Jahren am Flußufer, als wie durch Zauberei acht bis zehn Gnome auftauchten. Sie hatten Klauen anstelle der Hände, nicht sehr viele Haare, und zwei kurze Hörner. Da sie keine Füße hatten, schienen sie über das Wasser zu schweben. Die Jungen ergriffen die Flucht, doch dabei kam der achtjährige Claudio zu Fall und wurde von den anderen im Stich gelassen. Er bewarf einen der Gnome, der so etwas wie einen Pfeil in der Hand hielt, mit einem Stein – doch der Stein flog einfach durch ihn hindurch. Man fand merkwürdige Spuren (was verwunderlich ist, wenn die Gnome keine Füße hatten!), nachdem die Kreaturen plötzlich zusammengeschrumpft und in einer dichten Wolke aus widerlichem schwarzen Rauch verschwunden waren.[22]

Diese Berichte sind durchaus repräsentativ für das, was man aus Argentinien hört. Obwohl man die Zwerge nur selten zusammen mit UFOs sieht, stammen die Berichte doch aus Gebieten, in denen häufig UFOs gesichtet werden, und es gibt gute Gründe anzunehmen, daß es eine Verbindung zwischen beiden gibt. Diese Möglichkeit wird in Kapitel 5 noch näher untersucht werden.

Einige seltsame Berichte über Zwerge sind im Laufe der letzten hundert Jahre auch aus Nordamerika gekommen. Dieser Kontinent ist bereits wohlbekannt für die Begegnungen mit der riesigen haarigen und menschenähnlichen Bestie, die als Bigfoot oder Sasquatch bekannt ist. Doch trotz der weit mehr als tausend Beobachtungen, die es in diesem Jahrhundert gegeben hat, fehlt noch immer ein stichhaltiger Beweis für die Existenz dieses Wesens. Man hat noch nie einen Kadaver gefunden, der wissenschaftlich untersucht werden konnte; der einzige physische Beweis erscheint in mancherlei Hinsicht kontrovers – es handelt sich dabei um Fußabdrucke und Fotografien, die ebensogut gefälscht sein können, Haare und Absonderungen, die auch anderen Ursprungs sein könnten. Die Situation, das Kleine Volk betreffend, ist so ziemlich die gleiche: Trotz der Existenz ernst zu nehmender Berichte, die von offenbar vernünftigen, geistig normalen Leuten stammen, und einiger umstrittener physischer Beweise (zum Beispiel die Pedro-Mumie), kann letzten Endes niemand *beweisen*, daß das Kleine Volk existiert; weder als Rasse von Pygmäen noch als Wesen, die in einer anderen Dimension leben, die sich mit unserer Welt überschneidet, oder auf sonst irgendeine Weise. Das ist eine frustrierende Situation, besonders für diejenigen, die die Kleinen Leute gesehen und anderen davon erzählt haben, denen man aber nur selten glaubt. Hier ist nun eine Auswahl ihrer Geschichten.

William Allen White war ein Journalist, der seine Karriere 1891 als Zeitungsreporter in Kansas City begann. Kurz davor seinen neuen Job anzutreten, verbrachte er noch einige Tage zu Hause in El Dorado (Kansas), um sich von seinen Freunden zu verabschieden, ehe er in die Stadt zog. In jener Augustnacht wachte er auf und hörte Musik. Als er aus dem Fenster schaute, sah er einen Haufen Kleiner Leute, die nur etwa zehn Zentimeter groß waren und sich unter der Ulme versammelt hatten, um zu ihrer Musik zu tanzen. Er schaute weg und sah dann wieder hin, aber sie waren immer noch da. Er ging zurück ins Bett, doch als er später noch einmal hinsah, waren sie nach wie vor dort. Dann fingen sie an, sich vor seinen Augen aufzulösen, bis sie verschwunden waren. Als er dieses Erlebnis später in seiner Autobiographie aufschrieb, bemerkte er dazu: »Wenn ich mir diese Stunde ins Gedächtnis zurückrufe, bin ich mir so sicher, daß ich alles im wachen Zustand erlebt habe. Ich glaube vielleicht immer noch, verrückt zu sein.«[23]

Ein kleiner Mann, der auf einem Bauernhof bei Farmersville (Texas) im Mai des Jahres 1913 erschien, wurde auf eine Art und Weise empfangen, die er wohl kaum erwartet hatte. Drei Jungen, die gerade damit beschäftigt waren, Baumwolle zu pflücken, wurden durch das Bellen ihrer Hunde alarmiert und sahen nach, was los war. Sie fanden einen kleinen, etwa einen halben Meter großen Mann, der ganz dunkelgrün war. Er trug keinerlei Kleidung, doch sein Körper sah wie ein Gummianzug aus, inklusive einer Kopfbedeckung, die wie ein »mexikanischer Hut« aussah. Während die Jungen ihn sich ansahen, fielen die Hunde den kleinen Mann an und rissen ihn in Stücke. Die Jungen sahen, daß seine inneren Organe wie die eines Menschen aussahen, und sein Blut von roter Farbe war. Die Hunde mieden fortan den Ort, an dem die verrottenden Überreste in der Sonne verwesten. Sie schienen sich zu fürchten. Als die Jungen am nächsten Tag wieder hingingen, konnten sie nichts mehr finden, nicht einmal Blutspuren.

Einer der Augenzeugen war Silbie Latham, dessen Enkel sich viele Jahre später, 1978, an das Center for UFO Studies wandte, und den Vorfall beschrieb. Er sagte: »Mein Großvater gilt als äußerst ehrlich und zuverlässig, und weil er um seine Reputation fürchtete und sich nicht lächerlich machen wollte, hat er die Geschichte niemandem erzählt ... Auch mir hat er es nur erzählt, nachdem ich, sein geschichtsbewußter Enkel, ihn dazu eindringlich ermutigt und aufgefordert habe. Er wäre bereit, sich hypnotisieren zu lassen, sich einem Test mit dem Lügendetektor zu unterziehen, oder was immer

Sie für notwendig halten. Ich habe nicht den geringsten Zweifel daran, daß er die Wahrheit sagt.« Mr. Latham wurde von Larry Sessions vom Museum für Wissenschaft und Geschichte in Fort Worth interviewt. Dieser beschrieb ihn als einen »bemerkenswerten Mann«. Obwohl es Sessions natürlich schwerfiel, die Geschichte zu glauben, bemerkte er: « Es gibt überhaupt keinen Zweifel daran, daß er *glaubt*, all dies sei wirklich passiert, doch das bedeutet nicht, daß es tatsächlich passiert *ist*. Vielleicht hat er eine übersteigerte Einbildungskraft. Oder möglicherweise haben ihm seine Brüder einen Streich gespielt, und er hat die ganze Geschichte im Laufe der Jahre im Unterbewußtsein ausgeschmückt.« Mr. Latham wies die Vermutung von Mr. Sessions energisch zurück, daß der »kleine Mann« nur ein großer Frosch gewesen sein könne.[24]

Kleine Leute, die grün gekleidet, oder von grüner Farbe waren, sind in diesem und den vorangegangenen Kapiteln bereits beschrieben worden und werden auch später immer wieder auftauchen. Die grüne Farbe des »kleinen Mannes« von Silbie Latham war also ein überzeugendes Detail. Die herablassende Bezeichnung »Kleine grüne Männchen«, die man gebraucht, um Marsbewohner oder andere Außerirdische zu beschreiben, könnte wesentlich zutreffender sein, als die meisten Leute glauben! Auch ein Bewohner von Nova Scotia hat einen kleinen grünen Mann gesehen, als er von Lisbon nach Hillsboro reiste (das genaue Datum ist unbekannt, doch es war wahrscheinlich zu Anfang dieses Jahrhunderts). Er beschrieb seine Begegnung mit einem »Lepricorn« folgendermaßen:

Ich hab 'nen kleinen Burschen gesehen, der etwa siebzig Zentimeter hoch war. Er hatte 'nen kleinen grünen Mantel an, und 'ne kleine rote Kappe auf. Er hatte 'nen Stock in der Hand. Hab' mich gefragt, wer er wohl ist, wo er herkommt, und wie er heißt. Dann hab ich mich an den Lepricorn erinnert. Der ist der Feenwächter von allen begrabenen Schätzen und Geld. Wenn du ihm direkt ins Gesicht sehen, gerade in die Augen blicken kannst, kriegst du 'ne Menge Geld. Aber du darfst ihn nie aus den Augen lassen. Ich ging ihm nach. Ich sagte zu ihm: »Bring mich zu 'nem Topf voller Gold.« Er mußte mich mitnehmen, denn ich sah ihn genau an. So gingen wir weiter, aber dann war da irgendein Lärm im Gebüsch, und ich ließ meine Augen 'nen Moment lang von ihm. Wie ich wieder hinsehe, war der Lepricorn weg. Und mit ihm das Geld.[25]

Eine weitere undatierte Begegnung mit einem »kleinen grünen Männchen« kommt aus dem Morongo Valley in Kalifornien. Ein Mann, der mit seinem Lastwagen die Rawson Road hinauffuhr, wurde von einem kleinen grünen Mann aufgeschreckt, der genau vor ihm auf die Straße sprang. Er bremste scharf und geriet ins Schleudern, als er versuchte, ihm auszuweichen, und sah, wie ihm der kleine Mann eine Grimasse schnitt als er stoppte. Dann hörte er ein klirrendes Geräusch. Bevor er ausstieg um nachzusehen, nahm er sein Jagdmesser mit. Er fand den kleinen Mann unter seinem Kühler liegend vor. Er schraubte mit seinen Fingern einen Kotflügel ab. Der Fahrer sprang zurück in seinen Laster und fuhr davon. Kurz darauf hörte er, wie das Blech über den Boden schleifte. Er hielt am Haus eines Freundes an und befestigte das Teil mit etwas Draht. Am nächsten Tag fuhr er die Rawson Road hinunter zurück, und er fand die fehlenden Schrauben und Bolzen mitten auf der Straße liegend vor; genau dort, wo der kleine Mann sie abmontiert hatte.[26]

Der kleine Mann dagegen, der irgendwann in der Mitte dieses Jahrhunderts für kurze Zeit in Oregon auftauchte, hat ein Auto, an das er so nah herankam, nicht beschädigt. Er wurde von Ellen Jonerson aus Canby (Oregon) dabei gesehen, wie er unter dem Trittbrett eines 1937er Dodge herlief. Er habe sich nicht einmal bücken müssen, als er darunter herging, und sie sagte, er könne nicht mehr als fünfundzwanzig Zentimeter groß gewesen sein. Er war menschenähnlich, dunkelhäutig und trug so etwas wie ein Spielhöschen und ein kariertes Hemd.

Sie fühlte sich nicht im mindesten von ihm bedroht, er schien eben einfach nur vorbeizugehen. Er ging ins hohe Gras hinein, und sie sah ihn nie wieder.[27]

Auch der kleine Mann, der zu Beginn dieses Jahrhunderts in Maryland gesehen wurde, bevorzugte karierte Sachen. Die Einzelheiten der Begegnung werden uns von der Nichte des Augenzeugen geschildert.

> Es geschah in Snowhill. Mein Onkel Sewell war mit einem Mädchen verabredet, das in Pocomoke lebte. Er besuchte sie dort so häufig, daß das Pferd den Weg bereits kannte. An jenem besonderen Abend hatten sie eine Auseinandersetzung über das Thema Heiraten gehabt. Er dachte nicht ans Heiraten, sie schon. Als er schließlich aufbrach, war er mit seinen Gedanken noch immer bei ihr. Er ritt in einem gemächlichen Schrittempo, bei dem es sich gut nachdenken ließ. Plötzlich kam aus dem Unterholz ein kleiner Mann mit einem gelben Halstuch und einer grünkarierten Jacke hervor. Er rief dem kleinen Mann etwas zu,

doch dieser lächelte nur. Mein Onkel trieb sein Pferd mit der Reitgerte zu einem höheren Tempo an, und auch der kleine Mann rannte schneller. Der kleine Mann hielt mit dem Tempo des Pferdes Schritt und lächelte dabei sehr häufig. Als mein Onkel Pocomoke hinter sich ließ, verschwand der kleine Mann. Mein Onkel faßte dies als Warnung auf, sich von der Dame fernzuhalten. Und er befolgte diesen Rat.[28]

Die Insel Oak Island, westlich der Mahone Bay in Nova Scotia, stand lange Zeit in dem Ruf, daß dort ein Schatz begraben sei. Trotz zahlreicher Bemühungen, die viel Geld, Zeit und Arbeit kosteten, hat man dort aber nichts Wertvolles gefunden. Touristen, die die Insel in jüngerer Zeit besuchten, berichteten dagegen von einigen seltsamen Ereignissen: Ein Mann prallte gegen eine unsichtbare Wand, andere sahen einen Zwerg. Dieser wurde im September 1973 von einem Ehepaar aus New York beobachtet, als sie in der Nähe des Ortes unterwegs waren, an dem der Mann gegen eine unsichtbare Wand gelaufen war. Sie beschrieben einen kleinen bartlosen Mann, der in Weiß gekleidet war und ebensolche langen Schaftstiefel trug. Er wurde von einem größeren, schwarz gekleideten Mann begleitet, der einen Umhang und einen Dreispitz trug. Zwei Jahre darauf wurde das ungewöhnliche Gespann ebenfalls von zwei dort ansässigen Damen gesehen, allerdings in einem anderen Teil der Insel.[29]

Jane Frances T. Woodruff beschrieb 1978 in der Illustrierten *Fate* ihre beiden Begegnungen mit den Kleinen Leuten in Massachusetts. Die erste fand im Frühling des Jahres 1974 in Lexington statt.

> Meine Freundin Barbara und ich waren auf dem Weg zu unserer High School, und wir genossen das schöne Wetter. Wir warfen zufällig beide gleichzeitig einen Blick über das Feld voller Unkraut zu unserer Linken und sahen dort eine etwa 25 Zentimeter große Gestalt sitzen, die die Knie bis zum Kinn angezogen hatte und uns ihr rechtsseitiges Profil zuwandte.
>
> »Hast du das gesehen?«, riefen wir beide gleichzeitig aus. Überraschenderweise beschrieben wir den Leprechaun genau übereinstimmend: grüne Kleidung, eine lange, leicht gebogene goldene Flöte an den Lippen und eine ins Gesicht gezogene, kegelförmige Kappe.
>
> Ein Jahr später sahen mein Freund Orin und ich in Ashby beide eine Gruppe elfenhafter Geschöpfe, die allenfalls 10 Zentimeter maßen und uns neugierig anstarrten. Auf einem Feld voller blauer Wildblumen beobachteten wir Hunderte winziger Feen, die einen herrlichen Tanz vollführten, indem sie von Blume zu Blume hüpften. Ich würde wohl annehmen, mir diese wunderbaren Begegnungen eingebildet zu haben, wären da nicht die Freunde an meiner Seite gewesen, die dieselben Szenen erlebten und beschrieben.[30]

Winzige Feen hat auch Karen Maralee im September 1993 gesehen, als sie sich auf einem Campingausflug zum altehrwürdigen Mount Shasta in Kalifornien befand. Sie war alleine unterwegs und erfreute sich eines Zustandes stiller Nachdenklichkeit und des Einklangs mit dem Leben in freier Natur. Genau diese geistige Verfassung scheint es einem zu erlauben, einen flüchtigen Blick in eine andere Welt zu werfen. Als die Dämmerung hereinbrach, hörte sie den Gesang von Kinderstimmen, und auf einer kleinen Lichtung sah sie in den Bäumen »11 winzige blaue Feen, die vielleicht 30

Zentimeter groß waren und irgendwie durchsichtig wirkten ... Die blaue Farbe war elektrisierend, sie schien zu pulsieren oder zu flackern ... Die Flügel waren größer als die Feenleiber selbst und schienen ganz besonders zart und filigran zu sein«. Sie wagte nicht zu atmen, während sie zusah, und als sie dann doch ausatmen mußte, schreckte das Geräusch die Feen auf, und sie erhoben sich und verschwanden. Karen fand auf dem Waldboden elf Häuflein blauen Staubes, die sie als »Feenstaub« bezeichnet, und sammelt etwas davon auf, um es nach Hause mitzunehmen. Sie spürte den Zauber, der davon ausging, und hat die Menschen, denen sie helfen wollte, heimlich damit bestäubt.[31]

Eine beträchtliche Anzahl der in diesem Buch beschriebenen Begegnungen wurde von Kindern gemacht, und es erscheint mir, daß ihr Anteil unter den Augenzeugen größer ist, als man allgemein erwarten würde. Immerhin gibt es wesentlich mehr Erwachsene als Kinder (sagen wir im Alter von fünf bis fünfzehn Jahren). Falls es zutrifft, daß die Mehrzahl der erschienenen Kleinen Leute eher »übernatürlich« als körperlich existierende Wesen sind, dann mag es doch sein, daß Kinder noch relativ unbelastet durch all die irdischen Zwänge imstande sind, einen höheren medialen Bewußtseinsgrad zu erreichen als Erwachsene. Das mag sie dazu befähigen, Dinge zu sehen, die die Älteren nicht (mehr) sehen können oder sehen wollen.

Der nächste Zeuge war ein achtjähriger Junge, der 1976 bei Dunn (North Carolina) einen kleinen Mann sah, der »nicht viel größer als eine Colaflasche« war. Tonnlie Barefoot war allein und spielte mit seinem Spielzeugbagger in einem Kornfeld. Als er aufsah, war dort ein kleiner Mann, der ihn mit offenem Mund anstarrte. Er trug schwarze Stiefel, blaue Hosen und ein blauschimmerndes Oberteil, »den hübschesten kleinen Schlips, den du je gesehen hast«, sowie einen »schwarzen, deutschen Hut«. Er rannte schnell davon und piepste dabei wie eine Maus. Tonnlie fand kleine Fußspuren, und er holte seine Mutter, damit diese sie sich ansah. Auch andere Leute sahen diese Spuren, so auch der Herausgeber der örtlichen Zeitung, Fred H. Bost, der sagte: »Die Spuren waren eindeutig die kleiner Stiefel; man konnte sogar mühelos und ganz deutlich die Abdrücke der Schuhnägel erkennen. Beim ersten Abdruck vergaß ich, sie zu zählen, doch beim zweiten waren es 14, und sie waren deutlicher zu erkennen als beim ersten. Die einzelnen Spuren maßen 6 Zentimeter in der Länge und waren am breitesten Punkt etwa 2,5 Zentimeter weit.«

Tonnlie machte seine Beobachtung am 12. Oktober, und Bost berichtete, daß 14 Tage später, am 25. Oktober, die zwanzigjährige Shirley Ann McCrimmon ebenfalls einen kleinen Mann gesehen habe. Er trug entweder sehr dünne Kleidung, oder er war nackt und hatte eine hellbraune Farbe. Er trug keinen Hut, aber er hatte Stiefel an. Shirley Ann fand auch einen Fußabdruck, ebenso wie Fred Borst. Er sagte dazu: »Das seltsame an diesen Fußspuren war, daß sie, wo immer man sie fand, nirgendwo hinführten. Der Boden des Kornfeldes war überall sehr weich, doch die Spuren endeten irgendwann abrupt. Dort, wo man die Fußabdrücke beim Haus der McCrimmons fand, war der Erdboden hart, doch im Hintergrund, von dem es hieß, dort sei der kleine Mann verschwunden, befand sich ein Garten mit weichem Untergrund – aber hier wurden keine Fußspuren gefunden.«[32]

Wieder waren es Jugendliche, die das beobachteten, was man heute den »Teufel von Dover« nennt. Das erste Mal wurde er in der Nacht auf den 21. April 1977 gesehen, als der siebzehnjährige Bill Bartlett mit zwei Freunden durch ihre waldreiche Heimatgemeinde von Dover (Massachusetts) fuhr. Bartletts Scheinwerfer erfaßten eine seltsame Kreatur, die er anfänglich für einen Hund oder eine Katze hielt. Dann sah er, daß ihre zwei runden lidlosen, glasigen Augen in einem hellen Orange aufleuchteten. Die Augen gehörten zu einem großen, wassermelonenähnlichen Kopf; der Körper war dünn, ebenso die Arme und Beine, und das Wesen klammerte sich mit seinen Fingern an die Felsen, auf denen es stand. Bartlett schätzte, daß das Geschöpf etwa einen Meter groß war. Keiner der beiden anderen im Wagen hatte die Kreatur gesehen, und zuerst glaubten sie nicht, was Bill ihnen berichtete. Als er endlich zu Hause war, machte er eine Zeichnung von dem, was er gesehen hatte. Gegen Mitternacht war der fünfzehnjährige John Baxter zu Fuß alleine unterwegs nach Hause. Auch er sah die Kreatur; sie stand inmitten einer bewaldeten Schlucht neben einem Baum. Seine Beschreibung entsprach genau der von Bartlett, und er hatte noch gar nichts von Bills Beobachtung gehört. Vierundzwanzig Stunden später sahen auch Will Taintor (achtzehn) und Abby Brabham (fünfzehn) den Teufel von Dover. Sie fuhren in einem Auto an ihm vorüber. Der erfahrene Ermittlungsbeamte Loren Coleman befragte alle Zeugen nur wenige Tage später, und zog auch noch andere Kollegen hinzu, doch man fand weder eine natürliche Erklärung, noch gab es irgendeinen Beweis dafür, daß die jungen Leute sich einen Scherz erlaubt hätten.[33]

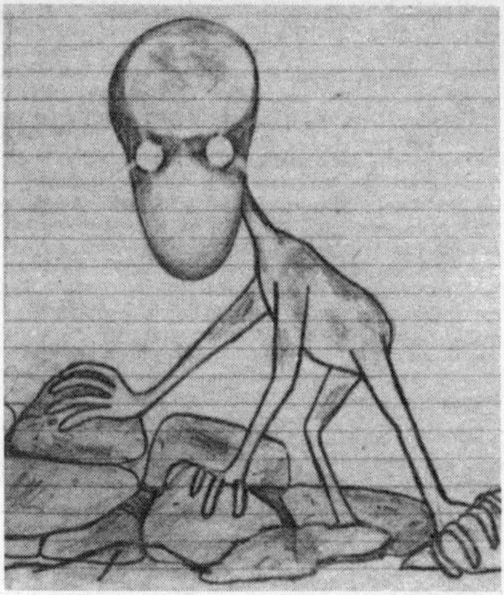

Bill Bartletts erste Bleistiftskizze des »Teufels von Dover«, den er 1977 gesehen hatte (Loren Coleman/Fortean Picture Library).

Obwohl viele Skeptiker die Berichte über unerklärliche Vorkommnisse immer wieder dadurch zu diskreditieren versuchen, daß sie sie als lächerliche Streiche abtun, laut »Schabernack!« rufen und an den wissenschaftlichen Verstand appellieren, berichten immer wieder Menschen von seltsamen Geschehnissen. Ja, sie scheinen sich sogar in unserer rationalen und wissenschaftsgläubigen Welt noch genauso regelmäßig zu ereignen, wie seit jeher. Kleine grüne Männer machten auch noch vor kurzem, im August 1988, Schlagzeilen in Nome (Alaska), wo sie von mehr als einem Dutzend Leuten in fünf verschiedenen Nächten gesehen wurden.

Wie der *Nome Nugget*, die lokale Tageszeitung berichtete, begannen die Beobachtungen am 24. August:

Es waren ein paar Teenager, die nach ihrer Arbeit in Flag Stop mit ihrem Auto auf der Beltz Road unterwegs waren, die die ersten Beobachtungen machten. Es war annähernd zwei Uhr nachts. Als sie sich Icy View näherten, bemerkten sie im Rückspiegel ein Leuchten. Dessen eigentümliches Aussehen veranlaßte sie dazu umzukehren und in Richtung der Stadt zurückzufahren. Sie sahen eine Gestalt, von der einige der Burschen zuerst annahmen, daß es eine Dame sei, die auf der Straße unterwegs nach Nome war – denn sie konnten zuerst nur sich fortbewegende Beine und Füße sehen. Ihnen fielen allerdings beinahe die Augen aus ihren Köpfen, als sie schließlich bemerkten, daß der gesamte Körper ein grünliches Leuchten verströmte und so ziemlich mitten auf der Straße ging.

Als sie den kleinen grünen Mann eingeholt hatten und direkt hinter ihm waren, fing er schnell zu rennen an. Er war zwischen vierzig und sechzig Zentimeter groß und erschien transparent, wie ein Hologramm. Wie er so davonrannte, konnten sie beobachten, daß er eine gutentwickelte Muskulatur besaß – er hatte die breiten Schultern und die muskulösen Beine eines durchtrainierten Athleten. Die Jugendlichen gaben mehr Gas und registrierten, daß der kleine Kerl zwischen 40 und 50 Meilen in der Stunde lief. Sie schlossen zu ihm auf und überfuhren ihn versehentlich, doch es gab keinerlei Geräusch eines Aufpralls. Er schien einfach verschwunden zu sein.

Das jagte den Jungen einen solchen Schrecken ein, daß sie mit Vollgas in die Stadt zurückrasten. Sie trommelten Freunde und Arbeitskollegen zusammen, um der Sache auf den Grund zu gehen, und wahrscheinlich auch, um ihre Nerven zu beruhigen. Dann kehrten sie alle dorthin zurück. Der kleine grüne Mann war aber nicht mehr da, wo sie ihn überfahren zurückgelassen hatten. Er stand ein ganzes Stück weiter Richtung Martinson's am Straßenrand. Dort sahen ihn dann auch die Leute zum ersten Mal, die man aus der Stadt mitgebracht hatte. Sie stoppten und beobachteten, wie das Ding vor ihren Augen seine Farbe von Grün zu Silber wechselte. Dabei wurden seine Füße von Zeit zu Zeit dunkler.

Einige der Jungen stiegen aus dem Wagen und setzten an, es zu Fuß zu verfolgen. Das leuchtende Wesen rannte die Straße entlang davon, doch nur kurze Zeit später wandte es sich in Richtung der Jugendlichen um und jagte sie zurück zu ihrem Auto. Da bemerkten sie seine roten Augen zum ersten Mal. Das einzige Geräusch, das es von sich gab, war eine Art heiseres flüsterndes Zischen. Hinsichtlich des Geräusches herrschte unter den Beobachtern allerdings später keine genaue Übereinstimmung. Das dürfte wohl daran liegen, daß die meisten von ihnen zu diesem Zeitpunkt bereits leicht hysterisch waren. Nun hatten sie sich alle wieder im Auto versammelt; keiner von ihnen wollte es wieder verlassen. Der kleine Mann verschwand irgendwohin, und die ganze Wagenladung von Leuten machte sich auf, zurück in die Stadt.

In der darauffolgenden zweiten Nacht wurde zwischen 2 und 3 Uhr, annähernd an der gleichen Stelle wie zuvor, wieder ein kleiner grüner Mann gesehen. Diesmal brachten sie (die gleiche Gruppe von Leuten wie in der vorangegangenen Nacht) den Geschäftsführer und den Ingenieur der KNOM-Station, bei der sie arbeiteten, mit – und außerdem noch eine Reihe anderer Leute. Es waren insgesamt drei Wagen da draußen. Eines der Autos überfuhr den kleinen Mann. Dies wurde von den anderen beobachtet. Es schien, sagten sie, als würde das Auto durch ihn hindurchfahren.

Die anderen, erwachsenen Zeugen, sagten aus, daß sie nicht so viele Einzelheiten der Gestalt erkennen konnten wie die Jugendlichen. Es schien tatsächlich so zu sein, daß, je älter die befragte Person war, desto weniger Details sie zu schildern wußte. Und das, obwohl es einer der Erwachsenen war, der mit seinem Wagen den kleinen grünen Mann überfahren hat und der leuchtenden Gestalt demnach ebenso nahekam wie die Jugendlichen.

In der dritten Nacht war daraus schon beinahe eine regelmäßige Verabredung geworden. Zwischen zwei und drei Uhr nachts beobachtete man drei kleine grüne Männer. Dieses Mal veränderte einer seine Farbe zu Silber, ein anderer wurde schwarz, und der dritte blieb grün. Obgleich zwei von ihnen ihre Farbe veränderten, sprachen einige Leute, rückblickend, bei allen von einer bläulich-grünen Aura.

In der vierten Nacht versammelte sich um ein Uhr eine ganze Menschenmasse an jenem Teil der Straße. Zuerst passierte gar nichts, doch um zwei Uhr dreißig hatten die kleinen grünen Männer ihren Auftritt. Einer in Silber, einer in Schwarz, und einer in Blau-Grün.

In der fünften Nacht erschienen zwei kleine grüne Männer auf der Straße, um dort zu tanzen.

Die sechste Nacht kam, und es geschah nichts – keine grünen Männer. Die Leute warteten und warteten, doch es war umsonst.[34]

Janet Ahmasuk, die diesen Artikel verfaßte, hat im Laufe der Jahre auch noch die Einzelheiten weiterer lokaler Begegnungen mit Kleinen Leuten zusammengetragen. Ein Mann wurde beim Kabeljaufischen von kleinen Männern in dem Iglu besucht, das er sich zum Schutz vor dem fallenden Schnee gebaut hatte. Sie trugen »Rucksäcke, Hosen aus Robbenfell, Mukluks, Anoraks aus fast weißem Leder und hatten kleine Miniaturschnurrbärte«. Der Fischer sprach sie in der Sprache der Eskimos an, und sie antworteten ihm in der gleichen Sprache. Sie sagten, sie hätten, genau wie er, gejagt und gefischt.[35] Eine weitere Zeugin erzählte, wie sie kleinen Fußspuren im Sand gefolgt war und so zu einem kleinen Mann mit einem Eskimo-Anorak gekommen war, der mit einem Speer fischte. Als er den Speer erhob, als wolle er sich verteidigen, rannte sie nach Hause.[36] Zwei Brüder wurden an einem Sommertag des Jahres 1938 von Inukins (kleinen wilden Männern mit topfförmiger Haartracht und mit Caribouhäuten bekleidet) gepackt: Sie holten Wasser aus dem Noatak River, als diese sie ergriffen; sie wehrten sich jedoch, und es gelang ihnen, irgendwie zu entkommen. Im selben Jahr verjagte ihre Schwester zwei Inukins, die gerade dabei waren, den Lachs zu stehlen, den sie auf einem Gerüst zum Trocknen aufgehängt hatte. Die Familie hatte seitdem noch weitere Begegnungen dieser Art.[37]

Die seltsamste der von Janet Ahmasuk gesammelten Geschichten ist die von drei kleinen Männern, die in einem Dorf in Alaska mit einer silbrig aussehenden Scheibe vom Himmel herabkamen (dies geschah vor vielleicht 200 Jahren). Die kleinen Männer siedelten sich in dem Dorf an und sprachen die Sprache der Eskimos. Sie erzählten der einheimischen Bevölkerung, daß sie nicht mehr nach Hause zurückkehren könnten, weil ihr Schiff kaputtgegangen sei und nicht mehr repariert werden könne.[38]

Stammten die Besucher aus dem Jahr 1988 von dem selben Ort, und kamen sie auch mit einem silbernen »Schiff« nach Alaska, das wir heutzutage ein UFO nennen würden? Die merkwürdigen Fähigkeiten, die sie besaßen, wie, transparent zu sein und unverletzt zu bleiben, wenn sie von Autos überfahren wurden, lassen vermuten, daß sie, was auch immer sie sein mögen, keine körperlichen Wesen waren. Im Laufe der letzten fünfzig Jahre sind jede Menge seltsamer Geschichten über die Landung außerirdischer Raumschiffe und das Auftauchen nichtmenschlicher Wesen veröffentlicht worden. Ein großer Anteil dieser Wesen war von nur geringer Körpergröße, und davon wiederum waren einige von grüner Farbe. Sind diese Außerirdischen, die den UFOs entsteigen, eine Feen-Version des zwanzigsten Jahrhunderts? Manche Beschreibungen dieser UFO-Besatzungen und ihres Auftretens, die das Thema des folgenden Kapitels sind, werden die gemeinsamen Merkmale dieser beiden Wesensgattungen enthüllen.

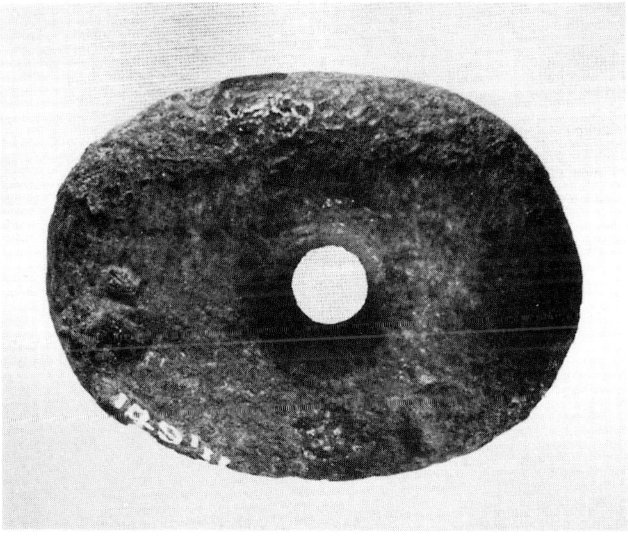

Oben: Dieses Foto, das 1918 bei Moira im County Down, Nordirland aufgenommen wurde, zeigt Kinder, die am Vorabend des 1. Mai Ginster und Farn aufhängen, um die Feen fernzuhalten (Ulster Folk und Transport Museum).
Unten: Dieser Feenstein aus dem County Antrim in Nordirland, wurde an den Hörnern einer Kuh festgebunden, um die Pixies daran zu hindern, die Milch zu stehlen (Warrington Museum and Art Gallery).

Ein Feendornbusch auf dem Grundstück des Ulster Folk and Transport Museum, Hollywood, County Down in Nordirland (Ulster Folk and Transport Museum).

Der Feenschuh, der im Jahr 1835 auf der Beara-Halbinsel in Irland gefunden wurde. Hier im Größenvergleich mit einem Fingerhut (Christopher Somerville).

Der mumifizierte kleine Mann, den man in den Pedro Mountains, in den USA gefunden hat (John Bonar/ Fortean Picture Library).

Die erste Aufnahme aus der Serie der Feenfotografien von Cottingley. Aufgenommen im Juli 1917 in England (Brotherton Collection, Leeds University Library).

Die Fotos von Else Arnhem, auf denen möglicherweise Feen abgebildet sind. Aufgenommen im Sommer des Jahres 1927 in Deutschland (Mary Evans Picture Library).

Dorothy Innans Feenfotografie, die kurz nach den Cottingley-Ereignissen (siehe gegenüberliegende Seite), aufgenommen wurde (Brotherton Collection, Leeds University Library).

Ein winziges Wesen, das scheinbar knielange Shorts trägt, am Strand von La Jolla in Kalifornien, USA.

Unten: Eine Vergrößerung derselben Gestalt (Bill Cox, The Pyramid Guide).

Ein Foto, das Kleine Leute in Cornwall in England zeigt. Ebenfalls auf dem Foto zu sehen ist ein Mitglied einer Gruppe von Hexen, die am Zustandekommen des Bildes beteiligt waren (S.I.N./ Fortean Picture Library).

Das Illkley Moor- (England) Wesen, auf dem Weg in der Mitte des Fotos (Peter Hough).

Genii cucullati, in den Stein einer römischen Festung am Hadrian's Wall, England gemeißelt (Museum of Antiquities of the University and Society of Antiquaries of Newcastle-upon-Type).

Dieses Relief eines »grünen Mannes« aus dem sechzehnten Jahrhundert ziert die Crowcombe Church (Kirche) in Somerset, England, und stellt möglicherweise einen elementaren Naturgeist dar (Fortean Picture Library).

Der Feenhügel von Aberfoyle, Perth in Schottland, auf dem der Pastor Kirk von den Feen entführt wurde (Fortean Picture Library).

Craig-y Ddinas in Südwales. Hier soll eine Heimstatt der Feen gewesen sein (Fortean Picture Library).

Das Glastonbury Tor in Somerset, England, wo St. Collen das Feenreich besuchte (Fortean Picture Library).

Das Dorfschild von Woolpit in Suffolk, England, auf dem die Legende der Grünen Kinder abgebildet ist (Fortean Picture Library).

5
UFO-Wesen und Feen

Sind sie ein- und dasselbe?

»Und viele von ihnen wurden von den genannten Geistern entführt, für vierzehn Tage oder sogar einen Monat. Sie wurden in Karossen durch die Luft getragen, über Hügel und Täler, Felsen und Abgründe, bis sie schließlich wiedergefunden wurden, auf einer Wiese liegend oder auf einem Berg, ihrer Sinne beraubt.«

»Abhandlung über Teufel und Geister«
Anhang zu
Reginald Scot »The Discovery of Witchraft«
(Die Entdeckung der Hexerei), 3. Auflage, 1665

UFO-Forscher, die sich auch für folkloristische Überlieferungen interessieren, haben einige auffällige Ähnlichkeiten zwischen den Wesen, die gelandeten UFOs entstammen, und den traditionellen Feen oder Kleinen Leuten bemerkt. Der folgende Fall, der wahrscheinlich ins frühe neunzehnte Jahrhundert zurückzudatieren ist, und vor über hundert Jahren zum erstenmal veröffentlicht wurde, demonstriert, daß es diese Verbindung bereits lange Zeit vor der Vorstellung von UFOs als außerirdischen Raumschiffen gab. Der einzige Zeuge dieser Ereignisse war der Hausdiener David Williams, der in Penrhyndeudraeth (Gwynedd, Nordwales) lebte, und der seiner Herrin in jener fraglichen Nacht in einiger Entfernung folgte und dabei eine große Speckschwarte transportierte. Er traf erst annähernd drei Stunden später zu Hause ein, behauptete aber, es seien nur drei *Minuten* gewesen. Als er sich davon überzeugt hatte, um wie lange sich sein Eintreffen verzögert hatte, erklärte er, was ihm passiert war.

> Er hatte, wie er sagte, einen hell leuchtenden Meteoriten beobachtet, der, gefolgt von einem feurigen Ring oder Kreis, durch die Luft flog. Inmitten dieses Ringes hätten ein kleiner Mann und eine kleine Frau gestanden, die beide sehr vornehm gekleidet gewesen seien. Mit jeweils einem Arm hätten sie einander umarmt, und sich mit dem anderen an besagtem Ring festgehalten. Ihre Füße ruhten auf der gewölbten Oberfläche des Kreises. Als das Ding die Erde erreicht hatte, sprangen diese beiden Wesen hinunter und gingen sofort dazu über, auf dem Boden einen Kreis zu ziehen. Kaum hatten sie dies getan, erschien auch schon eine große Anzahl von Männern und Frauen, die anfingen, diesen Kreis zu umtanzen. Dazu erklang die lieblichste Musik, die man je gehört hatte. Dieser Anblick war so überwältigend, daß der Mann einige Minuten lang, wie er glaubte, dort verweilte, um diesem Auftritt beizuwohnen. Der Boden wurde ringsherum von einer Art gedämpftem Licht erleuchtet, und er konnte jede Bewegung dieser Wesen beobachten. Nach und nach erschien auch wieder der Meteorit, durch den seine Aufmerksamkeit zuerst geweckt worden war; schließlich konnte man sogar den feurigen Ring wiedererkennen. Als er an dem Schauplatz des Tanzens angekommen war, bewegten sich die feine Dame und der vornehme Herr wieder hinauf in den Ring, mit dem sie erschienen waren. Dann verschwanden sie auf die gleiche Weise, wie sie gekommen waren. Sofort nach ihrem Abflug verschwanden vor seinen

Augen auch die Feen, und der Mann fand sich mutterseelenallein in der ihn umgebenden Dunkelheit wieder. Also machte er sich daran, seinen Heimweg fortzusetzen. So rechtfertigte er sich für seine Verspätung.[1]

Wir sollten uns daran erinnern, daß David Williams von UFOs oder fliegenden Untertassen noch nie etwas gehört hatte – sogar die uns heute so selbstverständlich erscheinenden Flugzeuge waren ihm ja noch unbekannt. Daher erscheint die Bezeichnung »feuriger Ring« für das Objekt, mit dem dieses Paar auftauchte, als durchaus angemessen, um den seltsamen Anblick dessen zu beschreiben, was wir wohl ein UFO nennen würden. Wenn wir einmal annehmen, daß die »Männer und Frauen« die dann erschienen, dort lebende Feen waren und nicht ebenfalls diesem feurigen Raumschiff entstammten, würde dieser Fall eine einzigartige Beschreibung einer Begegnung zwischen Leuten aus einem UFO und Kleinen Leuten von der Erde darstellen. Allerdings haftet diesem Report etwas Unwirkliches an. Ich will damit nicht andeuten, daß die Erlebnisse allzu unwahrscheinlich klingen, doch wie der Zeuge es schilderte, umgab die Beteiligten eine Aura des Jenseitigen, irgendwie Unweltlichen. Das offenbar Unwahrscheinliche dieser Ereignisse hinterläßt einen um so stärkeren Eindruck: Wo liegt der Grund für dieses Treffen von Leuten aus einem UFO mit den Kleinen Leuten, und was hat sie dazu veranlaßt, gemeinsam zu tanzen, ehe sie sich so plötzlich wieder voneinander trennten? David Williams glaubte nur einige Minuten lang zugesehen zu haben, es waren aber tatsächlich drei Stunden: Heißt das etwa, daß er sich, ohne es zu ahnen, in eine andere Welt – das Feenreich – verirrt hatte, wo die Zeit eine andere Dimension hat?

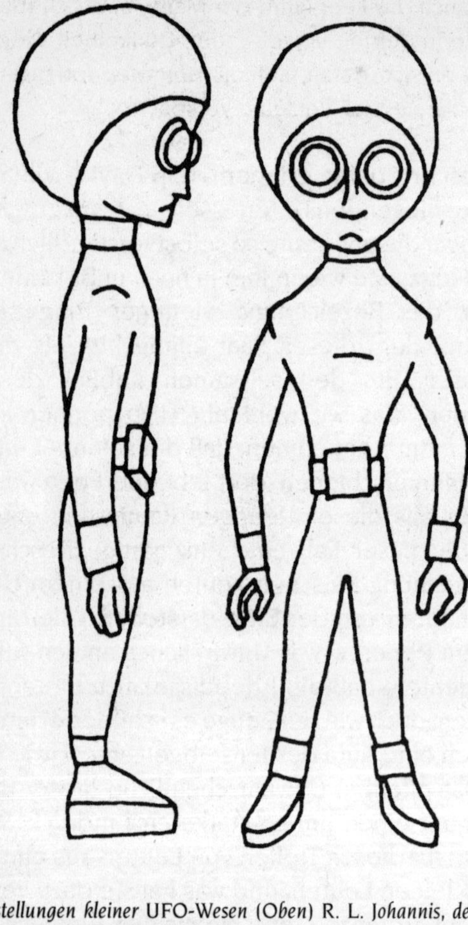

Zwei Darstellungen kleiner UFO-Wesen (Oben) R. L. Johannis, der im August 1947 in Villa Santina in Italien draußen war, um zu malen, sah, wie eine Scheibe landete und ihr zwei ca. 90 Zentimeter große Wesen entstiegen. Ihre Haut war von grünlicher Farbe, und als Johannis ihnen zuwinkte, schoß einer von ihnen einen Strahl auf ihn ab, der ihn zu Boden warf. Nachdem sie einen Blick auf seine Staffelei geworfen hatten, kehrten sie zu ihrem Raumschiff zurück. Hierbei handelt es sich um einen frühen Bericht über die Beobachtung einer UFO-Besatzung. In jenem Jahr begann die Ära der modernen UFOs. (Fortean Picture Library).

Die Arbeit eines Künstlers, der seinen Eindruck von den seltsamen Ereignissen wiedergibt, die sich im August 1955 auf einer abgelegenen Farm bei Hopkinsville in Kentucky zutrugen. Dort hatten ca. neunzig Zentimeter große Wesen das Wohnhaus umringt und erklommen, und die Bewohner in Angst und Schrecken versetzt. (Loren Coleman/Fortean Picture Library)

Ein wesentlich jüngerer Fall aus Norwegen weist einige Ähnlichkeiten mit dem Erlebnis des David Williams auf. Auch hier dauerten die Ereignisse wieder ungefähr drei Stunden, und es wurde erneut eine große Anzahl Kleiner Leute gesehen. Der HØnefoss-Fall ereignete sich am 28. Oktober 1985, und bei den Zeugen handelte es sich um Kinder zwischen sieben und zwölf Jahren, die während einer kalten Nacht draußen waren, um eine Mondfinsternis zu beobachten. Sie sahen ein ovales Licht, das sich vom Himmel herab auf sie zu bewegte, und eines der Kinder richtete den Strahl seiner Taschenlampe darauf. Das Objekt sandte daraufhin einen hellen Strahl in ihre Richtung, und im Licht dieses Strahls sahen die Kinder Hunderte winziger Wesen auf der Straße, die weniger als einen halben Meter groß waren. Auf ihren Köpfen trugen sie kastenförmige Gebilde, und sie waren von unterschiedlicher Farbe, unter anderem Weiß, Braun und Schwarz. Als sie die Kinder bemerkten, rannten sie davon, doch während der nächsten drei Stunden wurden sie wiederholt gesehen. Dabei spielten sie so etwas ähnliches wie Verstekken. (Ihr Handeln erschien irgendwie sprunghaft, so wie bei den Wesen, die David Williams sah.) Die Kinder alarmierten ihre Eltern, doch keiner von ihnen kam, um sich die Sache anzusehen. Ein vorbeikommender Jogger behauptete, lediglich eine Katze gesehen zu haben! (Vielleicht hatte er einfach nicht dieselbe Wellenlänge wie die Kinder.) Man fand auch Fußspuren, doch sie wurden von einem aufgeregten Hund zerstört, der mit seinen Pfoten darin herumscharrte. Eine merkwürdige Geschichte, doch sie klingt, als ob sie wahr wäre. Vielleicht gerade weil sie so etwas Befremdliches hat.[2]

Die Fälle, in denen die Besatzungen gelandeter UFOs gesehen wurden, lassen sich in zwei wesentliche Kategorien einteilen: diejenigen, bei denen die Wesen menschenähnlich erschienen (die sogenannten »Kontaktfälle«) und jene, bei denen die Wesen eindeutig nicht menschlicher Natur waren. Letztere sind oft nur einen Meter groß oder kleiner und haben ein definitiv nichtmenschliches Erscheinungsbild. So wie die Kleinen Leute nicht alle gleich aussehen, variiert auch das Bild der kleinen UFO-Wesen. Obgleich gerade dies darauf hindeuten könnte, daß diese Beobachtungen gefälscht oder eingebildet sind, ist das nicht notwendigerweise zutreffend. Die Bedeutung dieses Punktes werde ich in Kapitel 6 noch näher besprechen. Aus der großen Anzahl von Berichten über kleine UFO-Wesen, die während der letzten fünfzig Jahre gesehen wurden, habe ich eine kleine Auswahl getroffen, die insgesamt ein repräsentatives Bild dieser Kreaturen widerspiegelt: wie sie aussehen, und wie sie auftreten können.

Am 24. August des Jahres 1978 sammelte Angelo D'Ambros in der Nähe seines Hauses in Gallio im Nordwesten Italiens Feuerholz. Nachdem er einen Zweig abgeschnitten hatte, wandte er sich um – und sah zwei ca. einen Meter große Kreaturen, die vierzig Zentimeter über dem Boden in der Luft schwebten. Sie hatten große kahle Köpfe, lange spitze Ohren, tiefliegende weiße Augen, große Nasen, fleischige Unterlippen und zwei lange spitze Fangzähne. Im Vergleich zum übrigen Körper waren ihre Hände und Füße sehr groß, die Finger und die Nägel waren ausgesprochen lang, und sie trugen enganliegende schwarze Kleidung. Der erschrockene D'Ambros fragte sie, wer sie denn seien, und was sie wollten, doch sie gaben lediglich murmelnde Geräusche von sich. Der eine kam auf ihn zu und versuchte seine Heckenschere an sich zu nehmen, doch Angelo gab sie nicht her, und die beiden kämpften um ihren Besitz. Die Kreatur war kräftig und D'Ambros spürte, wie Wellen von elektrischen Stößen durch seine Hand fuhren. Als er einen Ast ergriff, in der Absicht die Kreatur damit zu schlagen, flohen die beiden Wesen; anscheinend hatten sie seine Absicht durchschaut. D'Ambros, der im Laufe des Streits seine Nerven wiedergewonnen hatte, rannte ihnen auf dem Pfad, den sie genommen hatten, nach. Hinter einer Biegung verlor er sie aus den Augen, doch er rannte einfach weiter und kam so zu einer Lichtung, wo er eine massive metallene Scheibe erblickte, die auf vier Beinen stand und von einer Kuppel gekrönt wurde. Sie hatte einen Durchmesser von etwa 3,50 Meter und war ca. 2 Meter hoch, und er konnte beobachten, wie einer der langen Arme, die diese Geschöpfe besaßen, von der Innenseite der Kuppel aus eine Art von Falltür schloß. Daraufhin hob das Raumschiff sofort ab und fegte leise über die Bäume hinweg davon. Sein Schwiegersohn fand an dem Landeplatz später eine kreisrunde Fläche geschwärzten, flachgedrückten Grases vor.[3]

Wie in so vielen Berichten, erscheint das Benehmen der Wesen recht merkwürdig. Warum sollten sie D'Ambros Heckenschere stehlen wollen? Die Taten der drei Wesen, die 1976 in Brasilien gesehen wurden, erscheinen ähnlich unerklärlich zu sein. Joao Romeu Klein, ein neunzehnjähriger Farmarbeiter, befand sich am Abend des 3. September auf dem Weg nach Hause, als er am Himmel eine Scheibe sah, die einen Durchmesser von etwa dreißig Metern hatte. Sie stoppte in einer Höhe von fünfzehn Metern über der Straße direkt vor ihm und sandte einen roten Lichtstrahl aus. Drei ca. einen Meter kleine Wesen schwebten aus dem Licht hinaus auf ihn zu und kamen direkt vor ihm zum stehen. Sie streckten ihre Arme aus, um ihn aufzuhalten, deshalb schleuderte er sein großes Messer, mit dem er Zuckerrohr schnitt, nach ihnen. Doch das Messer prallte gegen eine unsichtbare Barriere. Eine der Kreaturen richtete einen »Stock« auf ihn, von dem ein bläulich-weißes Licht ausging, und berührte Kleins Bein. Er verlor daraufhin das Bewußtsein und kam erst wieder zu sich, als einige Nachbarn ihn nach Hause trugen. Sein Bein war danach noch für einige Zeit steif, doch schließlich erholte er sich auch davon wieder. Die Wesen, die Klein gesehen hatte, waren menschenähnlicher als jene, die D'Ambros sah. Er hatte auch gehört, wie sie miteinander gesprochen hatten, doch konnte Klein nicht verstehen, was sie sagten.[4] Warum sollte es ihr Wunsch gewesen sein, Klein am Nachhausegehen zu hindern? Sie schienen keinerlei Anstalten gemacht zu haben, mit ihm zu kommunizieren, und ihre Handlungen erscheinen, vom menschlichen Standpunkt aus gesehen, unverständlich. Italien und Brasilien sind nur zwei der vielen Länder, in denen sich ähnlich unlogische Begegnungen mit kleinen UFO-Wesen ereignet haben. In Frankreich wurden 1954 jede Menge UFOs gesehen, viele Augenzeugen beobachteten auch kleine Wesen. Am 9. Oktober sahen in Pournoy-la-Chétive, bei Metz zum Beispiel, drei Kinder zwischen fünf und zwölf Jahren »eine runde glänzende Maschine«, die ganz in ihrer Nähe landete.

> Es kam so was wie ein Mann raus, er war einszwanzig, und er trug einen Umhang, so wie die Soutane, die der Herr Pfarrer

trägt. Sein Kopf war haarig, und er hatte große Augen. Er sagte Sachen zu uns, die wir nicht verstehen konnten, und wir liefen weg. Nur ganz kurz später blieben wir stehen und guckten uns um. Die Maschine flog ganz schnell wieder hoch in den Himmel.

Ein Mann, der sich ganz in der Nähe der Kinder aufhielt, sah sie ebenfalls abheben. Nur zwei Stunden später sah ein weiterer Mann, der mit seinem Auto in der Nähe von Briatexte unterwegs war, »zwei kleine Geschöpfe, so groß wie elf oder zwölfjährige Kinder, die vor meinem Wagen die Straße überquerten. Ich hielt sofort an. Aber noch bevor wir Zeit hatten, auszusteigen, sahen wir eine rote, glühende Scheibe, die aus dem Gras gleich neben uns aufstieg, und wir beobachteten, wie sie wenige Sekunden später am Himmel verschwand.[5]

Falls sich all die Beobachtungen von UFOs und ihren Besatzungen, von denen aus dem Jahr 1945 aus Frankreich berichtet wurde, tatsächlich so zugetragen haben, dann widmeten die fremden Wesen ihren damaligen Aktivitäten in diesem Land eine ganze Menge Zeit und Mühe. Eine gewisse Planlosigkeit zieht sich wie ein roter Faden durch all die dokumentierten Aktivitäten der UFO-Wesen. Was immer sie auch tun, erscheint uns nur sehr schwer verständlich.

Jahre der Forschung haben nur wenige Anhaltspunkte ergeben. Vielleicht sollten wir dieses Rätsel nur anders angehen: Das Verhalten der Menschen ist in aller Regel zielgerichtet, und deshalb erwarten sie, daß andere Wesen genauso zielgerichtet handeln, doch möglicherweise gibt es in der Welt dieser Wesen (oder in ihren Welten – schließlich könnte mehr als eine Gattung daran beteiligt sein) keinen solchen Begriff.

Auch in Großbritannien wurden solch kleine UFO-Wesen gesehen. Ein besonders merkwürdiger Fall ereignete sich am Morgen des 4. Januar 1979 in Rowley Regis, in den West Midlands. Mrs. Jean Hingley war zu Hause, ihr Ehemann hatte das Haus um sechs Uhr morgens verlassen, um zur Arbeit zu gehen. Als sie bei der Garage ein orangefarbenes Licht sah, ging sie hinaus, um nachzusehen, woher es kam und beobachtete, wie ein großer orangener Himmelskörper über dem Garten schwebte. Drei kleine Gestalten sausten hinter ihr her ins Haus: Sie waren ungefähr einen Meter groß, trugen silberglänzende Tunikas, durchsichtige Helme, die »wie Goldfischgläser« aussahen, und hatten große ovale »Flügel«, die anscheinend aus dünnem Papier bestanden und mit glitzernden Punkten dekoriert waren. Jede einzelne der Gestalten war von einem Heiligenschein umgeben, und ihnen hingen dünne Leuchtfäden von den Schultern herab. Ihre Körperglieder waren silbriggrün, und sie schienen keine Hände oder Füße zu haben, die Gliedmaßen endeten spitz zulaufend. Sie sprachen und wurden von Mrs. Hingley verstanden, doch fiel ihr auf, daß sie immer nur gleichzeitig redeten. Als sie sie fragte, wo sie hergekommen seien, antworteten sie: »Vom Himmel«, und als sie sich über das Licht beklagte, das diese Wesen auf ihre Stirn gerichtet hatten, teilten sie ihr mit, daß sie nicht gekommen seien, um ihr Schaden zuzufügen. Sie gingen im Zimmer herum, berührten dabei Dinge, und es schien, als seien sie magnetisch, denn die Sachen, die sie berührten, erhoben sich. Als sie bemerkte, daß sie die Flaschen betrachteten, die von Weihnachten übriggeblieben waren, fragte sie sie, ob sie etwas davon haben wollten, und sie antworteten im Chor: »Wasser, Wasser, Wasser.« Und so brachte sie ihnen ein Tablett mit Gläsern voller Wasser, Tellern und Pfefferminztörtchen. Sie nahmen das Wasser und stellten später die leeren Gläser zurück, obwohl Mrs. Hingley sie nicht trinken sah. Als sie sich eine Zigarette anzündete, um ihnen zu zeigen, wie man raucht, »zuckten sie irgendwie zurück«, und sie spürte, daß sie sich vor dem Feuer fürchteten. Dann schwebten sie aus dem Haus, jeder von ihnen nahm noch ein Pfefferminztörtchen mit. Sie kehrten zu ihrem draußen schwebenden Raumschiff zurück und flogen davon. Mrs. Hingley fühlte sich sehr krank, also verbrachte sie den Rest des Tages auf dem Sofa liegend. Die Nachwirkungen, inklusive heftiger Kopfschmerzen, plagten sie noch eine ganze Weile. Auf dem Rasen waren, dort, wo das Raumschiff gewesen war, Brandspuren zurückgeblieben, und im Haus fielen verschiedene elektrische Geräte aus, ganz so, als seien sie von einem starken magnetischen Kraftfeld beeinträchtigt worden. Die Kassettenrekorder, mit denen die Kreaturen herumhantiert hatten, hatten sich verformt und waren unbrauchbar geworden.[6]

So banal und lächerlich sich die Einzelheiten von Mrs. Hingley's Erlebnis auch anhören mögen, es steht fest, daß sich irgend etwas ereignet hat, denn die Nachwirkungen dessen lassen sich nicht einfach ignorieren. Es ist interessant, daß Mrs. Hingley, obwohl sie mit den Wesen kommunizieren konnte, bemerkte, daß gewisse Knöpfe an ihrer Montur, auf die sie drückten, bevor sie sprachen, eine Art Übersetzungsgerät darstellten. Sie bemerkte dazu: »Bei jedem Wort, das sie nicht verstanden, klopften sie sich 1–2–3mal an die Brust ... piep-piep, piep-piep ... Ich sagte ›Mit diesem piep-piep könnt ihr eine ganze Menge von mir lernen‹. Und sie sagten ›Ja-ja‹«.

In keinem der vorher in diesem Kapitel zitierten Fälle waren die Zeugen in der Lage zu verstehen, was die UFO-Wesen sagten, und genau das spricht für den Wahrheitsgehalt der Mehrzahl dieser Fälle. Falls die Zeugen sich das Ganze nur eingebildet oder ausgedacht haben, hätten sie die imaginären Wesen auch gleich befähigen können, in ihrer jeweiligen Sprache mit ihnen zu reden. Auf diese Weise hätten sie ihnen Fragen stellen und entsprechende Antworten erhalten können. Genau das geschieht nämlich in den eher dubiosen Kontaktfällen, in denen die Kontaktpersonen vermeintlich mit UFO-Wesen in menschlicher Erscheinungsform sprachen, die behaupteten, von anderen Planeten zu kommen.

Die kleinen UFO-Wesen, von denen bisher berichtet wurde, waren alle zwischen neunzig Zentimeter und einem Meter zwanzig groß, doch manchmal wurden auch noch kleinere Wesen gesichtet. Früh im Juli des Jahres 1953, als der vierzehnjährige Maximo Munoz Hernaiz gerade in der Nähe des Dorfes Villares des Saz in Zentralspanien ein paar Kühe hütete, hörte er ein leises, flüsterndes Geräusch. Er drehte sich um, und sah, daß hinter ihm eine Maschine, die er zuerst für einen großen Ballon hielt, gelandet war. Sie glühte, und Hernaiz schätzte, daß sie ungefähr einen Meter dreißig hoch war. Da er immer noch in dem Glauben war, es handele sich um einen Ballon, ging er darauf zu. Doch noch ehe er dort ankam, öffnete sich eine Tür, und es kamen kleine Leute heraus. Drei von ihnen sprangen hinunter auf den Boden, und Hernaiz beschrieb sie als sechzig Zentimeter groß, mit gelben Gesichtern und schmalen Augen. Sie waren in Blau gekleidet, trugen flache Hüte, und ein »Metallblech« an den Armen. Sie näherten sich dem Jungen und sagten etwas zu ihm, doch er konnte sie nicht verstehen. Einer von ihnen schlug ihm ins Gesicht, dann gingen sie alle zu ihrer Maschine zurück. Sie sprangen hinein, und das Raumschiff hob »schnell wie eine Rakete« ab. Hernaiz rannte nach Hause und erzählte seinem Vater davon. Der glaubte ihm zwar nicht, ging jedoch hinaus, um den besagten Ort aufzusuchen. Dort fand er Fußspuren und vier Löcher im Erdboden vor.[7]

Die Tatsache, daß man dort, wo gelandete UFOs und ihre Besatzungen beobachtet werden, sehr oft auch tatsächlich Spuren findet, deutet darauf hin, daß den geschilderten Ereignissen offensichtlich eine gewisse Wahrheit zugrunde liegt, und daß die Zeugen nicht einfach halluzinieren oder etwas erfinden. Es ist natürlich auch möglich, daß diese Spuren, die als Beweis dienen sollen, von ihm oder ihr mittels psychokinetischer (PK) Energieeffekte selbst geschaffen wurden (auf die gleiche Art und Weise, in der manche Leute von sich behaupten, Metall verbiegen zu können, ohne es zu berühren). Das klingt jedoch nicht weniger unwahrscheinlich wie die Landung außerirdischer Wesen. Eine dritte Möglichkeit wäre die, daß ein übereifriger Spurensucher etwas für die Spuren einer Landung hält, wofür es auch eine irdische Erklärung gibt. Solche Spuren, Markierungen und Brandmale könnten dann auch ganz einfach von einem Traktor oder anderem land- und forstwirtschaftlichen Gerät stammen. Doch auch wenn das gelegentlich vorkommt, reicht es gewiß nicht immer als Erklärung aus. Man denke nur an die winzigen Fußspuren, die man fand, nachdem Tonnlie Barefoot sagte, er habe im Kornfeld einen kleinen Mann gesehen. Diese Abdrücke waren sehr detailliert zu erkennen, und es dürfte schwierig werden, dafür eine einfache, weniger mysteriöse Erklärung zu finden. Es sei denn, sie waren gefälscht – aber eine solche Fälschung würde die Fähigkeiten eines kleinen Jungen wohl bei weitem übersteigen.

Die sechzig Zentimeter großen Wesen von Villares des Saz waren Riesen, wenn man sie mit denen vergleicht, die man in den siebziger und achtziger Jahren in Malaysia gesehen hat. Die Beobachtungen begannen 1970 in Bukit Mertajam (Penang), wo sechs Jungen am 19. August ein blaues UFO von der Größe eines Suppentellers sahen. Es landete in einem Gebüsch in der Nähe ihrer Schule. Heraus kamen fünf 10 Zentimeter große Wesen: Vier von ihnen trugen blaue Sachen, der fünfte war in Gelb gekleidet. Die Kreaturen schienen an dem Ast eines Baumes eine Antenne zu montieren und Signale auszusenden. Die verängstigten Jungen liefen davon. Am selben Tag sah der Schüler K. Wigneswaran 25 winzige UFOs, die in den Büschen bei seiner Schule landeten. Aus jedem kam ein 10 Zentimeter großes Wesen hervor. Doch ehe er sich näher umsehen konnte, läutete die Schulglocke. Als er am nächsten Tag, das war am 20. August, dorthin zurückkehrte, sah er, wie fünf 10 Zentimeter große Wesen einem kleinen UFO entstiegen. Der Anführer trug eine gelbe Uniform.

Als Wigneswaran dieses Wesen einzufangen versuchte, wurde er beschossen und fiel in Ohnmacht. Noch ein weiterer Junge wurde mit etwas, das wie ein kleines Gewehr aussah, beschossen. Nachdem einige Jungen den Versuch unternahmen, die Wesen gefangen zu nehmen, verschwanden diese einfach.

Vier Tage später wurden andere, gehörnte Wesen gesehen, diesmal in Rawang in Selangor. Das UFO lan-

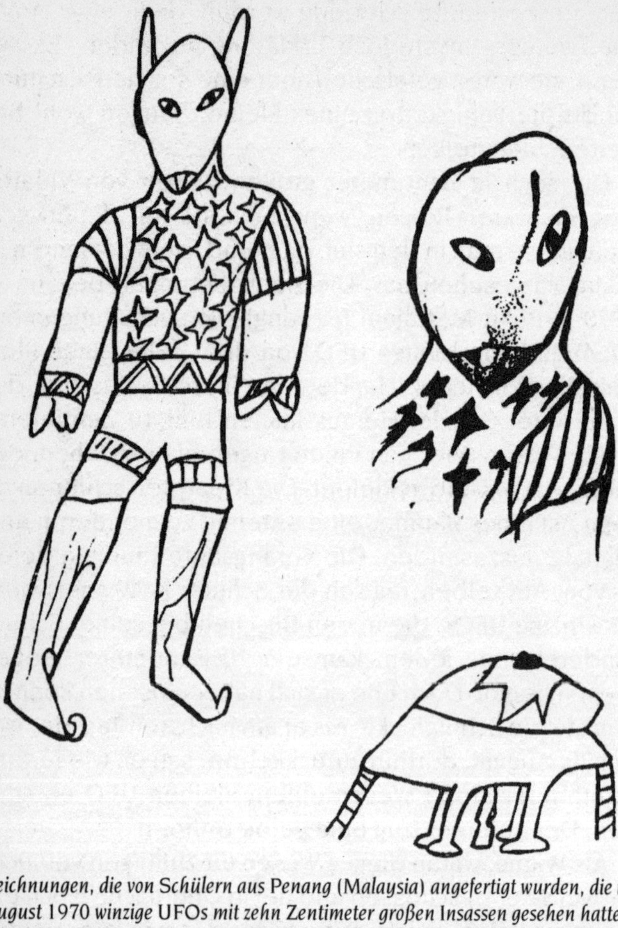

Zeichnungen, die von Schülern *aus* Penang (Malaysia) *angefertigt wurden, die im* August 1970 *winzige* UFOs *mit zehn Zentimeter großen* Insassen *gesehen hatten.* Die Bilder *zeigen das* UFO *und die seltsamen Wesen.* (Ahmad Jamaludin/Fortean Picture Library)

dete wieder bei einer Schule, und die Ereignisse wurden erneut von Kindern bezeugt. Zwischen August und November des Jahres 1970 landeten wiederum kleine

UFOs nahe den Schulen in Alor Star (Kedah), Ipoh (Perak), Kampung Pandan (Selangor), und Temerloh (Pahang).[8] Ähnliche Vorkommnisse ereigneten sich auch noch in den späteren siebziger Jahren, inklusive weiterer Landungen in Bukit Mertajam in den Jahren 1973 und 1979. In Miti in Sarawak wurden sechs 15 Zentimeter große Wesen gesehen, die weiße Anzüge trugen. Dabei sah es einmal so aus, als würden sie versuchen, einen Zaun mit einem mächtigen Lichtstrahl zu durchschneiden. Sechs oder sieben ähnliche Wesen wurden von Urlaubern an einem Strand beobachtet, einige von ihnen könnten weiblichen Geschlechts gewesen sein, da sie langes Haar hatten. Die Versuche, sie einzufangen, verliefen erfolglos.[9]

Im Juni 1980 wurden in Lumut winzige Wesen in weißen Anzügen gesehen. Das Mädchen, das Zeugin dieses Ereignisses wurde, beschrieb sie als 5 Zentimeter groß, stark behaart, und affenartig aussehend. Einer von ihnen trug zusätzlich zu dem weißen Anzug auch noch einen weißen Hut und weiße Stiefel. Sie trugen Dinge bei sich, die wie ein Tornister oder eine lange Waffe aussahen. Zwei weitere Einzelheiten lassen die Wesen sogar noch fremdartiger erscheinen: Zum einen schienen ihre Füße den Boden nicht zu berühren, und zum anderen beobachtete das Mädchen, wie eine der haarigen Kreaturen vor ihren Augen zusammenschrumpfte. Es scheint klar zu sein, daß diese Wesen, was auch immer sie gewesen sein mögen, nicht vollkommen in unserer Realität existierten. Gewissen Behauptungen zufolge wurden sie dabei gesehen, wie sie in ein kleines UFO einstiegen, das dann abhob, und drei Tage später wurde in der Gegend erneut ein UFO gesichtet.[10]

Von UFOs wurde dann wieder 1982 berichtet; bei

Sarikei (Sarawak) sahen einige Schuljungen winzige Wesen mit großen Köpfen ganz in der Nähe ihrer Schule. Auf derselben Fruchtplantage wurde zwei Tage später ein UFO gesehen, das so groß wie ein Klassenzimmer war. In Paka (Terengganu) beobachteten Kinder nahe ihrer Schule im Oktober 1985 10 Zentimeter große Wesen, von denen eines möglicherweise eine Frau war. Ein Kind berührte eines der Wesen, mußte dann aber seine Hand wegen eines starken Juckreizes wieder zurückziehen. Im Verlauf der gesamten achtziger Jahre setzten sich die Sichtungen von UFOs in Panang fort, doch es liegen mir keine weiteren Berichte über die Beobachtungen winziger Wesen vor.[11] Solche extrem kleinen Wesen, wie sie aus Malaysia geschildert wurden, sind äußerst selten. Die größeren, von neunzig Zentimeter bis zu einem Meter zwanzig messenden, sind viel eher die Regel und stellen einen hohen Anteil an allen gesehenen UFO-Wesen dar.

Die siebziger Jahre stellten einen Wendepunkt in den Aktivitäten der UFO-Wesen und der ihnen zuteil werdenden Aufmerksamkeit dar. Gab es damals noch eine Vielzahl von Berichten über gelandete UFOs und deren außerhalb der Raumschiffe gesehenen Besatzungen, werden heutzutage nur noch wenige solcher Begegnungen geschildert. Statt dessen behaupten immer mehr Menschen, in die UFOs hineingebracht und dort von deren Besatzungen zu physischen Experimenten und Untersuchungen mißbraucht worden zu sein. Einige Leute behaupten sogar, sie seien zu sexuellen Kontakten mit den Außerirdischen gezwungen worden. Darüber, ob sich diese sogenannten Entführungen tatsächlich ereigneten, oder ob sie lediglich der Phantasie der Zeugen entstammen, wird nach wie vor heftig diskutiert.

Die außerirdischen Entführer sind oft kleiner als Menschen. Im Fall des Polizisten Alan Godfrey, der im November 1980 in Todmorden (West Yorkshire), während er Dienst hatte, möglicherweise entführt wurde, sollen die kleinen Gestalten, die er sah, die Größe fünfjähriger Kinder besessen haben. Alfred Burtoo, ein weiterer Brite, wurde eingeladen, an Bord eines UFOs zu kommen, als er eines Nachts an einem Kanal in Aldershot, Hampshire, fischte.

Er sah dabei zwei ca. einen Meter zwanzig große Gestalten, die blaßgrün gekleidet waren.[13]

Zwei Wesen, die den Kolumbianer Liberato Anibal Quintero aus seinem Haus bei El Banco kidnappten, wurden von ihm als »kleiner als $1^1/_2$ Meter« beschrieben. »Sie waren weißhäutig, hatten flache Gesichter mit sehr ausgeprägten hohen Backenknochen, ziemlich buschigen Augenbrauen und runden vorstehenden Augen. Ich glaube, sie hatten weder Augenlider noch Wimpern.« Unter ihnen sollen sich auch langhaarige Frauen befunden haben. Quinteros Fall ist, wie wir bald sehen werden, aus bestimmten Gründen besonders aufschlußreich. Er arbeitete als Rinderzüchter, und an jenem schicksalhaften Morgen (es geschah wahrscheinlich in den frühen siebziger Jahren) war er gerade von der Arbeit nach Hause gekommen und schlief in seiner Hängematte. Als er erwachte, spürte er, daß irgend etwas merkwürdiges vorging. Er ging hinaus, durch die dunkle Nacht in Richtung der Kuhställe. Dort sah er ein Licht, das immer näher zu kommen schien. Er sah »ein großes, hell erleuchtetes Raumschiff langsam hernieder schweben« und versuchte, sich zu verstecken. »Es hatte die Form eines Hühnereis«, beleuchtete den Erdboden und strahlte eine ungeheure Hitze aus. Quintero war so verängstigt, daß er wie gelähmt war, denn er sah, wie eine ganze Reihe von Wesen das Raumschiff verließ. Er versuchte zu fliehen, doch sie hielten ihn fest. Dann verlor er das Bewußtsein. Als er wieder zu sich kam, fand er sich in einem Raum wieder und litt unter großen Schmerzen. Seine Furcht wich jedoch einer gewissen Verblüffung, als er bemerkte, daß er von drei nackten Frauen massiert wurde. So führte eines zum anderen, und er verbrachte drei anstrengende Stunden mit ihnen. Er schien zwischendurch immer wieder das Bewußtsein verloren zu haben, und schließlich fand er sich bei Einbruch der Dämmerung im Gras liegend wieder. Als er später seine Gefährten zu dem Platz, an dem das UFO gelandet war, führte, fanden sie nur noch ein paar Spuren am Boden vor.[14]

Quintero war einer von vielen Männern, die, besonders in Südamerika, aus der einzigen Absicht in ein UFO geholt wurden, sich mit einer außerirdischen Frau zu paaren. Der erste, bekanntgewordene Fall dieser Art ereignete sich in Brasilien. Dort wurde Antonio Villas Boas im Jahr 1957 auf seiner Farm gekidnappt. Die Frau, mit der man ihn zwang, zu schlafen, machte ihm hinterher durch gewisse Zeichen folgendes klar: »Ich werde da draußen auf meinem Heimatplaneten dein Baby zur Welt bringen.«[15]

So jedenfalls wurden diese Zeichen interpretiert. Es ist darüber spekuliert worden, daß die Außerirdischen sich deshalb dafür interessieren, halbmenschliche Nachkommen zu zeugen, weil ihre eigene Rasse aus irgendeinem Grund degeneriert ist, und sie daher eine Auffrischung durch neue Gene benötigt. Es sind auch Frauen entführt worden, die behaupten, geschwängert worden zu sein. Später habe man ihnen die so entstandenen Babys dann wieder weggenommen. Darüber hinaus ist auch über gynäkologische Untersuchungen durch die UFO-Wesen berichtet worden. Es heißt, sie hätten eine ganze Reihe von Frauen nur aus diesem speziellen Grund entführt. Vielleicht haben sie ihnen ja auch weibliche Eizellen entnommen, diese außerhalb des Körpers befruchtet, und so Kinder gezeugt.

Soweit ich weiß, existieren keine Beweise dafür, daß Menschen männlichen oder weiblichen Geschlechts wahrhaftig für Kreuzungen mißbraucht wurden. Die reine Vermutung führt uns jedoch zurück zu den Feen und der ihnen eigenen Neigung, Menschenbabies zu rauben. Eine Erklärung, warum Feen menschliche Kinder stehlen und durch Wechselbälger ersetzen sollten, stammt von Professor A. C. Haddon, der schrieb, daß man in Irland glaubt, daß »Zwerge oder mißgestaltete Kinder von den Feen stammen. Diese werden den Müttern anstelle der eigenen, gesunden Kinder dagelassen, die die Feen gestohlen haben, um das eigene Volk aufzufrischen und zu erneuern.[16] Das ist genau derselbe Gedanke, der als Erklärungsversuch für das sexuelle Interesse der UFO-Wesen an Menschen dient, und es wäre höchst erstaunlich, wenn der Feenglaube und der Glaube an UFOs nur in diesem Punkt übereinstimmen würden. Denn da sind noch verschiedene andere Charakteristika, die beide gemeinsam haben.[17]

Die Feen entführen Menschen, genau wie die UFO-Wesen. Wie diese Schilderung von der Isle of Man belegt, waren sie bei ihren Bemühungen jedoch nicht immer erfolgreich. Der Pfarrer J. M. Spicer aus Malew erzählte Evans Wentz zu Beginn dieses Jahrhunderts folgendes:

> Der Glaube an die Feen ist hier noch eine ziemlich lebendige Sache. Die alte Mrs. K. erzählte mir vor einem Jahr bei der Gelegenheit, daß ihre Tochter an diesem Tag in Castletown gewesen war. Als die alte Dame bei Einbruch der Nacht auf die Straße hinausging, um nachzusehen, ob ihre Tochter bereits zu sehen wäre, fand sie sich plötzlich von einem Feenhaufen umringt. Diese schickten sich an, sie in Richtung des South Barrule Mountain mitzunehmen, und sie bemerkte dazu: »Ich konnte einfach nicht weg von ihnen, bis ich nach meinem Sohn gerufen hatte.«[18]

Hätte sich dieser Vorfall in jüngerer Zeit ereignet, würde man das Ganze in einem UFO-Kontext gesehen haben und es als eine Begegnung mit außerirdischen Wesen auslegen.

Die Feenüberlieferungen sind voller Geschichten über Leute, die ins Feenreich mitgenommen wurden. Eine der populärsten Begründungen dafür lautet, daß die Feen »ihre dahinschwindende Rasse mit frischem Blut und mit menschlicher Energie beleben wollten«.[19] Menschen wurden aber nicht nur entführt, sondern auch mit Feenspeisen und Feengetränken dorthin gelockt: Wenn sie die Gaben annahmen, gewannen die Feen Macht über sie. Es gibt ebenfalls Beispiele dafür, daß Menschen von den Dingen aßen und tranken, die ihnen von UFO-Wesen dargeboten wurden. Stillende Mütter wurden »ausgeliehen«, um Feenbabies zu säugen, und musisch begabte Leute wurden geholt, um die Feen zu unterhalten. Manchmal gerieten Menschen in einen Kreis tanzender Feen hinein und konnten dann nicht mehr dort weg. Wenn es einer solchen Person dann doch endlich gelang, aus dem Kreis hinauszutreten, oder sie von Freunden hinausgezogen wurde, war sie oft äußerst verwundert darüber, wieviel Zeit während des Tanzes vergangen war. Ein einziger Tanz konnte Monate oder sogar Jahre menschlicher Zeit in Anspruch nehmen.

Weitere Ähnlichkeiten zwischen dem Feen- und dem UFO-Glauben bestehen in der häufigen Unverständlichkeit dessen, was die Wesen sagen. Bei den zuvor geschilderten UFO-Fällen wurden die Außerirdischen von den Zeugen nicht verstanden, außer im Fall von Mrs. Hingley, bei dem die Worte »übersetzt« wurden. Bei anderen Beschreibungen der Sprache der UFO-Wesen heißt es: »Sie sagten etwas, das klang wie ›Dbano da skigyayo dbano‹; sie gaben gutturale Laute von sich, sie schnatterten; sie machten schrille Geräusche, so ähnlich wie ein Gurgeln.«[20] Robert Kirk aus Schottland beschrieb die Sprache der Feen im späten siebzehnten Jahrhundert als »Flüstern, deutlich, nicht unangenehm.«[21] Walisische Feen dagegen wurden in einer Sprache sprechend beschrieben, weder dem Walisischen noch dem Englischen ähnlich, die keiner der Zeugen verstehen konnte.[22] Manchmal sprachen die UFO-Wesen, ebenso wie die Feen, jedoch klar und deutlich die Sprache der Augenzeugen.

Auch die Ähnlichkeiten des Erscheinungsbildes sind ja schon zur Sprache gekommen. Sowohl die Feen als auch die UFO-Wesen sind oft von kleiner Statur, von nur wenigen Zentimetern bis hin zu einem Meter zwanzig. Es gibt aber auch UFO-Wesen, die so groß wie Menschen sind; desgleichen gibt es auch bei den Feen. Man hat sogar schon von riesenhaften Exemplaren beider Gattungen berichtet. Die häufige Verwendung der Farbe Grün kennzeichnet ganz offensichtlich sowohl den UFO- wie auch den Feenglauben. Die Bezeichnung

»Kleine grüne Männchen«, die oft geringschätzig verwendet wird, um UFO-Wesen zu beschreiben, weist darauf hin, daß die meisten Leute nicht ernsthaft an die mögliche Existenz von Geschöpfen mit einer grünen Haut glauben. Sogar Ufologen, die es eigentlich besser wissen sollten, weisen diesen Gedanken von sich. Patrick Aimedieu, ein französischer Wissenschaftler, der sich auch an der UFO-Forschung beteiligt, wird mit folgenden Worten zitiert: »Die Leute reden oft von ›kleinen grünen Männchen‹. Das ist Unsinn, denn soweit ich weiß, gibt es keinen Augenzeugen, der je von kleinen grünen Männern berichtet hätte.«[23] Auch der schwedische UFO-Forscher K. Gosta Rehn sagt in seinem Buch *Ufos Here and Now!*: »Aber UFO-Forscher haben seit fünfundzwanzig Jahren mit wachsender Begeisterung gegen das Klischee der ›kleinen grünen Männchen‹ angekämpft, das die ignoranten Verneiner fliegender Untertassen intoleranterweise immer wiederholen. Vielleicht gab es in den vierziger Jahren einen grünen Zwerg – ich habe nicht in einem von tausend Fällen einen grüngekleideten Piloten gesehen.«

All diejenigen, die die Vorstellung von Kleinen Grünen Männern zurückweisen, liegen jedoch sicherlich falsch, denn es gibt viele Berichte, in denen die Augenzeugen die UFO-Wesen mit grüner Haut oder grüngekleidet beschreiben, oder gar beides. Interessanterweise war es einer ganzen Reihe von Zeugen nicht möglich zu unterscheiden, ob die grüne Farbe der Haut oder der Kleidung entstammt, oder ob die Wesen nicht sogar überall bekleidet waren! Einige wenige Beispiele werden aufzeigen, was Leute alles gesehen haben wollen.

In Badajoz, in Spanien, sahen im August 1956 zwanzig

Kinder und zehn Erwachsene ein UFO. Es schwebte in einer Höhe von nur drei Metern und in einer Entfernung von ca. 50 Metern von ihnen entfernt dahin. Sie liefen darauf zu und gestikulierten in die Richtung der beiden Wesen, die sie im Innern sehen konnten. Diese machten ihrerseits Gebärden, die für die Augenzeugen bestimmt waren. Noch ehe die enthusiastischen Spanier nahe genug an das Raumschiff herankamen, hob es ab. Sie konnten jedoch noch Köpfe und Schultern zweier offenbar nackter Insassen mit grünlicher Haut erkennen.[24]

Im darauffolgenden Jahr war ein gründgekleidetes, nur 75 bis 90 Zentimeter großes Wesen, an einer unheimlichen Begegnung in Everittstown, New Jersey beteiligt. Der Hauptzeuge war John Trasko. Er ging im Morgengrauen des 6. November hinaus, um seinen Hund King zu füttern, und stand plötzlich einem kleinen Mann gegenüber. Dieser trug »einen grünen Anzug mit leuchtenden Knöpfen, einen grünen Hut, der wie eine Schottenmütze aussah, und Handschuhe, die an jedem Ende mit einem leuchtenden Objekt ausgestattet waren.« Er sprach Trasco in einer abgehackten Sprache an, die jedoch ganz zweifellos Englisch war: »Wir sind friedliche Leute. Wir wollen keinen Ärger. Wir wollen nur deinen Hund.« sagte er. Trasco schrie »Zur Hölle nochmal, verschwinde von hier!«, und griff nach dem Wesen. Dabei geriet etwas grüner Staub, oder Puder, an sein Handgelenk, den er aber ganz einfach wieder abwaschen konnte. Am nächsten Tag bemerkte er auch etwas davon unter seinen Fingernägeln.[25]

Berichte, in denen von grüner Haut *und* Kleidung die Rede ist, sind selten. Es gibt jedoch einen aus Brasilien; dort begegnete der sechzehnjährige Fabio José Diniz auf einem Fußballplatz in Belo Horizonte einem gelandeten UFO. Heraus kamen zwei ca. 1,80 Meter große Wesen, die ihn in perfektem Portugiesisch ansprachen. Sie waren von Kopf bis Fuß mit etwas enganliegendem Grünen bekleidet, nur die Hautpartien im oberen Teil des Gesichtes waren zu sehen. Diniz beschrieb die Haut als grünlich. Auch die beiden Wesen, die in Torrita di Siena im September 1978 gesehen wurden, trugen grüne Kleidung und hatten grüne Haut. Sie waren jedoch kleiner, sie maßen nur ca. einen Meter. Diejenigen Zeugen, die die grüne Haut gesehen haben, beschreiben sie ganz verschiedenartig als grünlich, erdig grün, mit einem Grünton, moosgrün, leuchtend grün, hellgrün oder ganz einfach als »grün«.

Kleine Grüne Männer sind nicht nur ein Phänomen der »Glanzzeit« der UFOs in den fünfziger und sechziger Jahren. Und sie sind auch in Ländern aufgetaucht, aus denen, verglichen mit den Vereinigten Staaten, nur wenige Berichte über UFOs kommen. Im Jahr 1978 wurden in Polen insgesamt drei Kleine Grüne Männer beobachtet: Im Mai sah ein 71 Jahre alter Kleinbauer, als er mit seinem Karren durch die Wälder fuhr, zwei grüngesichtige Wesen in enganliegender schwarzer Kleidung; und im September erblickten acht Kinder ein Wesen mit einem grünen Gesicht, das ebenfalls schwarz gekleidet war. Im August 1981 sah ein Künstler, noch immer in Polen, zwei grüngesichtige Geschöpfe, die kaum zwei Meter weit von ihm entfernt waren, so daß er vermutlich nahe genug dran war, um sie klar und deutlich zu sehen.

Darüber, daß man bei zahlreichen Gelegenheiten grüne Feen und grüne UFO-Wesen gesehen hat, dürfte es sicherlich keinen Zweifel mehr geben. Dabei gibt es jedoch genauso viele optische Übereinstimmungen wie Widersprüche. Sowohl diejenigen Augenzeugen, die Feen gesehen haben als auch die, denen UFO-Wesen begegneten, beschreiben alle möglichen physischen Merkmale und Bekleidungen. Eine Erklärung dafür wäre (abgesehen von derjenigen, daß *alle* Zeugen ihre Schilderungen erfunden haben), daß diese Geschöpfe in menschenähnlicher Gestaltung und Kleidung auftreten, weil sie ganz bewußt diese Form gewählt haben, damit der menschliche Beobachter sie erkennt und sie ihm vertraut erscheinen. Die Gestalt, in der man sie sieht, wäre dann tatsächlich nichts weiter als eine imaginäre Erscheinung, und die Wesen könnten in jeder von ihnen gewünschten Gestalt auftreten.

Falls die UFO-Wesen wirklich Feen in einer modernen Verkleidung sind, wären die vermeintlichen Raumschiffe (die wir fliegende Untertassen oder eben UFOs nennen) nur Teil eines Szenarios, mit dem sie sich den Menschen offenbaren. Wenn Menschen nichtmenschliche Wesen sehen, seien es nun die »Feen«, »Geister« oder »UFO-Wesen«, müssen sie diese klassifizieren und einordnen können: Es gibt ihnen das Gefühl, die Kontrolle zu haben, sogar wenn die Klassifizierung nichts weiter als ein Etikett ist und nichts zum Verständnis der wahren Natur und Herkunft des Wesens beiträgt. Die Leute, die in der Mitte des zwanzigsten Jahrhunderts in der westlichen Welt leben, akzeptieren den Gedanken, daß es auf anderen Planeten Lebewesen gibt. Auch die Raumfahrt ist ihnen vertraut. Deshalb kommen die Wesen für gewöhnlich aus einem ganz in der Nähe wartenden Raumschiff, und erzählen den Menschen manchmal, daß sie vom Planeten Soundso kämen (Weitere Einzelheiten solcher Berichte können

Sie einem früheren Buch von mir und meinem Mann Colin entnehmen, das unter dem Titel *Life Beyond Planet Earth?* erschienen ist).[26]

Die wechselnde Natur der Offenbarungen zeigen die folgenden 300 Jahre auseinanderliegenden Schilderungen, wobei die grundlegenden Übereinstimmungen immer noch da sind. In einem Brief aus dem Jahre 1656 beschrieb John Lewis aus Cardiganshire in Wales das Erlebnis eines Bekannten:

> Ein Mann und seine Familie halten Nachtruhe. Kurz nach Mitternacht erwacht er in seinem Bette. Er nimmt von da, wo er liegt, ein Licht wahr, welches in die Stube hineinkommt, und einer nach dem anderen treten zwölfe in der Gestalt von Männern und zwei oder drei Frauen mit kleinen Kindern in ihren Armen ein, und sie scheinen zu tanzen, und die Stube scheint um vieles heller und größer zu sein als wie zuvor. Sie scheinen Brot und Käse zu sich zu nehmen, die sie auf einem Fetzen Stoff auf dem Boden ausgebreitet hatten. Sie boten ihm Fleisch an und lächelten ihm entgegen. Er konnte keinerlei Stimme vernehmen, doch als er Gott um seinen Schutz angefleht hatte, hörte er eine Stimme, die auf Walisisch flüsterte und ihm gebot, den Frieden zu wahren. Nämliches dauerte vier Stunden lang an, und er bemühte sich nach Kräften, sein Weib zu wecken, doch es war vergebens. Darauf gingen sie in eine andere Kammer, tanzten dort und verschwanden dann, und er erhob sich endlich. Doch obgleich dies nur eine kleine Kammer war, konnt' er doch die Tür nicht finden, noch seinen Weg zurück ins Bett. So schrie er auf, und sein Weib und die Familie erwachten. Ich ließ nach jenem Manne schikken, wohnte er doch grad zwei Meilen von hier. Er ist ein aufricht'ger Ehemann von schlichtem Gemüt und gutem

> Leumund. So macht' ich ihn glauben, er müsse mir beschwören, was er mir erzählt, auf das es die volle Wahrheit sei; und jener tat, wie ich ihm geheißen.[27]

Dieser Mann wurde von dem Kleinen Volk besucht, und vielleicht sogar von ihnen entführt, denn der Raum hatte sich verändert. Wäre dieses Erlebnis von einem Zeugen aus dem späten zwanzigsten Jahrhundert geschildert worden, wäre daraus sicherlich ein Fall von »Schlafzimmer-Besuchern« (UFO-Wesen) geworden, und man hätte ihn in ein UFO entführt. Falls man diesen Zeugen dann hinterher auch noch hypnotisiert hätte, wie das bei mutmaßlich Entführten heute gemacht wird, würde er sich ganz ohne Frage an die erstaunlichsten Details »erinnern«.

Der »Kleine Blaue Mann«, der 1967 in Bedfordshire gesehen wurde, hätte eine Fee sein können, wäre da nicht der technische Krimskrams gewesen, mit dem ihn die kindlichen Zeugen beschrieben. Die zehn Jungen, zwischen zehn und elf Jahren, spielten am frühen Mittag des 28. Januar auf dem Heimweg von ihrer Schule in Studham Common. Nachdem es zuerst geblitzt und gedonnert hatte, tauchte das Wesen nur wenige Minuten später zum ersten Mal auf.

Alex Butler sah »einen kleinen blauen Mann mit einem großen Hut und einem Bart«, und alarmierte sofort seine Freunde. Als sie auf das Wesen zurannten, verschwand es »in einer Rauchwolke«. Die Jungen suchten nach ihm und sahen ihn bald wieder, doch er verschwand erneut, als sie sich näherten. Als sie ihn zum dritten Mal sahen, hörten sie tiefe Stimmen, die merkwürdig und lallend klangen. Bevor sie dem Geheimnis auf die Spur kommen und sich näher heranschleichen konnten, erklang die Schulglocke und rief sie zum Unterricht. Die Jungen beschrieben den Mann später als einen Meter groß, mit einem großen Hut oder Helm auf dem Kopf. Manche Einzelheiten in der Erscheinung des Wesens wurden von einem grau-blauen Leuchten getrübt, aber sie bemerkten deutlich einen schwarzen Kasten an einem breiten Gürtel, der etwa 15 Zentimeter groß war, und einen geteilten »Bart«, der gar kein Bart gewesen sein muß. Die Arme des Mannes waren kurz und lagen dicht am Körper an. Die Beine und die Füße konnten sie nicht klar sehen. Die Jungen sagten auch, daß die »Rauchwolke« ihnen galt, und wahrscheinlich aus der schwarzen Schachtel kam. Es war ein gelblich-blauer Nebel, und obwohl er sich schnell wieder auflöste, könnte sich der kleine Mann im Schutz dieser Wolke im Gebüsch versteckt haben. Das ist wahrscheinlicher, als daß er jedesmal verschwand. Auch wenn sie sich optisch der neuen Zeit angepaßt haben mögen, sind die Wesen doch die gleichen geblieben. Sogar anhand der kurzen Auswahl von Fällen in diesem Kapitel wird deutlich, daß es offensichtliche Verbindungen zwischen den Feenüberlieferungen und dem UFO-Glauben gibt. Ich würde sogar soweit gehen, zu sagen, daß beide Manifestationen desselben Phänomens sind.[29]

6
Gefallene Engel, heidnische Götter ...

Wer ist das Kleine Volk?

Bei dem Versuch, die Frage »Wer ist das Kleine Volk?« zu beantworten, ist wohl eines klar: die Antwort darauf ist weder kurz noch einfach. Es ist offenkundig, daß die Bezeichnung »das Kleine Volk« eine ganze Reihe von Wesen einschließt, von den winzigen, nur wenige Zentimeter hohen Geschöpfen, bis hin zu beinahe menschengroßen Gestalten. Sie tragen die verschiedenartigsten Bekleidungen, und ihr Benehmen und Auftreten (das oft unverständlich erscheint) ist ebenso mannigfaltig. Es würde sicher auch den allerbegeistertsten Aufstöberer von Geheimnissen und Mysterien überfordern, eine allumfassende Lösung dafür zu finden, diese Vielfalt unter einen Hut zu bringen. Und doch haben es Volkskundler (diejenigen, die sich in den letzten Jahren ernsthaft für die Kleinen Leute interessiert haben) versucht – und waren dabei sogar manchmal erfolgreich, zumindest in ihren eigenen Augen. Sie hatten Erfolg, weil sie gewöhnlich die Beweise und Zeugenaussagen ignorierten, die der von ihnen bevorzugten Lösung nicht entsprachen. Außerdem sind sie meistens der Ansicht, daß ihre Informanten gar keine »realen« Geschöpfe gesehen haben.

Es ist wahr, daß die Mehrzahl der Feenüberlieferungen, die meist aus Erzählungen der Landbevölkerung zusammengetragen wurden, nichts weiter als traditionelle Märchen sind. Nur eine Handvoll von Gewährsleuten hat vermeintliche Augenzeugenbegegnungen mit dem Kleinen Volk anzubieten. Im allgemeinen haben es die Volkskundler versäumt, zwischen fiktiven und tatsächlichen Schilderungen zu differenzieren. Vielleicht glaubten sie, daß die Feen gar nicht wirklich existieren, und demnach mußten ja auch alle Geschichten über sie Phantasieprodukte sein. Möglicherweise haben sie damit ja recht, doch ich habe das Gefühl, daß den Menschen, die behaupten, sie hätten unerklärliche Phänomene gesehen, mehr Glauben geschenkt werden sollte. Sei es nun das Ungeheuer von Loch Ness, oder kleine, nur wenige Zentimeter große Wesen. Diese Leute könnten lügen, sie könnten sich irren – oder aber sie haben ein objektiv reales »Was auch immer« gesehen. Und sei es, daß auch nur einer von ihnen wahrhaftig ein winziges, nur ein paar Zentimeter großes Wesen gesehen hat, dann gibt es da wirklich ein Geheimnis, dem man auf den Grund gehen sollte.

Wegen der Komplexität des Kleinen Volkes sind im Laufe der Jahre eine ganze Anzahl verschiedener Erklärungen und Deutungsmöglichkeiten hervorgebracht worden. Sie alle haben etwas Stichhaltiges, bieten jedoch keine zufriedenstellende Erklärung für all die vorliegenden Berichte und Beobachtungen. Man hat eindeutig verschiedene Arten von Wesen gesehen, und für jede von ihnen mag es eine andere Erklärung geben. Deshalb bin ich entschlossen, sie alle durchzuarbeiten und auf ihre Stichhaltigkeit zu überprüfen und dabei Katharine Briggs' weise Worte immer im Gedächtnis zu behalten: »Alles in allem kann man sagen, daß es unklug wäre, blindlings nur einer einzigen Theorie zu folgen, wenn es um den Feenglauben geht, denn es ist höchstwahrscheinlich so, daß sie alle fest miteinander verwoben sind.«[1]

Die Phantasie (»uneingeschränkte Einbildungskraft«) spielt im Leben der meisten Menschen eine größere Rolle, als man im allgemeinen annimmt. Gerade Leute mit einer besonders phantasiebegabten Persönlichkeit bilden sich nicht nur alle möglichen »Fakten« und Ereignisse ein, sie halten diese eingebildeten Dinge sogar für die Wahrheit. Es erscheint plausibel, solche Phänomene wie Entführungen durch UFOs von den meisten (wenn auch vielleicht nicht von allen ...) als Phantasieprodukte der angeblich Entführten abzutun. Die in den vergangenen zwanzig Jahren immer weiter ansteigende Zahl von Berichten über solche Entführungen läßt sich leicht durch das zunehmende Interesse der Medien für dieses Thema erklären und bedeutet nicht etwa, daß die Außerirdischen plötzlich immer mehr Leute entführen. Die Menschen mit übersteigerter Phantasie nehmen solche Veröffentlichungen begierig auf und steuern ihre eigenen erfundenen Erlebnisse dazu bei. Das gelieferte Rohmaterial stachelt ihr Unterbewußtsein an und läßt sie, wenngleich auch unbewußt, lügen. Diese Erklärung ist sicherlich plausibler – und vor allem bequemer – als die Vorstellung, daß die Menschheit von außerirdischen Wesen kontrolliert wird. Diejenigen, die Entführungen durch UFOs für eine objektive Realität halten, werden dagegen behaupten, daß die Skeptiker dieser Wahrheit einfach nicht gewachsen sind. Diese widersprüchlichen Argumentationsweisen zeigen bereits auf, wie schwierig es ist, Wahrheit oder Unwahrheit *jeder* behaupteten Beobachtung eines Phänomens zu überprüfen, seien es nun UFO-Entführungen oder Begegnungen mit dem Kleinen Volk.[2]

Ich glaube, daß manche Leute dazu neigen, zu phantasieren – häufig, ohne es überhaupt zu merken – und daß sie dann Dinge sehen, die gar nicht vorhanden sind. Vielleicht sind sie gerade in einer Gegend, von der es heißt, daß man dort Kleine Leute gesehen habe, und wenn die Leute dann auch noch im früheren Leben mit dem Feenglauben konfrontiert wurden, aktiviert das Unterbewußtsein möglicherweise all die im Gedächtnis gespeicherten Einzelheiten. Diese gaukeln dem »Zeugen« dann ein Feenbild vor, das dieser mit eigenen Augen zu sehen glaubt und als offensichtlich objektive Tatsache annimmt. Durch Geschwätz und Gerüchte werden solche Vorfälle oft noch angestachelt. Im Jahr 1964 verbreitete sich zum Beispiel in Liverpool das Gerücht, daß »kleine grüne Männer mit weißen Hüten« sich auf dem Kricketrasen im Jubilee Park gegenseitig mit Dreck und Steinen bewerfen würden. Ganze Scharen von Leuten trumpften damit auf, die »Liverpool Leprechauns« gesehen zu haben, und weil es so viel Spaß machte, erfand man gleich noch ein paar UFOs dazu. Niemand hat allerdings hinter dem Rauchvorhang der Gerüchte je ein Feuer entdecken können.[3]

Das Phänomen, Dinge zu sehen, die gar nicht wirklich da sind, kann durch die Einnahme halluzigener Drogen noch unterstützt werden. In Irland gibt es sogenannte Schwitzhäuser, das sind kleine steinerne Kammern mit engen Eingängen, die mit einem Torffeuer beheizt werden. Dort finden sich verschiedene nackte Leute zusammen, um durch eine Schwitzkur ihre Krankheiten auszukurieren. Manchmal verwendete man Wasser, um

Dampf zu erzeugen, so wie in einem türkischen Bad, doch gewöhnlich bevorzugt man trockene Hitze. Der Forscher Anthony Weir, der eine wissenschaftliche Arbeit über diese Schwitzhäuser verfaßt hat, vermutete, daß sie möglicherweise auch eine magische Funktion gehabt haben könnten. Er verwies dabei auf die Schamanen in Sibirien und Nordamerika, die im Innern kreisrunder Zelte, die den irischen Schwitzhäusern auf manche Weise ähnelten, Zeremonien abhielten. Die sibirischen Schamanen verwendeten dabei den rotweiß gepunkteten Fliegenpilz (Amanita muscaria), der, wenn man ihn zu sich nimmt, bewußtseinsverändernd wirkt. Weir notierte dazu, daß die Schwitzhäuser am häufigsten im Herbst benutzt wurden, wenn die »magischen Pilze« gehäuft vorkommen. Hatten die Benutzer der Schwitzhäuser, als Teil eines Rituals, hin und wieder magische Pilze gegessen? Er kommt zu dem Ergebnis:

> Obwohl in Irland, im Gegensatz zu Lappland, Sibirien und Nordamerika, nur wenig von der Pilzkunde erhalten geblieben ist, sind die Púcaí (Pixies oder Kobolde, deren Namen aus Skandinavien stammen) doch die Verkörperung der *Psilocybe semilanceata*, wie die kleinen gepunkteten Kappen zeigen. Ich habe mit Iren gesprochen – und nicht nur mit älteren – die behaupten, sie hätten die Feen gesehen, nachdem sie »magische Pilze« zu sich nahmen. Es ist ein Jammer, daß keiner der Benutzer eines Schwitzhauses je darüber berichtet hat.[4]

Halluzinationen können kompliziert und sogar kollektiv sein, wie ein Fall aus Pennsylvania zeigt. Im August 1963 waren zwei Männer vierzehn Tage lang in einer Kohlemine untertage eingeschlossen. Während dieses Zeitraums hatten David Fellin und Henry Throne einige sehr lebhafte Halluzinationen. Sie sahen Papst Johannes, ein goldenes Kreuz, Männer mit Lichtern, die in einer Art Kutsche daherkamen und dabei Draht von einer Rolle abspulten, sowie marmorne Stufen, die aufwärts führten. Andere Leute erschienen verschiedene Male, darunter drei Männer, die eine Gedenktafel ohne Namen trugen, so daß Fellin und Thron wußten, daß sie lebendig wieder herauskommen würden.[5] Damit verglichen, ist die Vorstellung einer imaginären Fee, für das Unterbewußtsein ein Kinderspiel!

Manchmal gaukelt einem das (Unter)bewußtsein auch etwas vor, indem es das, was die Augen sehen, falsch identifiziert. Ich glaube, das ist wohl jedem von uns schon mal passiert. Mir ist es zum Beispiel einmal so gegangen, daß ich in einer dunklen Nacht ein Stück Papier am Straßenrand für einen Hund gehalten habe, der auf die Straße laufen wollte. Einer meiner Freunde sieht des Nachts regelmäßig Kühe mitten auf der Straße liegen. UFO-Beobachter haben den Mond fälschlicherweise für ein Raumschiff gehalten, und tatsächlich verhält es sich in vielen UFO-Fällen wahrscheinlich so, daß die Zeugen ein bekanntes Himmelsobjekt wie einen Stern oder Planeten sehen, und dann, fixiert auf die mögliche Existenz fliegender Untertassen, das Ganze ausschmücken. Sie sehen dann Fenster, und hinter den Fenstern vielleicht sogar irgendwelche Wesen. Die UFO-Literatur kennt viele solcher Fälle.

Eine Fehlidentifikation kann auch tagsüber stattfinden, besonders dann, wenn die betreffende Person nicht so besonders gut sieht. Dann werden Tiere schon mal für Kleine Leute gehalten. Die Beobachtung eines kleinen alten Mannes durch einen französischen Priester, die sich im Jahr 1945 bei Dijon ereignete, entpuppte sich später als ein Affe, der von einem dort stationierten Regiment als Maskottchen gehalten wurde. Der Priester wollte diese Erklärung natürlich nicht akzeptieren – doch die Tatsache, daß nicht weit von dem Ort, an dem der kleine Mann gesehen wurde, ein Affe gehalten wurde, daß die Beobachtung nur zwanzig Sekunden lang dauerte, und daß sich der »kleine Mann« sehr schnell bewegte, all das macht es doch sehr wahrscheinlich, daß der Priester einen Affen sah.[6]

Eine weitere Fehleinschätzung dieser Art betrifft die skandinavischen Trolle (Zwerge). Dazu der professionelle Bergsteiger, Autor und Fotograf Hamish Brown:

> Trollval on Rhum in Schottland ist ein Nistplatz der Scherenschnäbel, einer Unterart der Möwen. Sie nisten in Erdhöhlen und kommen nur nachts heraus – und dann veranstalten sie einen Höllenlärm. Tagsüber hört man nur gelegentlich leise »Stimmen«. Ich bin sicher, daß das die Ursache für den Glauben an die Trolle ist. Der Name taucht auch in Skandinavien häufig da auf, wo es Scherenschnäbel gibt. Die Wikinger hielten sich nachts nicht sonderlich gerne draußen auf, und deshalb hörten sie im allgemeinen nur die Stimmen aus dem Untergrund (die sich manchmal sehr menschenähnlich anhören) – und sahen dabei zweifellos im Geiste kleine Leute vor sich. Wenn sie den Erdboden nicht bis in zwei Meter Tiefe umgruben, konnten sie nicht wissen, daß in den Höhlen Vögel hausten.[7]

Diese Theorie klingt plausibel, und es ist mehr als wahrscheinlich, daß eine ganze Reihe Beobachtungen sogenannter Außerirdischer eine ziemlich einfache irdische

Erklärung haben. Ich habe selber einmal kurz eine Schar »Außerirdischer« eine Landstraße entlang marschieren sehen, als ich am Ende der Straße mit einem Auto vorbeifuhr. Ich hätte mich wohl bis ans Ende meines Lebens darüber gewundert, wenn ich nicht sofort dorthin zurückgekehrt wäre, um noch einmal nachzuschauen, nur um dort einer Gruppe exotisch gekleideter Wanderer zu begegnen, die sich so vor Wind und Regen schützten.

Es sollte auch nicht vergessen werden, daß einige Berichte ganz und gar erlogen sein können: Jemand hat sich nicht *eingebildet*, Feen zu sehen, sondern weiß sehr wohl, daß das alles nicht wahr ist. Darüber nachzudenken, warum Menschen so etwas erfinden, ist nicht sehr ergiebig: Einmal in der Öffentlichkeit zu stehen (dabei vielleicht einen finanziellen Vorteil zu haben) und ein Gefühl der Überlegenheit gegenüber denjenigen, die an eine gefälschte Geschichte glauben, dürften eventuell die zwei Hauptgründe sein. Ich bin auch sicher, daß das, was manchmal als handfeste Lüge seinen Anfang nahm, von demjenigen, der sie erzählt, später selbst für wahr gehalten wird, besonders, wenn er die Geschichte schon oft erzählt hat. Unglücklicherweise ist es nicht immer einfach, zwischen bewußt erlogenen Berichten oder solchen, die unbewußt der Phantasie entstammen und denen zu unterscheiden, die objektive Tatsachen schildern.

Deshalb muß man in Kauf nehmen, daß zwischen all den authentischen Berichten auch ein paar falsche sein können. Nach einer Weile bekommt man einen »Riecher« für verdächtige Schilderungen, und ich habe mit Bedacht einige davon aussortiert.

Nicht nur schriftliche Berichte, sondern auch die

Beweisstücke für die Existenz von Feen und Kleinen Leuten können gefälscht sein. Anfang des Jahres 1989 berichtete die lokale Presse darüber, daß der Pubbesitzer P. J. O'Hare aus Carlingford im County Louth an einem dunklen Dezembermorgen seltsame Lichter auf einem Berg gesehen habe. Er ging in Begleitung eines Freundes dort hinauf, um das Ganze zu untersuchen.

> ... als wir den Paß erreicht hatten, sah auch er die Lichter. Man hörte keinen Ton; die gespenstische Stille wurde nur vom Bellen eines Hundes durchbrochen, das aus dem noch in tiefem Schlaf liegenden Dorf unter uns kam. Wir gingen langsam auf die Lichter zu, während die Dunkelheit allmählich der Morgendämmerung wich. Als wir nur noch etwa 300 Meter von ihnen entfernt waren, verschwanden die Lichter. Wir setzten unseren Weg dorthin fort, wo sie gewesen waren, und wir fanden zu unserem äußersten Erstaunen diese, nun ja, ich kann sie nur als Kleidung eines Leprechauns beschreiben. Die goldenen Taler waren in der linken Tasche der Hose. Zur Linken des Ortes, an dem die Sachen lagen, war verbrannte Erde, und auf der verbrannten Erde lagen diese Knochen. Wir hoben alles auf und hasteten schnell den Berg hinunter zurück, und das ist schon die ganze Geschichte.

Die Fundstücke wurden zur Schau gestellt und Carlingford bekam jede Menge Publicity. Später wurde dann bekannt, daß die ganze Geschichte vom örtlichen Fremdenverkehrsverein als »Marketinggag und Werbung für das Dorf« inszeniert worden war.[8]

Das ist kein neuer Einfall: In viktorianischer Zeit wurde das Dorf Beddgelert in Nord Wales von einer Geschichte erschüttert, die die Phantasie aller beflügelte, die sie hörten, und die seitdem Teil der örtlichen Folklore geworden ist. Die Geschichte handelt von einem Hund namens Gelert, der im zwölften Jahrhundert irrtümlich von seinem Herrn umgebracht worden war, weil dieser glaubte, das Tier habe sein Kind getötet. Dabei hatte der Hund das Baby gegen einen Wolf verteidigt. Der Säugling aber war noch am Leben, nur fand man ihn erst, als der Hund bereits tot war. Als »Beweis« für die Echtheit dieser Geschichte kann man dort »Gelerts Grab« besichtigen.[9]

Man könnte auf den Gedanken kommen, daß eine Fotografie den Beweis für die Existenz von Feen erbringen sollte, doch traurigerweise gibt es nur wenige Fotos von Kleinen Leuten, und diese sind nicht seriös. Entweder handelt es sich dabei bekanntermaßen um Fälschungen, oder ihre Herkunft ist in irgendeiner Weise dubios oder unklar. In Anbetracht dessen, wieviele Leute behaupten, das Kleine Volk gesehen zu haben, überrascht es eigentlich, daß es nicht mehr Fotos gibt. Die berühmtesten, die es gibt, sind natürlich die Feenfotografien von Cottingley. Die insgesamt fünf Aufnahmen wurden zwischen 1917 und 1920 von Elsie Wright und Frances Griffiths, zwei Schulmädchen aus Yorkshire, in den Wäldern am Fluß gleich hinter dem Dorf Cottingley bei Bradford, gemacht. Wahrscheinlich wären sie schon längst unbemerkt in der Versenkung verschwunden, wenn damals nicht die Mitglieder der Theosophical Society darauf aufmerksam geworden wären. Dadurch bekamen sie auch Edward L. Gardner und Sir Arthur Conan Doyle zu Gesicht, und sie erreichten so eine große Öffentlichkeit. Viele Leute glaubten damals an die Echtheit der Fotografien, und die Mädchen verschwiegen zunächst, daß sie sie gefälscht hatten. Zu dem Zeitpunkt, als diese berühmten Namen in die Sache involviert wurden, wäre es für die Kinder wohl ziemlich schwierig geworden, sich dazu zu bekennen, ohne eine Menge Leute in große Verlegenheit zu bringen.

Also schwiegen sie viele Jahrzehnte lang darüber, bis Geoffrey Crawley, der Herausgeber des *British Journal of Photographie*, sich den Fotos in einer detaillierten Studie widmete. Die Ergebnisse veröffentlichte er in den frühen 1980er Jahren in seinem Magazin.[10] Elsie und Frances gaben schließlich zu, daß sie sich einen Scherz erlaubt hatten. In Anbetracht dessen, daß diese Fotos keine echten Feen zeigen, ist es nicht relevant, sie hier länger zu erörtern. Doch Joe Coopers Buch *The Case of the Cottingley Fairies* lieferte weitere Einzelheiten zu dieser faszinierenden Geschichte.[11] Interessanterweise ist jedoch noch anzumerken, daß Elsie und Frances bis zum Schluß behaupteten, echte Feen in Cottingley gesehen zu haben, und daß sie nur wiedergeben wollten, was sie gesehen hatten. Das erste und berühmteste Foto ist im Fototeil abgebildet, zusammen mit zwei selten gesehenen Fotos derselben Art. Eines wurde von Dorothy Inman kurz nach den Cottingley-Ereignissen gemacht, doch sie starb, ohne zu verraten, wie es entstand.[12] Das andere wurde am 9. Februar 1918 in *The Sphere* veröffentlicht, das war, *bevor* 1919 die Feenfotografien von Cottingley irgend jemandem außerhalb der engeren Familien der beiden Mädchen bekannt wurden. Daher kann diese Aufnahme nicht von den Experimenten der Schülerinnen beeinflußt worden sein. Doch unglücklicherweise sind keine näheren Einzelheiten über die Herkunft bekannt.

Sir Arthur Conan Doyle's *The Coming of the Fairies* wurde einige Jahre später veröffentlicht und enthielt höchst interessante Fotografien, darunter auch die, die Else Arnhem im Sommer 1927 in Deutschland aufgenommen hatte (siehe Fototeil). Auf ihnen scheint eine sich bewegende Gestalt zu erkennen zu sein (und auf der rechten Seite befindet sich möglicherweise noch eine weitere Gestalt). Auf diese seltsamen, wenig beweiskräftigen Aufnahmen, folgen einige neuere aus den siebziger Jahren. Ein Foto, von Gloria Ramsey und ihrem Schwager in La Jolla, Kalifornien, aufgenommen, zeigt eine winzige menschliche Gestalt am Rande des Wassers (siehe Fototeil). Ob er von einem der Anwesenden tatsächlich bemerkt wurde, ist nicht bekannt. Ebenfalls aus den siebziger Jahren stammen verschiedene Fotos von Kleinen Leuten, die von einer Gruppe von »Hexen« aus Cornwall kommen (siehe Fototeil); doch auch hier sind die genauen Umstände, unter denen diese Fotos auftauchten, nicht nachzuvollziehen, so daß es schwer ist, ein Urteil darüber abzugeben. Das gleiche gilt für das Foto einer menschenähnlichen Kreatur, die am 1. Dezember 1987 von einem ehemaligen Polizeibeamten in Ilkley Moor (West Yorkshire) aufgenommen wurde. Er behauptete, ein summendes Geräusch gehört zu haben, und dann sei »eine kleine grüne Kreatur mit raschen Bewegungen davongeeilt«. Sie habe sich dann noch einmal umgedreht und gewunken, so als habe sie ihn davor warnen wollen, sich ihr zu nähern. Der Zeuge schoß noch rasch ein Foto, bevor das Wesen hinter ein paar Felsen verschwand. Als er daraufhin ihren Spuren folgte, sah der Zeuge ein gelandetes UFO, das aussah »wie zwei silberne Untertassen, die durch eine quadratische Box miteinander verbunden waren, die von einer Kuppel gekrönt war«. Er machte kein Foto von diesem UFO, das dann schließlich in den Himmel hinaufschoß. Als man ihn später unter Hypnose befragte, berichtete der Zeuge von einer Entführung durch grüne Wesen in ein UFO. Trotz intensiver Nachforschungen war es nicht möglich, zu bestimmen, ob dieser Fall authentisch ist, oder ob es sich um eine komplizierte Fälschung handelt.[13] Obwohl die Kreatur ein UFO-Wesen war, war sie doch auch grün, und gehört deshalb sicherlich auch in den Fototeil, um die Feenfotografien abzurunden und die vermutlich engen Verbindungen zwischen Feen und UFO-Wesen, die im Kapitel 5 beleuchtet wurden, zu dokumentieren. Fotos von UFO-Besatzungen sind genauso selten, wie die von Feen, und sind deshalb als Beweise für die Existenz dieser beiden Gattungen nicht ausreichend.

Die neueste, mir bekannte Feenfotografie wurde 1994 auf der Isle of Man aufgenommen. Der Fotograf hatte das Geschöpf zu diesem Zeitpunkt gar nicht gesehen. An diesem Sonntag, dem 4. September, war John L. Hall zusammen mit seinem Freund in einem bewaldeten Tal in Glen Aldyn bei Ramsey unterwegs. Er berichtete von »unglaublichen Eindrücken«, »unheimlichen Gefühlen«, und hörte »melodische Töne und klingende Laute« – Kleine Leute oder das Rauschen des Windes? Er spürte, »daß sich irgend etwas oder irgend jemand (für mich unsichtbar) regte und mich beobachtete« – er fühlte sich »ziemlich unwohl« und beschloß umzukehren. Er machte Fotos von dieser so mystischen Gegend: Auf einem davon, das er, während all dies vorging, aufnahm, kann man das sehen, was John Hall als »einen merkwürdig aussehenden grünen Mann auf einer Plattform, oben in der Krone eines Baumes« beschreibt. Er bemerkt dazu: »Es könnte natürlich auch eine durch das

Licht hervorgerufene Sinnestäuschung sein«, und das könnte auch tatsächlich stimmen – doch es läßt sich nicht leugnen, daß auf einer Vergrößerung ein winziges Wesen zwischen den Blättern zu sein scheint (unglücklicherweise erscheint dies auf einem Farbfoto wesentlich deutlicher als in Schwarzweiß, deshalb konnte ich es in diesem Buch nicht abdrucken lassen).[14]

Besonders in Irland wird das Kleine Volk mit prähistorischen Stätten, und hier vor allem Forts, in Verbindung gebracht. Daraus hat sich die Theorie entwickelt, daß Feen eine ferne, oder gar nicht so ferne, Erinnerung an eine urzeitliche Rasse kleinwüchsiger Leute darstellen, die das Land bewohnten, ehe der moderne Mensch von ihm Besitz ergriff. Letztere verdrängten die ursprünglichen Bewohner in die abgelegensten Gebiete der Insel, und sie starben schließlich aus. Da gibt es eine starke Parallele zu den heutigen Berichten über Bigfoot oder Sasquatch (in Nordamerika) und seine Vettern überall auf der Welt, besonders in China und den dünnbesiedelten, weit entfernten Gegenden der ehemaligen UdSSR (Sibirien, das Pamirgebirge usw.). Viele Forscher, die diese Meldungen ernst nehmen, glauben, daß es da draußen tatsächlich solche Wesen gibt, daß die Menschen dort wirklich große, behaarte, menschenähnliche Wesen gesehen haben, und daß es sich bei diesen vielleicht um die letzten Überlebenden einer frühen Gattung von Hominiden handelt – vielleicht des Gigantopithecus. Auf die gleiche Art und Weise könnte auch das Kleine Volk einem der vielen Zweige der evolutionären Entwicklung des Menschen entstammen: zwar eng mit diesem verwandt, aber sich doch eben von ihm unterscheidend, und daher auch vom modernen

Menschen nicht als Nachbar akzeptiert. Deshalb wurden sie nach und nach zurückgedrängt, als sich der moderne Mensch immer weiter verbreitete, bis sie schließlich nur noch an den Rändern existierten und beinahe ausgelöscht wurden. Vielleicht sind die heutigen Berichte Zeugnisse von Begegnungen mit den letzten Überlebenden dieser unbekannten urzeitlichen Rasse.

Überall auf der Welt hat es pygmäenhafte Völker gegeben. Über diejenigen, die näher erforscht und untersucht wurden, gibt es verläßliche Informationen; die weniger bekannten kennt man nur aus bruchstückhaften, anekdotisch anmutenden Überlieferungen. Einige dieser Stämme sind wahrscheinlich erst in jüngerer Zeit ausgestorben. Da wären zum Beispiel die *Agogwe* aus Tansania, die 1,20 Meter groß sind; die *Séhité* von der Elfenbeinküste, rötliche, behaarte Zwerge; die *Maricoxi*, kleine, behaarte Menschen aus dem Mato Grosso in Brasilien; die *Orang Pendek* oder *Sedapa*, »kleine Menschen« aus Malaysia; und die *Dwendis* aus den Urwäldern von Belize (Mittelamerika), die langarmig und stark behaart waren. Die *Nittavo* Sri Lankas, wurden im Jahr 1945 von Wilfred Mendis folgendermaßen beschrieben:

> Sie waren eine wilde und grausame Rasse dunkelhäutiger Menschen von kleinem Körperwuchs und lebten in kleinen Dorfgemeinschaften in Lenama. Sie errichteten Plattformen im Geäst von Bäumen, die sie mit Dächern aus Blättern versahen, und in denen sie lebten. Sie beherrschten weder die Sprache der Veddah, noch Singhalesisch oder Tamilisch, ihre eigene Sprache klang eher wie Telugu. Sie kamen in kleinen Gruppen aus den Bergen herab – Männer, Frauen und Kinder – sie gingen aufrecht wie Menschen,

waren jedoch über und über mit zottigen Haaren bedeckt, und sie aßen das Fleisch, das die Veddahs mühsam erjagt und zum Trocknen in der Sonne ausgebreitet hatten. Aus Furcht davor, angegriffen zu werden, hielten sich die Veddahs selber versteckt.

Als sie schließlich von den grausamen Taten dieser kleinen Leute zur Verzweiflung getrieben wurden, veranstalteten die Veddahs eine Treibjagd auf sie und drängten alle in eine Höhle. An deren Eingang schichteten sie Feuerholz auf, setzten es in Brand und fachten das Feuer drei Tage lang immer wieder an, bis der Rauch alle im Innern der Höhle getötet hatte. So endete, laut Überlieferung der Veddah, das Volk der Nittavo.[15]

Diese Beschreibung zeigt, daß die kleinwüchsigen Rassen von ihren größeren Nachbarn für gewöhnlich gefürchtet wurden; selten lebten beide einträchtig nebeneinander. Das nächste Zitat ist durch die gleichen Reaktionen gekennzeichnet. In diesem Fall wird ein Stamm pygmäenhafter Afrikaner geschildert.

Die steil emporragenden Berge von Kwa Ngombe in Kenia werden, so heißt es bei den einheimischen Embu, von Büffeln und kleinen roten Menschen bewohnt, die eifersüchtig über ihre gebirgige Heimat wachen. Old Salim, der Embudolmetscher, beschrieb gestenreich und hochdramatisch, wie er zusammen mit ein paar Einheimischen einst bis fast in Gipfelhöhe hinaufgestiegen war. Plötzlich kam ein eiskalter Wind auf, und sie wurden von unsichtbaren Gegnern mit wahren Hagelschauern kleiner Steine bombardiert. Als sie während einer Atempause einen Blick hinaufwerfen konnten, sahen sie, wie er mir versicherte, Scharen kleiner roter Männer, die ansetzten, Kieselsteine zu schleudern und von den zerklüfteten Felsen aus herausfordernd gestikulierten. Bis heute wagen sich nicht einmal die furchtlosesten Honigsammler in diese Berge.[16]

Hat Salim wirklich kleine rote Männer gesehen? Oder kamen die Steine irgendwo anders her? Es könnten Hagelkörner gewesen sein, oder ein Poltergeist-Symptom. In beiden Fällen hätten die verängstigten Eingeborenen kleine rote Männer sehen können, weil sie erwarteten, auf sie zu stoßen. Wenn eine Gegend von echten oder eingebildeten Zwergen bevölkert ist, werden sie tendenziell für alle negativen Ereignisse verantwortlich gemacht; das entspricht der menschlichen Natur überall auf der Welt.

Es gibt in so vielen verschiedenen Ländern Gerüchte über Zwerge, daß wohl klar ist, wie weitverbreitet sie noch bis in die jüngere Zeit hinein gewesen sein müssen. Die Anthropologen der westlichen Welt wissen jedoch noch sehr wenige Einzelheiten über die jeweiligen zwergenwüchsigen Völker. Manche mögen eng mit den Menschen verwandt sein, andere haben eine weniger klare Herkunft. Professor Bernard Heuvelmans vermutet, daß die in Afrika häufig gesehenen »kleinen behaarten Menschen«, überlebende Exemplare des Australopithecus sein könnten, von dem man annimmt, er sei etwa 1,20 Meter groß und wie die Miniaturausgabe eines Menschen gebaut gewesen, und habe einen aufrechten Gang gehabt. Er hat vor rund 500 000 Jahren im südlichen Afrika gelebt. Es erscheint nicht einmal abwegig, daß diese frühen Verwandten des Menschen (ebenso wie der bereits erwähnte Gigantopithecus und andere) in den unberührten und noch nicht erforschten Gebieten dieser Erde bis vor kurzem überlebt haben könnten. Ob es sie noch immer gibt, ist ungewiß und eher zweifelhaft, vor allem, wenn man bedenkt, auf welche Art und Weise die Menschen diesen Planeten immer weiter systematisch ausplündern und verwüsten, und dabei nur noch wenige Regionen unberührt lassen.

Die Befürworter dieser Theorie glauben schließlich sogar, daß einige der britischen Feen Repräsentanten eines urzeitlichen Volkes sind. Zu ihnen gehörte auch Professor A. C. Haddon, der 1894 bei einem Vortrag sagte:

> ... wir sollten viele dieser Feensagen als Geschichten betrachten, die Menschen der Eisenzeit über Ereignisse aus der Bronzezeit zu berichten wußten, als es wiederum Konflikte mit den Menschen aus der Steinzeit gegeben hatte, und wahrscheinlich haben die Steinzeitmenschen ihrerseits Überlieferungen aus der letzten Eiszeit weitergegeben.[17]

Andere Befürworter meinten, daß der Brownie, der so oft mit dem Haushalt in Verbindung gebracht wurde und häusliche Aufgaben übernahm, »ein struppiger Ureinwohner, der sich bei den Farmen herumtreibt« sein könnte. Elizabeth Andrews glaubte, daß der Untergrund die Rückzugsgebiete einer urzeitlichen Rasse sei. In vielen Gegenden Großbritanniens und Irlands gibt es noch steinerne Tunnel im Erdreich, von denen niemand weiß, wozu sie dienten. Sie schrieb dazu:

> ... die traditionelle Überlieferung kündet von verschiedenen kleinwüchsigen Völkern in Ulster: den Grogachs, die eng mit den Feen und den schottischen und englischen

> Brownies verwandt sind; den kleinen Danes, bei denen ich dazu neige, sie mit den Tuatha de Danann zu identifizieren; den Pechts oder Picts; und darüber hinaus von den Finns. Ich bin der Überzeugung, daß sie alle, die Feen eingeschlossen, eine vorzeitliche Menschenrasse repräsentieren. Die Geschichten über Frauen, Kinder und Männer, die von Feen entführt wurden, berichten über kriegerische Auseinandersetzungen, bei denen Raubzüge unternommen, und Gefangene ins dunkle Erdinnere verschleppt wurden.[19]

Andrews beschrieb auch, was sie über die Bewohner der Forts und Grabhügel von der einheimischen Bevölkerung gehört hatte:

> Die Errichtung der Forts und Erdtunnel wird von der Landbevölkerung den Danes zugeschrieben, einem Volk, über das es viele Sagen gibt. Es heißt, sie hätten rotes Haar gehabt, und mal werden sie als Menschen von großem, mal von kleinem Körperwuchs bezeichnet. Eine alte Frau, die an Feen nicht so recht glaubt, erzählte mir, daß in den alten kriegerischen Zeiten Menschen in Irland im Innern der Forts lebten. Das seien die Danes gewesen, die durch Lichter, die sie auf besagten Hügeln entzündeten, Signale miteinander austauschten. Von einem älteren Mann hörte ich, daß Danes auf der Farm seiner Großmutter hausten. Von einem brachliegenden Stück Wildnis, das nie jemand aufsuchte, habe man Rauch aufsteigen sehen. Als ein Onkel dort hinging, um zu sehen, was los war, fand er dort kleine Hütten ohne Türen vor. Quer über dem Eingang habe lediglich jeweils ein Bündel mit Stöcken gelegen. In einer der Hütten sah er einen Topf über dem Feuer kochen, und er ging hin und fing an, den Inhalt umzurühren. Darauf stürm-

ten sofort ein Mann und eine Frau, die beide rotes Haar hatten, ins Innere der Behausung. Sie schienen sich über sein Eindringen sehr zu ärgern, und als er hinausging, warfen sie mit einem Teller nach ihm.[20]

Das Kleine Volk mag scheinbar in den Hügeln und Forts, die sie bewohnten, »verschwunden« sein, während sie sich tatsächlich durch verborgene Eingänge in unterirdische Kammern und Wohnstätten zurückgezogen haben. Diejenigen Forscher, die der Theorie einer urzeitlichen einheimischen Rasse anhingen, versuchten, sie mit den Figuren der Legenden gleichzusetzen, oder sie mit historischen Völkern wie den Pikten in Verbindung zu bringen. Es sind dafür allerdings nie stichhaltige Beweise erbracht worden, und auch auf archäologischem Gebiet gab es nie einen Nachweis dafür, daß in Großbritannien oder Irland je eine Rasse von Zwergen gelebt hat. Auch die Tatsache, daß bekannte kleinwüchsige Völker ihrerseits Feenüberlieferungen haben, spricht gegen eine Gleichsetzung derselben mit eben jenen Feen. Daher gibt es keinen Beweis dafür, daß sich in den entlegenen Gebieten unserer Länder eine urzeitliche Rasse behaarter Zwerge verbirgt, obwohl der Gedanke zugegebenermaßen etwas Aufregendes an sich hat. Auch viele Feenüberlieferungen, und hier vor allem die bereits von mir zitierten Schilderungen aus erster Hand, erhärten diese Theorie nicht.[21]

Bevor sich das Christentum in Britannien, Irland und dem übrigen Europa durchsetzen konnte, hingen die Menschen Kulten an, die auf der Anbetung der Natur basierten. Sowohl die Gewässer als auch die Bäume waren ihnen heilig, und es deutet alles darauf hin, daß sie bereits für die allerersten Menschen im Mittelpunkt ihrer kultischen Verehrung standen. Da der Mensch des vorindustriellen Zeitalters so sehr auf die Naturgewalten angewiesen war, erscheint es verständlich, daß er versuchte, Wege dafür zu finden, die Natur günstig für sich zu stimmen. So entwickelten sich zahlreiche Rituale, die zu bestimmten Jahreszeiten zelebriert wurden. Die Fruchtbarkeit war besonders wichtig, und viele Rituale, die in einem degenerierten Zustand bis heute überlebt haben, hatten die Fruchtbarkeit als zentrales Thema.[22] In den Naturreligionen wachten machtvolle Wesen (Götter und Göttinnen) über jeden Aspekt des Lebens und der Umwelt. Durch die Jahrhunderte entwickelte sich ein ganzer Olymp unterschiedlichster Gottheiten, jede hatte ihre eigene Wesensart und Verhaltensweise, und ihre Taten wurden gepriesen, weitererzählt und über Generationen hinweg überliefert, bis sie schließlich zu Legenden wurden. Es erscheint wahrscheinlich, daß auch einige Feenüberlieferungen tief verwurzelten Erinnerungen an alte Göttinnen und Götter entstammen. Die enge Verbundenheit der Feen mit der Natur, und besonders mit Dornbäumen, ist ein Wegweiser zu ihren Ursprüngen. Volkskundler, die die Herkunft der Feen zu erforschen versuchen, sind auf viele solcher Verbindungen gestoßen.[23]

Anhand eines Beispiels läßt sich der Prozeß der Veränderung dokumentieren. Es gibt römische Skulpturen, die verhüllte Gestalten darstellen, diese Wesen waren als Genii cucullati, verhüllte Geister, bekannt (siehe Fototeil). Sie trugen kurze Umhänge und Hüte, die Unsichtbarkeit symbolisierten. Es waren Erdgeister; manchmal sind sie zusammen mit einer weiblichen Figur abgebildet, die eine Fruchtbarkeitsgöttin sein könnte.

Die verhüllten Männer konnten auch die übernatürliche Welt darstellen, die für die Menschen normalerweise unsichtbar ist. Sie könnten auch frühe Darstellungen dessen sein, was später zum Brownie wurde, Feenwesen, die mit dem häuslichen Bereich assoziiert werden, und die dem Besitzer des Hauses Wohlstand und Glück (und Fruchtbarkeit!) brachten. Diese Versinnbildlichung des Brownie oder des Zwerges, hat auch in Form des uns so vertrauten Gartenzwerges überlebt. Die Priester und Priesterinnen, die heidnische Riten praktizierten, könnten sich ebenfalls in Feen umgewandelt haben. Es ist nicht sehr wahrscheinlich, daß Leute, wie die Druiden, die einzige und endgültige Erklärung für den Feenglauben darstellen, doch sie könnten einer der Fäden sein, aus denen dieses Gewand gewebt ist.[25] Auch Hexenpraktiken könnten dabei ein Teil der Erinnerung sein. Die Hexerei selbst könnte ihre Ursprünge in vorchristlichen Natur- und Fruchtbarkeitsritualen haben, im allgemeinen praktizieren Hexen ihre Riten ja unter freiem Himmel und in engem Kontakt zur Natur. Ihre Kreisrituale finden sich in den so häufig beobachteten Ringtänzen des Kleinen Volkes wieder.

Zweifellos haben die vorchristlichen Religionen und Praktiken einen entscheidenden Beitrag zur Entwicklung des Feenglaubens geleistet, und man kann leicht die Spuren entdecken, die diese Riten in den Erinnerungen und Geschichten der Landbevölkerung hinterlassen haben. Die Bedeutung dieser Themen im Hinblick auf heutige Beobachtungen des Kleinen Volkes ist jedoch weniger eindeutig; vielleicht sind sie sogar mehr oder weniger unbedeutend. Nichtsdestotrotz besteht die Möglichkeit, daß besonders in den keltischen Ländern, »die alte Religion« die Landschaft geprägt hat und in besonderer Weise Teil derselben geworden ist. Besonders feinfühlige und dafür empfängliche Menschen haben deshalb vielleicht hin und wieder Visionen, in die die wesentlichen Elemente der dort praktizierten Riten mit einfließen.

Die folgende Nachricht kam von Feda, einem Kind, das zu Anfang dieses Jahrhunderts durch das spiritistische Medium Mrs. Osborn Leonard sprach, und die Eigenschaften der Naturgeister treffend charakterisierte:

> Ja, es gibt sie. Es sind Naturgeister, und es gibt viele Arten von Feen. Sie haben eine andere Art von Schwingungen. Sie haben nicht genau die gleiche Seele wie wir. Aber sie haben Lebensgeister. Alle Lebensformen werden wieder gebraucht. Naturgeister sind nicht sterblich wie wir. Manche sind aus Erde oder Feuer oder Reibung geschaffen worden. Sie alle sind Energie und Bewegung.[26]

Naturgeister repräsentieren die Lebenskraft der Bäume, Pflanzen und Blumen, und werden meist als winzige Geschöpfe mit hauchdünnen Flügeln beschrieben. Sie sind das, was die meisten Leute unter dem Wort »Feen« verstehen, und sie wurden leider ziemlich verniedlicht. Man findet sie in Wahrheit eher im Garten als auf einer Schachtel Pralinen: Den Umstand, daß man die Spitze des Weihnachtsbaums mit einer Fee dekoriert, könnte man als Versinnbildlichung ihrer Rolle als Naturgeist ansehen. Die gesamte Vegetation wurde von diesen elementaren Geistern bevölkert, die emsig damit beschäftigt waren, das Wachstum und die Fruchtbarkeit zu fördern, doch die Verbindung zwischen

Naturgeistern und Feen ist keinesfalls so direkt und unmittelbar, wie es den Anschein hat. Lewis Spence formulierte es kurz und bündig: » . . . alle die Naturgeister sind nicht das gleiche wie Feen; sowenig, wie alle Feen Naturgeister sind.«

Einer der interessantesten Hinweise darauf, daß die Feen Naturgeister sein könnten, ist die Farbe Grün, denn es ist die Farbe der Pflanzen. Unter den zuvor zitierten Augenzeugenberichten befanden sich viele Schilderungen grüner Wesen, dabei sollte man auch die »Kleinen grünen Männchen« der UFO-Gläubigen nicht vergessen. Zwei weitere Beispiele sollen die enge Verbundenheit dieser winzigen Wesen mit den Pflanzen aufzeigen.

> Meine einzige Begegnung mit einer Fee fand in einem ausgedehnten Wald in West Sussex statt . . . Es war ein kleines, nur etwa fünfzehn Zentimeter hohes Geschöpf, das mit Blättern bekleidet war.[28]
>
> Ich war ein Kind von sieben Jahren und begeisterte mich damals genauso für Blumen wie heute, sie scheinen lebendige Geschöpfe zu sein. Ich hatte mich auf einer Straße inmitten einiger Kornfelder niedergelassen und spielte mit einem Strauß Mohnblumen. Ich werde wohl nie das totale Erstaunen vergessen, das mich überkam, als ich einen lustig aussehenden kleinen Mann zwischen den Blumen Verstecken spielen sah. Er war pfeilschnell, und ich glaubte, er täte dies, um mir eine Freude zu machen. Ich sah ihm dabei recht lange zu, dann verschwand er. Er schien ein fröhlicher kleiner Bursche zu sein, aber ich kann mich überhaupt nicht an sein Gesicht erinnern. Er war von derselben grünen Farbe wie Salbei, seine Gliedmaßen waren rundlich, und er hatte die Erscheinungsform eines Geranien-

> stiels. Er schien nicht bekleidet zu sein, war ungefähr acht Zentimeter hoch und schlank. Ich habe oft nach ihm Ausschau gehalten, doch ohne Erfolg.[29]

Die Vorstellung von elementaren Naturgeistern, die im Laub und zwischen den Blättern leben, ist auf zahlreiche Weise verewigt worden, unter anderem auf Reliefs, die man in Kirchen gefunden hat, und auf denen »grüne Männer« abgebildet sind: man erkennt maskuline Gesichter, aus denen Grün hervorsprießt (siehe Fototeil). Diese Naturgeister können manchmal teuflisch und schreckenerregend aussehen, was uns daran erinnert, daß sie nicht notwendigerweise nett, niedlich und freundlich sein müssen. Der volkstümliche Brauch des »Jack in the Green« verkörpert möglicherweise ebenfalls den Glauben an eine lebendige Natur. Man steckt einen Mann in ein Gerüst aus Weidengeflecht, in das grüne Zweige, Blätter und Blumen geflochten werden, und er nimmt in diesem Kostüm an der Maiprozession teil, um die Wiedergeburt der Natur durch den Frühling zu feiern.

Einer anderen Theorie zufolge sind Feen gefallene Engel, verlorene Seelen oder die Geister der Toten.

> »Was sind die Feen eigentlich?«, fragte Padraic Colum einen blinden Mann, den er auf einer Straße im Westen Irlands traf. Dessen Gesicht nahm einen Ausdruck tiefster Überzeugung an. »Die Feen«, sagte er. »Ich werde Ihnen sagen, wer die Feen sind. Gott stieg einst von seinem Thron, und als Er sich umdrehte, saß Luzifer darauf. Binnen einer Minute entstand die Hölle. Gott machte eine Handbewegung und fegte Tausende von Engeln hinfort. Und Ihm

war danach, noch viele tausend mehr zu verstoßen. »Oh Gott Allmächtiger, halt ein!« sagte der Engel Gabriel. »Der Himmel wird wie leergefegt sein.« »Ich werde einhalten«, sagte Gott der Herr; »lasset die, die noch im Himmel sind, hierbleiben; diejenigen, die in der Hölle sind, lasset in der Hölle bleiben; und jene zwischen Himmel und Hölle lasset in den Lüften verbleiben. Und die Engel, die zwischen Himmel und Hölle verblieben, sind die Feen.«[30]

Die Feen mit den Toten in Verbindung zu bringen, schließt zahlreiche verschiedene, jedoch eng miteinander verknüpfte Gedanken mit ein, und umfaßt sowohl vorchristliche als auch christliche Religionen. In den Feen gefallene Engel zu sehen, ist eine offensichtlich christliche Vorstellung; in ihnen die Toten zu sehen, ist wahrscheinlich vorchristlichen Ursprungs. Die gefallenen Engel waren von teuflischem Wesen, sie wurden zusammen mit ihrem Anführer Luzifer aus dem Himmel verbannt und dazu verdammt, in den Bergen und Felsen zu leben. Fromme Christen mißbilligten die Feen und hielten sie für bösartig. Edmund Jones schrieb im Jahr 1779 über gewisse Riten in Wales, als man dort bestimmte Feste und Feiertage legalisierte:

Die Hölle hatte ihre Freude daran, denn sie würde eine schaurig reiche Ernte an verlorenen Seelen einfahren. Nun tanzten, sprangen und sangen die Feen zu ihrer höllischen Musik, denn die Finsternis der Unwissenheit, der Untugend und des Lasters kehrte zu ihrem großen Vergnügen zurück, und es wurden Feste der Sünde zu ihren Ehren veranstaltet.[31]

Auch Katharine Briggs wies nach, wie die Feen mit dem Teufel im Bunde waren:

> Das bekannte Erscheinungsbild des Teufels mit seinen Hörnern, den gespaltenen Hufen und seiner zottigen Mähne entstammt nicht dem christlichen Glauben, sondern den alten Göttern oder Naturgeistern. Die frühen christlichen Missionare hatten, um die beträchtliche Zahl derer, die wieder vom christlichen Glauben abfielen einzudämmen, Methoden entwickelt, um sich die Riten und Praktiken, die sie nicht abschaffen konnten, zu eigen zu machen. All dem, was sie für gut befanden, gaben sie ihren Segen. Sie errichteten ihre Kirchen dort, wo die Tempel standen, die Jahrestage der Heiligen wurden an den uralten heidnischen Festtagen abgehalten, und so personifizierten sie die alten Götter. All diejenigen aber, denen sie ihren Segen nicht geben konnten oder wollten, brandmarkten sie als Teufel oder Dämonen, und sie taten dies verstärkt, als die Kirche ihre Position festigte. Vielleicht erschienen ihnen auch viele heidnische Riten unvereinbar mit dem Christentum. Durch diese Politik wurde das Bild des Teufels durch die Eigenschaften vieler heidnischer Götter und Naturgeister geprägt.[32]

Die Verbindung zwischen Teufeln und Feen wurde durch Robin Goodfellow personifiziert (ein anderer Name für Kobold oder Elf), dessen gespaltene Hufe zeigen, daß er die Attribute eines Teufels besaß. Die Frontillustration des Pamphlets *Robin Goodfellow, His Mad Pranks and Merry Jests*, aus dem siebzehnten Jahrhundert, zeigt ihn zusammen mit tanzenden Hexen ... oder sind es Feen? Der Volkskundler Alfred Nutt brachte Robin mit uralten Gottheiten in Verbindung, und man hat ihn auch mit Robin Hood gleichgesetzt, der ursprünglich ein Gott des Wachstums gewesen sein soll. Die »grünen Männer« und »Jack-in-the-Green« sind ebenfalls Teil desselben komplexen Themas und repräsentieren weitere Gottheiten des Waldes.[33]

Die Feen wurden nicht nur als gefallene Engel angesehen, sondern werden manchmal auch direkt mit den Toten in Verbindung gebracht. In Irland glaubten die Menschen vielerorts, daß diejenigen, die starben, von den Kleinen Leuten geholt wurden. Daraus schlossen sie, die Verstorbenen hätten die Möglichkeit, zurückzukehren oder würden wiederhergestellt werden können. Dieser Glaube ist in der Geschichte klar zu erkennen, die Pastor Robert Kirk erzählte, der in der zweiten Hälfte des siebzehnten Jahrhunderts lebte. Er war nicht nur Pastor, sondern auch Volkskundler und sammelte Informationen über den Feenglauben der Hochlandbewohner von Aberfoyle, dem Ort, an dem er geboren wurde und wo er lebte. Er veröffentlichte das Material in der Schrift *The Secret Commonwealth of Elves, Fauns and Fairies* (das Manuskript ist aus dem Jahr 1691, wurde aber erst 1815 zum ersten Mal veröffentlicht).[34]

Kirk soll 1692 auf dem Feenhügel in der Nähe seines Pfarrhauses in Aberfoyle gestorben sein (siehe Fototeil). Der Überlieferung zufolge, die später entstand, soll er danach einem Verwandten erschienen sein, um diesem die Nachricht zu überbringen, er sei gar nicht tot, sondern würde im Feenreich gefangen gehalten. Er sagte, er würde bei der Taufe seines posthum geborenen Kindes erscheinen, und sein Cousin solle ein Messer gegen diesen Geist schleudern. Das würde den Zauberbann brechen, denn Eisen stelle eine physische Kraft gegen die Feen dar, und Kirk wäre dann in der Lage, in diese Welt zurückzukehren. Er erschien, wie versprochen, bei der Taufe, doch der Cousin vergaß in seinem Erstaunen, das Messer zu schleudern. Kirk verschwand und wurde nie wieder gesehen.[35]

Eine irische Geschichte, die Lady Gregory erzählt wurde, weist Parallelen zu diesem verfehlten Rettungsversuch auf. Die Ehefrau eines Mannes starb und ließ ein kleines Kind zurück. Eines Nachts kehrte sie zurück, um es zu säugen, aber ihr Mann, der sie gesehen hatte, schwieg. In der zweiten Nacht, in der sie erschien, sagte er zu ihr: »Warum hast du keine Stiefel an?« Sie antwortete, daß in diesen eiserne Nägel seien (wie bereits in der Geschichte von Kirk erwähnt, schrieb man dem Eisen die Macht zu, die Feen zu bannen, und man benutzte Messer und eiserne Kreuze, um sich vor Zauberei und schwarzer Magie zu schützen. Man hängte eine geöffnete Schere in Form eines Kreuzes über der Wiege eines Kindes auf, um es davor zu bewahren, von den Feen geholt zu werden).[36] Also entfernte er die Nägel für sie. In der dritten Nacht, in der sie erschien, war sie noch immer barfuß und sagte ihm, er habe zwischen der oberen und der unteren Sohle ein Stückchen Eisen vergessen. Dann erzählte sie ihm, wie er sie zurückbekommen könne. »Komm morgen Nacht zu der Schlucht jenseits des Hügels. Dort wirst du Reiter hindurchgaloppieren sehen, und auf dem letzten Pferd werde ich sitzen. Und bring etwas Kot und Urin mit, und werfe damit nach mir, wenn ich an dir vorbeikomme, dann wirst du mich zurückbekommen.« Er ging dorthin und sah sie vorbeireiten, doch dann verließ ihn sein Mut, und er sah sie nie wieder.[37]

Auch die Kleinen Leute selbst wurden manchmal mit den Geistern der Toten identifiziert und nicht nur für Wesen gehalten, die Tote gefangen hielten. Prähistorische Grabhügel waren ihre Behausungen, eine ganz klare Verbindung zu den Toten. Vielleicht hielt man die Feen auch deshalb für klein, weil die menschliche Seele ebenfalls klein war: Auf einem Basrelief in einem ägyptischen Tunnel wird eine Königin dargestellt, die ihrem Gott wohlriechende Opfergaben darbietet. Dabei steht ihre K*a* (Seele) hinter ihr, sie hat die Form einer kleinen Kreatur, die ihr gerade bis zur Taille reicht. Auf griechischen Vasen ist die Seele in Form einer winzigen Gestalt abgebildet, die den Körper durch den Mund verläßt. Auch in anderen Kulturen wurde die Seele als kleine, menschliche, oft geflügelte Gestalt dargestellt. Ist es da also lediglich ein Zufall, daß die Feen noch in relativ junger Zeit genauso dargestellt wurden? Der Gedanke, die Feen in Anlehnung an die folkloristische Überlieferung mit den Toten in Verbindung zu bringen, veranschaulicht deutlich, daß gewisse Aspekte des Feenglaubens den Mutmaßungen oder direkten Erfahrungen der Menschen über das Leben nach dem Tod entspringen. Manchmal waren die Feen Halbwesen, weder das eine noch das andere: »lebendige Wesen, halb körperlich, halb spirituell, die nur äußerst selten zu sehen waren«.[38]

Lewis Spence war ein nachdrücklicher Befürworter der Theorie, daß der Feenglauben einen Todeskult repräsentierte, und sein Buch B*ritish* F*airy* O*rigins*, beschreibt alles, was seiner Meinung nach dafür spricht;[39] einiges davon habe ich bereits skizziert. Seine Vorstellungen haben etwas Überzeugendes, doch auch diese Theorie erklärt nicht jeden Aspekt des Feenglaubens, besonders nicht die direkten Begegnungen der Menschen mit den Feen. Die Feen als die Toten stellen einen weiteren wichtigen Faktor zur Lösung des Rätsels dar, jedoch ist damit wiederum nur ein Teilbereich abgedeckt.

Ich bin bereits zuvor in diesem Kapitel darauf eingegangen, welche Rolle die Phantasie bei der Beobachtung des Kleinen Volkes spielt. Leute wie C. G. Jung, die sich mit den Untiefen des menschlichen Bewußtseins beschäftigten, haben »kleine Leute« in vielerlei Gestalt entdeckt, die wichtige Funktionen für das Wohlbefinden der Menschheit erfüllen. Es wäre möglich, daß diese inneren Zwerge und Feen von Zeit zu Zeit körperliche Gestalt annehmen und in der Außenwelt »gesehen« werden. Es mag sich dabei um Archetypen oder Symbole des kollektiven Unbewußten handeln, viele traditionelle Feenmärchen sind auf diese Weise interpretiert worden. Sie verkörpern Themen, die für die tiefsitzenden Bedürfnisse der Menschen wichtig sind, wie etwa das Ringen um die Selbstfindung, der Sinn des Lebens, der Konflikt zwischen Gut und Böse, der Zyklus von Geburt und Tod, und andere ewige Wahrheiten.[40] Jung studierte Psychologie und interpretierte die Träume der Menschen, in denen gelegentlich Zwerge auftauchten. Jung sah die Zwerge als:

> ... nahe Verwandte des Unbewußten an, sie bewahren die Navigation, d. h. sie verhindern ein Abgleiten in die Dunkelheit und Ungewißheit. In der Gestalt der Daktylen sind sie auch die Götter der Erfindungsgabe, klein und anscheinend bedeutungslos, wie die Impulse des Unbewußten, und doch ausgestattet mit derselben mächtigen Energie.[41]

Jung bezeichnete den Zwerg auch als »den Wächter an der Schwelle zum Unbewußten«. Auf der anderen Seite entwickelte der Psychoanalytiker Dr. Nandor Fodor eine Theorie, in deren Mittelpunkt die weibliche

Gebärmutter steht: Er sah den »Feenhügel oder Feenring« als Abbild des »schwangeren Uterus«.

> Derjenige, der von den winzigen Kreaturen, die in ihrem unterirdischen Königreich leben, entführt wird, ist sofort auf deren Größe zusammengeschrumpft, die etwa der eines Fötus entspricht. Das andauernde Bewirtetwerden, das Tanzen und die Lustbarkeiten, an denen er teilnimmt, sind ebenfalls kennzeichnend für das ungeborene Leben. Auch hier ist alles reichhaltig vorhanden, ohne daß man sich darum bemühen muß. Zeit existiert im Mutterleib nicht, sie ist ein postnataler Begriff. Das Ungeborene spürt bestenfalls eine Art biologischer Zeit, in Form des eigenen Wachstums. Folglich ist das übernatürliche Fehlen der Zeit im Feenreich eine pränatale Eigenschaft, und die Motive für Feenphantasien sind psychologischer Natur: die Projektion von Stärke zu Schwäche (das Kleine Volk), die wir in all unserer Unzulänglichkeit zu beherrschen wünschen, und demzufolge stellvertretend für die Erfüllung unerreichbarer Träume von Macht benutzen.[42]

Kann der Feenglaube zwei so gegensätzliche Theorien in sich vereinen: die über die Welt der Toten, und die über die Welt der Noch-gar-nicht-Geborenen? Anscheinend ist das möglich: Alle in diesem Kapitel vorgestellten Theorien, so verschieden und sogar widersprüchlich sie auch erscheinen mögen, stellen weitere Fäden des Gewebes dar, aus dem dieses Gewand geknüpft ist. Manche Augenzeugen haben die Kleinen Leute nur aus einer gewissen Entfernung beobachtet und hatten keinen Kontakt mit ihnen. Andere jedoch sind sehr wohl in einen engen Kontakt mit ihnen geraten, der manchmal unangenehm (wie bei den UFO-Entführungen), manchmal aber auch überaus angenehm und vorteilhaft war. Eine Frau hatte sogar tatsächlich ihren eigenen persönlichen Leprechaun, der Murgatroyd hieß. Sie war Patientin bei Dr. Nandor Fodor und konsultierte ihn zum ersten Mal im Mai 1948. Murgatroyd behauptete, von den Tuatha de Danann abzustammen, einem irischen Volk, aus dem schließlich ein Feenstamm wurde.

> Er war sechzig Zentimeter groß und immer grün und lohfarben gekleidet. Er hielt für gewöhnlich ca. einen Meter Abstand zu ihr, sein Körper warf keinen Schatten, obwohl sie auch nicht durch ihn hindurchsehen konnte. Einmal versuchte sie ihn zu skizzieren. Die Skizze verschwand. Davon abgesehen hatte Murgatroyd ihr niemals etwas weggenommen oder mitgebracht, und er erschien nur dann, wenn sie sehr verzweifelt, oder aber besonders froh und ausgelassen war. Er liebte es, Taxi zu fahren. Er kam auch mit ihr, als sie mich aufsuchte, und er war mit ihrem Besuch einverstanden. Doch er blieb unten im Taxi und fuhr als unsichtbarer Fahrgast wieder mit.

Fraglos erkannte Fodor in dem Leprechaun »eine erfolgreiche Selbsttäuschung«. Er war dieser Frau nach dem Tod eines älteren Familienmitglieds erschienen, zu dem er zuvor gehört hatte, und er repräsentierte ihr Bedürfnis, zu einer Familie zu gehören.

> Das Erscheinen (sinnlich oder übersinnlich) eines Schutzengels der Familie war der unbestreitbare Beweis für die Bedeutung ihrer Persönlichkeit. Da Murgatroyd nur in Zeiten großer Verzweiflung oder Ausgelassenheit auftauchte, war er also ihr Schutzmechanismus gegen eine manische Psychose. Darüber hinaus fungierte er als eine Art Verbin-

dungsoffizier zwischen ihr und der Familie. Nach dem Tod wie ein Erbstück weitergereicht, gehörte Murgatroyd weniger dem einzelnen als vielmehr der ganzen Familie.[43]

Der Wissenschaftler George Ellery Hale (1868–1938) war ein weiterer Erwachsener mit einem eigenen persönlichen Elfen-Besucher. Hale machte bedeutende Entdeckungen auf dem Gebiet der Erforschung der Sonne. Er interessierte sich auch sehr für den ägyptischen Sonnengott Ra; außerdem war er manisch depressiv. Bei einem Besuch in Ägypten erschien plötzlich ein kleiner Mann in seinem Zimmer und fing an, ihm Ratschläge zu erteilen, wie er sein Leben zu führen habe. Danach erschien er Hale noch in verschiedenen Weltgegenden; sein Auftauchen kündigte sich durch ein Klingeln in Hales Ohren an. Man könnte meinen, daß dieser Elf die Verkörperung eines Teils von Hales eigener Persönlichkeit war, die dazu diente, seine Probleme in den Griff zu bekommen und wichtige Entscheidungen zu fällen.[44]

Auch Kinder können ihre eigenen persönlichen Elfen haben, die ihre psychologischen Bedürfnisse erfüllen. Dieser hier besuchte ein Kind zur Schlafenszeit; der Vorfall wird von jemandem beschrieben, der im Jahr 1976 davon hörte.

Während unseres Urlaubs in Ottawa, Ontario, begegneten meine Frau und ich einer charmanten jungen Dame, die uns erzählte, daß sie das älteste Kind in einer vielköpfigen Familie sei und sich oft nach mehr Aufmerksamkeit gesehnt habe, als ihre stark in Anspruch genommene Mutter ihr widmen konnte. Dieses Gefühl verstärkte sich besonders dann, wenn sie vor dem Schlafengehen im Bett lag. Eines

Nachts erschien am Kopfende ihres Bettes ein kleiner Mann. Er trug hellbunte Sachen, die aus einem schiefen Hut, einer Jacke, Kniebundhosen, wollenen Socken und Schuhen mit großen glänzenden Schnallen bestand. Sie erinnerte sich besonders deutlich an seine strahlenden schwarzen Augen.

Sie erzählte uns, daß er ihr keine Angst machte, und daß sie, als er anfing, ihr Geschichten zu erzählen, geradezu entzückt war. Er kam eine Weile lang jede Nacht zu ihr und erzählte ihr Geschichten, bis sie schließlich einschlief. Als sie einmal versuchte, ihn zu berühren, zuckte er blitzschnell zurück. Er ermahnte sie, nie wieder zu versuchen, ihn anzufassen.

Schließlich teilte er ihr eines Nachts mit: »Dies ist das letzte Mal, daß ich zu dir komme. Ein anderes Kind braucht mich jetzt nötiger als du. Du wirst dich immer an mich erinnern.« Er verschwand ganz plötzlich vor ihren Augen, und sie sah ihn nie wieder.[45]

Diese drei Kleinen Leute sind wahrscheinlich alle keine selbständigen, unabhängigen Wesen, sondern entstammen den Tiefen des Unterbewußtseins der Zeugen und verkörpern etwas ganz Bestimmtes. In den zwei folgenden Schilderungen sind die kleinen Leute den Zeugen ebenfalls zu Diensten, doch es ist nicht so klar, ob diese Wesen bloß imaginär sind, oder ob sie tatsächlich unabhängig von diesen Zeugen existierten.

Im Jahr 1977 behauptete der peruanische Student Jorge Alvarez, er sei von vier kleinen Geschöpfen vor dem Ertrinken gerettet worden. Er war die Böschung am Ufer eines Flusses hinuntergestiegen, um Wasser zu holen, dabei geriet er in einen Sumpf. Er hatte bereits jede Hoffnung aufgegeben und versank immer schneller in dem Morast, als plötzlich »vier schuppige kleine Geschöpfe von menschenähnlichem Aussehen, die an jeder Hand aber nur drei Finger« hatten, auftauchten und ihm Äste entgegenstreckten, mit denen sie ihn schließlich hinauszogen und retteten. Als er wieder zu Bewußtsein kam, waren die Wesen fort. Er beschrieb sie später als ca. neunzig Zentimeter groß und mit grünen Schuppen bedeckt. Ihre Hände waren kalt und feucht.[46]

Im September 1988 untersuchte Ludovico Granchi, der zuvor bereits zwei seltsame Begegnungen mit UFOs gehabt hatte, einige kleine Lichter, die er in der Nähe seines Hauses bei Rio de Janeiro sah. Als er ein Geräusch hörte, das wie das Zirpen von Grashüpfern klang, war er schon von fünf kleinen Männern umringt, die eine Art Uniform trugen. Sie trugen »Ruten« bei sich, von deren Ende ein Licht ausging, und beleuchteten so die ganze Gegend. Die Männer brachten Granchi in eine Höhle, die wie eine große Kammer mit einem steinernen »Bett« aussah, in das sie ihn schließlich hineinlegten. Sie untersuchten ihn mit ihren »Ruten«, und widmeten einer großen Wunde an seinem Bein große Aufmerksamkeit. Obwohl die Geschöpfe miteinander mit einem grillenähnlichen Zirpen kommunizierten, antwortete ihm einer der kleinen Männer in perfektem Portugiesisch, als Granchi fragte, ob sie wüßten, wie er hieße. Die Stimme des Mannes klang schrill und durchdringend, wie die eines Kindes, doch er nannte den richtigen Namen. Die kleinen Männer, die eine weiße Haut, helles Haar, dunkelgrüne Augen und dünne Arme hatten, benahmen sich sehr zuvorkommend. Sie gaben Granchi eine Frucht zu essen, die wie ein Zwischending aus einem Apfel und einer Pflaume aussah. Als er die

Höhle verließ, hob er einen Stein vom Boden auf und nahm ihn mit. Schon bald nach diesem Erlebnis heilte die Wunde an seinem Bein aus, doch er fühlte sich innerlich »verwirrt und beunruhigt«, und obwohl er normalerweise eher sonnengebräunt war, sah er noch Wochen später blaß aus.[47]

Dieser Bericht gleicht einer UFO-Entführung. Der Beteiligte wurde in einen hellen glatten Raum gebracht, nur war es in diesem Fall eine Höhle und kein außerirdisches Raumschiff. Könnte diese »Höhle« etwa das Feenreich gewesen sein? Der Bericht beinhaltet einige Merkmale, die man entweder dem Feen- oder dem UFO-Glauben zuschreiben kann: die Höhle/das Raumschiff; irgendwohin gebracht werden/entführt werden; kleine Männer (UFO-Wesen/Feen); und das Anbieten von Speisen, das sowohl dem Feen- als auch dem UFO-Glauben entspricht. Die Geschöpfe waren jedoch freundlich und zuvorkommend, Eigenschaften, die man mit Entführern aus UFOs und mit Feen nicht allzu oft in Verbindung bringt. Das Gefühl, »in dünner Luft zu schweben«, das Granchi eine ganze Weile nach diesem Erlebnis spürte, entspricht dem unwirklichen Gefühl, das diejenigen beschrieben, die das Feenreich besuchten, und dabei jedes weltliche Zeitgefühl verloren. Ist Granchi vielleicht, ohne es zu merken, ins Feenreich gebracht worden?

Die Leser, die sich von den zahlreichen Augenzeugenberichten haben beeindrucken lassen, und jetzt davon überzeugt sind, daß manche der Kleinen Leute tatsächlich objektiv real sind, werden aber bestimmt nicht mit den bisher abgegebenen Erklärungen zufrieden sein. Gegen jede einzelne gibt es berechtigte Einwände, und keine von ihnen kann alle merkwürdigen Ereignisse erklären, die sich angeblich zugetragen haben. Meiner persönlichen Ansicht nach ist der traditionelle Feenglaube von verschiedenen Faktoren inspiriert worden, als da wären: die Naturgeister, urzeitliche Völker und Rassen, heidnische Götter und die Geister der Toten. Einzelne individuelle Beobachtungen können zum anderen auch das Resultat von Einbildung, Lüge oder Projektionen des Unterbewußtseins sein. Gäbe man sich aber in allen Fällen mit diesen Erklärungen zufrieden, existierte das Kleine Volk objektiv betrachtet überhaupt nicht. Wäre das möglich? Ich muß aufrichtigerweise gestehen, daß ich es nicht weiß, und auch nicht vortäuschen möchte, es zu wissen. Doch wenn ich meiner Phantasie einmal freien Lauf lassen darf, würde ich spekulieren, daß *einige* Kleine Leute »real« sein *könnten*, und daß sie in einer Welt leben, die parallel zu der unseren existiert. Wenn man dazu neigt, dies anzunehmen, gibt es eine ganze Menge »Beweise« dafür. Das Material ist dermaßen interessant und verblüffend für mich gewesen, daß ich mich entschlossen habe, ihm das letzte Kapitel zu widmen. So bekommen auch andere Leute die Möglichkeit, darüber zu diskutieren, es vielleicht weiter zu verbreiten, und vielleicht, aber auch nur vielleicht, anschließend darüber zu entscheiden, ob es diese andere Welt gibt, in die sich gelegentlich Menschen verirrt haben, oder in die sie entführt wurden.

7
Das Feenreich und andere Welten

Falls es eine andere Welt gibt, die parallel zu der unseren existiert, warum kennen wir sie dann eigentlich nicht? Warum hat die Wissenschaft sie nicht schon lange entdeckt und erforscht, und warum können wir diese andere Welt nicht aus freien Stücken besuchen? Diese Frage läßt sich zum Teil damit beantworten, daß jedes »Geheimnis« den Glauben an die moderne Wissenschaft erschüttert. Phänomene wie das Monster von Loch Ness, Gespenster und Poltergeister, Fische, die vom Himmel fallen, passen nicht zu unserer Sicht der Dinge und werden deshalb auch von den meisten Wissenschaftlern nicht für würdig befunden, sie überhaupt zu untersuchen. Sie verharren deshalb in ihrem Elfenbcinturm, und es ist extrem schwierig, sie aus diesem Kerker zu befreien. Nur wer ein solches Mysterium selbst erlebt hat, oder aber Menschen, die aufgeschlossen genug sind, so etwas für möglich zu halten, zeigen überhaupt Interesse daran. Von der überwiegenden Mehrheit der Bevölkerung und den meisten Wissenschaftlern dagegen werden diese Überlegungen ins Reich der Phantasie verbannt. Da hier Grenzbereiche des Wissens erreicht werden, hält man das Ganze für anrüchig und nicht würdig, sich damit überhaupt auseinanderzusetzen.

Also entsteht das Problem, daß man alle rätselhaften Phänomene von vornherein ignoriert, und so jeder entscheidende Durchbruch bei der wissenschaftlichen Erforschung derselben sich immer weiter verzögert. Manche verpaßte Chance ist dieser Verweigerungshaltung der Wissenschaftler zuzuschreiben, sich objektiv mit Gegebenheiten auseinanderzusetzen, die ihrer orthodoxen Einstellung nicht entsprechen. Die Idee eines parallelen Universums, einer anderen Welt nahe der unseren, ist ein solches Thema, dem man bisher nicht die ihm gebührende Aufmerksamkeit geschenkt hat. Zwar hat es Physiker gegeben, die diese Theorie immerhin erwogen haben, doch die meisten haben nicht geglaubt, daß diese Welt auch tatsächlich existiert, und noch viel weniger, daß es manchen Menschen möglich war, in sie hinüberzuwechseln.

Wenn der Wechsel dorthin einfacher wäre, und wenn es mehr Menschen gäbe, die von ihren Besuchen in dieser Gegenwelt berichten könnten, würden dieselben Wissenschaftler vielleicht aufgerüttelt. Die verfügbaren Beweise belegen, daß diese Welt der unseren sehr nahe zu sein scheint, vielleicht sogar im selben (Zeit)-Raum existiert, die beiden sich aber nur selten durchdringen, und demnach nur wenige Menschen hinüberwechseln. Es ist auch schwierig, anhand des Beweismaterials eine umfassende Beschreibung der anderen Welt abzugeben – und es könnte sogar mehr als nur eine geben, denn woher will man wissen, ob all die Leute, die einen Besuch beschrieben haben, auch am selben Ort gewesen sind? Außerdem ist es gleichzeitig nicht immer möglich zu bestimmen, ob der gesehene Ort objektiv existiert hat oder lediglich ein Produkt der Phantasie war. Deshalb ist die Suche nach der anderen

Welt problembeladen, und das ist wahrscheinlich auch der Hauptgrund, warum deren Existenz weitgehend unbekannt und nicht akzeptiert ist.

Da dies in erster Linie ein Buch über Feen und Kleine Leute ist, werde ich auch zuerst die »andere Welt« beschreiben, in der diese leben – das Feenreich – und mich dabei auf Berichte von Leuten stützen, die behaupten, dort gewesen zu sein. Viele Beschreibungen des Feenreichs entstammen Legenden und folkloristischen Überlieferungen, und können daher nicht als zuverlässige Quellen gelten. Nichtsdestotrotz kann das, was die Landbevölkerung über das Feenreich zu wissen glaubt, sich auf authentische Erlebnisse stützen. Es ergibt sich klar aus dem Kontext der Schilderungen, die in diesem Kapitel beschrieben werden, was Fakt und was Legende ist.

Man nahm allgemein an, daß sich das Feenreich irgendwo unter der Erde befand, entweder im Innern von Hügeln (natürlichen oder prähistorischen Grabhügeln oder vorgeschichtlichen Festungshügeln), oder aber tief im Erdinneren. Man gelangte durch Löcher im Boden hinein, oder ganz einfach, indem man (scheinbar) durch feste Materie hindurchging, so wie es bei den Feen oft beobachtet wurde. (Nicht ganz so verbreitet waren die Geschichten über Feen, die in Seen beheimatet waren. Diese Version war vor allem auf keltische Gebiete beschränkt.) Im Inneren dessen, was wie ein normaler grüner Hügel aussah, befand sich eine ganz andere Welt: ein unterirdischer Palast, mit weiten hell erleuchteten Räumen, eine liebliche Sommerlandschaft, auch wenn »da oben« noch Winter war. Die vielen verschiedenen Legenden bieten jede Menge detaillierter Beschreibungen von Besuchen im Feenreich. Da ist zum Beispiel die Geschichte vom Selena Moor in Cornwall, in dem sich ein Mann ins Feenreich verirrte und dort seine tote Liebste traf. Sie warnte ihn davor, sie zu berühren, irgend etwas zu essen, oder Blumen zu pflücken, denn wenn er in irgendeiner Form mit den Feen in Kontakt geriete, könne er niemals wieder nach Hause zurückkehren. Sie selbst war geholt worden, als sie sich im Moor verirrte und dann eine Feenpflaume aß. Nun mußte sie Arbeiten für die Feen verrichten. Als der Mann seine Handschuhe auszog und von innen nach außen kehrte, verschwand alles, und er befand sich in der Ruine einer alten Scheune. Dort fanden ihn die Leute, die nach ihm suchten, in tiefem Schlaf.[1] Seine Handschuhe von innen nach außen zu kehren, hatte die gleiche Wirkung, wie dies mit einem Mantel zu tun. Diese altbekannte Methode wandte man an, wenn man »pixy led« war, d. h. seinen Weg nicht mehr finden konnte. Es mag ursprünglich den Sinn gehabt haben, die Feen zu verwirren, vielleicht um sie glauben zu machen, es handle sich um eine andere Person.

Auch in der Geschichte von St. Collen spielen Feenspeisen eine Rolle bei der Entführung von Menschen. Collen war ein walisischer Heiliger, der im siebten Jahrhundert lebte und einen Teil seines Lebens in Somerset verbrachte. Er lebte dort am Fuße des Glastonbury Tors (siehe Tafel im Fototeil) und wurde eingeladen, den König der Feen zu besuchen, der in seiner Burg hoch oben auf dem Berg wohne. St. Collen nahm die Einladung an, nahm aber einen Behälter voller Weihwasser mit, den er unter seinem Umhang verbarg. Oben auf der Spitze des Glastonbury Tors angekommen, betrat er ein wunderschönes Schloß, in dem ein Bankett abgehalten wurde, und der König lud ihn ein, daran teilzunehmen. Er weigerte sich jedoch, etwas zu essen, und sagte: »Ich esse nicht von den Blättern eines Baumes«, – da er nicht unter dem Einfluß der Feen stand, erkannte er, woraus das ihm dargebotene Essen wirklich bestand. Während er dem König erzählte, daß seine Höflinge passend gekleidet seien – Rot für die Flammen, und Blau für das Eis in der Hölle – besprengte er sie alle mit dem geweihten Wasser, woraufhin das Schloß mitsamt Bankett verschwand, und er blieb allein auf dem Berg zurück.[2] Hätte St. Collen von den Speisen gegessen, die ihm die Feen anboten, wäre er in ihren Bann geraten und nicht mehr in der Lage gewesen, das Feenreich zu verlassen.

Eine Geschichte aus Wales, die sich 400 Jahre später zutrug, handelt von einem Jungen namens Elidorus und seinen wiederholten Besuchen im Reich der Feen. Die Einzelheiten wurden von dem Erzdiakon Giraldus Cambrensis aufgezeichnet, der ein Buch über seine Reise durch Wales im Jahr 1188, verfaßte. Die Geschichte stammt aus dem Jahrhundert davor. Als er zwölf Jahre alt, und noch ein Schuljunge war, wurde Elidorus häufig von seinem Lehrer geschlagen. Er lief davon und versteckte sich in einer ausgehöhlten Uferböschung am Fluß.

> Nachdem er zwei Tage lang dort ausgeharrt hatte, erschienen zwei Männer von winziger Statur, und sprachen: »Wenn du mit uns kommst, führen wir dich in ein Land voller Lustbarkeiten und Spiele.« Er willigte ein, erhob sich, und folgte seinen Führern über einen Pfad, der zu Anfang unterirdisch und finster war, in ein wundervolles Land, das mit Flüssen und Auen, Wäldern und Ebenen gesegnet war.

> Doch war es dort dunkel, und es ward nicht vom vollen Glanz der Sonne beschienen. Alle Tage waren wolkenverhangen und des Nachts war es vollkommen finster, da dort der Mond und die Sterne nicht zu sehen waren. Der Junge wurde zum König geführt und diesem in Anwesenheit des gesamten Hofstaates vorgestellt. Er wurde ausführlich von ihm befragt und untersucht, und dann in die Obhut seines Sohnes entlassen, der ebenfalls noch ein Junge war. Das Volk dort war von kleinstem Wuchs, doch gefällig anzusehen, auch hatten sie alle eine helle Haut, und ihr üppiges Haar reichte ihnen bis zu den Schultern, wie das von Frauen. Sie besaßen Pferde und Windhunde, die ebenso klein waren wie sie selbst. Des weiteren nahmen sie weder Fleisch noch Fisch zu sich, dafür bestand ihre Nahrung aus Milch, von welcher sie Speisen zubereiteten, die sie mit Safran würzten... Der Junge kehrte verschiedene Male in unsere Hemisphäre zurück. Mal nahm er denselben Weg, auf dem er gekommen war, mal ging er einen anderen; zu Anfang in Gesellschaft anderer und später allein. Doch gab er sich nur seiner Mutter zu erkennen, welcher er die Manieren, das Wesen, und die Pracht dieses Volkes schilderte.

Seine Mutter verlangte nach Gold, das Elidorus für sie zu stehlen versuchte, doch zwei der kleinen Leute nahmen ihm die goldene Kugel wieder ab, und Elidorus fand den Eingang zum Feenreich danach nie wieder. Er wurde später Priester und berichtete dem Bischof von St. David's von seinen Erlebnissen; darunter waren viele Details über die Feensprache, die sowohl Ähnlichkeiten mit dem Walisischen als auch mit dem Griechischen aufwies.[3]

Elidorus Geschichte soll auf tatsächlichen Ereignissen basieren, genauso wie die von Anne Jeffries, einem Mädchen aus Cornwall. Sie lebte im siebzehnten Jahrhundert im Pfarrhaus von St. Teath als Hausmädchen, und da es ihr sehnlichster Wunsch war, die Feen kennenzulernen, suchte sie in ihrer freien Zeit zwischen den Blumen nach ihnen. Eines Tages gaben sie sich ihr im Garten zu erkennen und nahmen sie auf ihrer Reise durch die Luft mit in ein wunderschönes Land. Dort gab es Paläste aus Gold und Silber, und sie tanzten zusammen mit ihr zwischen prallen Obstbäumen. Sie hatte nun die gleiche Größe wie die Kleinen Leute, obgleich diese zuvor kleiner als sie gewesen waren. Schließlich brachten sie sie wieder nach Hause zurück, wo sie auf dem Boden liegend gefunden wurde und aus einer Ohnmacht erwachte. Obwohl Anne Jeffries nie wieder das Feenreich besuchte, blieb sie doch in Verbindung mit den Feen. Man klagte sie später wegen Hexerei an und warf sie ins Gefängnis.

Aus Schottland stammen zwei weitere Geschichten aus dem siebzehnten Jahrhundert, in denen Leute behaupten, das Feenreich besucht zu haben. Ein Junge aus Borgue verschwand einmal mehrere Tage lang, um »unsere Verwandten« zu besuchen, wie er sie nannte. Ein Priester gab ihm etwas, um die Feen fernzuhalten: Es war ein Kreuz, das an einem schwarzen Band um seinen Hals hing. Er wurde nie wieder geholt. Der Volkskundler J. F. Campbell, der diese Geschichte um 1890 niederschrieb, berichtete: »Einige der ältesten, noch lebenden Leute, können sich an den Jungen als alten Mann erinnern. Die ganze Angelegenheit wurde im Kirchenbuch von Borgue festgehalten, und man kann jederzeit Einblick nehmen.«[5]

Ein Junge aus Leith, Edinburgh, wurde ebenfalls

regelmäßig von den Feen besucht, und George Burton befragte ihn irgendwann im siebzehnten Jahrhundert dazu. Der Junge sagte aus, er würde jede Donnerstagnacht »unter jenem Hügel« die Trommel für sie schlagen. Burton fragte ihn nach dem Feenvolk.

> Mein Herr, sagte er, sie sind eine große Gesellschaft, sowohl von Männern wie von Frauen. Vielerlei Arten von Musik sind da, an denen sie sich erfreuen, nicht nur meine Trommel. Überdies haben sie eine üppige Auswahl an Fleisch und Wein, und wir wurden viele Male über Nacht nach Frankreich oder Holland und wieder zurückgebracht. Dieserorten erfreuten wir uns aller Annehmlichkeiten, die das Land zu bieten hatte.

Burton fragte auch, wie er in den Hügel hineinkam.

> Worauf er antwortete, daß dort zwei große Tore waren, die man für ihn öffnete, doch seien diese für andere unsichtbar. Darinnen seien prächtige große Räume, die gut ausgestattet wären, wie das in Schottland üblich sei.

Burton versuchte, den Jungen zurückzuhalten, als für ihn die Zeit anbrach, zu den Feen zu gehen.

> Er saß zwischen uns und beantwortete viele Fragen, bis er, um ungefähr elf Uhr, unbemerkt verschwunden war. Ich merkte plötzlich, daß er nicht mehr da war und hastete zur Tür, um nach ihm Ausschau zu halten. Dabei gelang es mir gerade noch, ihn festzuhalten, und so brachte ich ihn zurück in denselben Raum. Wir alle beobachteten ihn, und plötzlich schlüpfte er wieder zur Tür hinaus. Ich verfolgte ihn und war ihm schon recht nahe, und er machte ein Geräusch auf

der Straße, als würde er angefallen; doch von da an habe ich ihn nie wieder gesehen.[6]

Lady Gregory befragte verschiedene Leute in Irland, die behaupteten, das Feenreich besucht zu haben. Darunter war auch eine alte Dame namens Mrs. Sheridan, die sagte:

> Ich weiß, daß ich mich selbst unter ihnen aufgehalten habe, aber wie sie mich dorthin brachten, ich weiß es nicht... Wohin sie mich brachten, ich weiß es nicht, auch nicht wie, doch ich war dann in einem sehr großen Haus, es war rund, die Wände waren so weit entfernt, daß man sie kaum sehen konnte. Und da waren wirklich viele Leute, ich sah dort Nachbarn und Freunde, die ich kannte; da waren sie, in ihren eigenen Sachen und ihrer eigenen Erscheinung, doch weder sprachen sie mit mir, noch ich mit ihnen. Als ich sie wiedertraf, sagte ich ihnen nicht, daß ich sie dort gesehen hatte. Aber die anderen hatten gestreifte Sachen in allen möglichen Farben an, und sie hatten lange Gesichter, und sie redeten und lachten und gingen umher. Welche Sprache sie sprachen? Irisch natürlich, was sollten sie denn wohl sonst sprechen?

Mrs. Sheridan beschrieb auch eine bedeutende Frau, mit »einem großen Stock in ihrer Hand«; das war »die gnädige Frau«, und diese berührte Mrs. Sheridan mit ihrem Stock an der Brust als sie weinte, weil sie nach Hause wollte. Vernünftigerweise rührte Mrs. Sheridan das Essen und den Wein, die ihr dargeboten wurden, nicht an, doch manchmal mußte sie ein Kind für sie säugen.[7]

Oft berichteten Leute, die der Hexerei beschuldigt

wurden, sie hätten das Feenreich besucht, so wie Isobel Gowdie, deren Geschichte ich schon beschrieben habe. Eine weitere Verbindung zur Hexerei wurde aus Yorkshire berichtet, wo ein Mann wegen Hexerei angeklagt wurde. Er behauptete, mittels eines weißen Pulvers, das er von den Feen erhalten habe, als Heiler tätig zu sein.

Er habe es bekommen, indem er zu einem bestimmten Hügel ging und dreimal klopfte, woraufhin man ihm Einlaß gewährte und das gewünschte Pulver aushändigte. Er erklärte auch, wie er den Feen zum ersten Mal begegnet war, und sie ihn mit zu ihrer Königin nahmen. Er beschrieb die »Halle« im Innern des Hügels als weder hell noch dunkel, sondern eher wie im Zwielicht. Weil er tatsächlich nachweislich Menschen geheilt hatte, sprachen ihn der Richter und die Geschworenen frei.[8]

Einige frühere Schilderungen des Feenreichs stammen aus mittelalterlichen Chroniken, die von Mönchen verfaßt wurden, wie zum Beispiel die Geschichte von Elidorus, die schon zitiert wurde. Sowohl Ralph of Coggeshall als auch William of Newbridge beschrieben die Geschichte der Grünen Kinder von Woolpit in Suffolk (siehe im Fototeil), deren Reise in eine andere Welt sich zu Zeiten der Herrschaft von König Stephen, in der Mitte des zwölften Jahrhunderts, ereignet haben soll. Wegen ihrer seltsamen Details und ihrer offensichtlichen Verbindung zu den Feen ist diese Geschichte es wert, in Ralphs Version in voller Länge abgedruckt zu werden.

> Eine andere wunderbare Sache ereignete sich in St. Mary's of the Wolfpits in Suffolk. Ein Junge und seine Schwester

wurden von den Bewohnern jenes Ortes am Ausgang einer Höhle gefunden. Zwar hatten sie die gleichen Glieder wie Menschen, doch war die Farbe ihrer Haut vollkommen verschieden von der aller Menschen der bewohnten Welt, sie war von grünem Ton. Niemand verstand ihre Sprache. Als man sie zum Haus eines gewissen Ritters mit Namen Sir Richard de Calne in Wikes brachte, um ihm die kuriosen Geschöpfe vorzuführen, vergossen diese bittere Tränen. Man setzte ihnen Brot und andere Viktualien vor, doch sie rührten nichts davon an, und das, obgleich sie von schrecklichem Hunger geplagt wurden, wie das Mädchen nachher zugab. Endlich, als frisch geschnittene Bohnen, noch mit ihren Stengeln, ins Haus gebracht wurden, gaben sie mit großer Regsamkeit Zeichen, man möge ihnen diese bringen.

Als man sie ihnen brachte, öffneten sie die Stengel anstelle der Schoten, und als sie in deren Innern keine Bohnen fanden, weinten sie erneut bitterlich. Als jene, die anwesend waren, das sahen, öffneten sie die Schoten und zeigten ihnen die bloßen Bohnen. Sie machten sich mit großem Entzücken darüber her, und rührten lange Zeit keine anderen Speisen an. Jedoch war der Junge immerwährend lustlos und bedrückt, und starb nur kurze Zeit später. Das Mädchen erfreute sich einer tadellosen Gesundheit, machte sich mit zahlreichen Speisen vertraut, verlor hinfort auch die grüne Farbe ihrer Haut, und ihr gesamter Körper nahm nach und nach eine gesunde frische Farbe an. Sie lebte fortan ein Leben im Geiste der heiligen baptistischen Kirche, diente von nun an dem Ritter (wie ich es verschiedene Male von ihm selbst und seiner Familie zu hören bekam), und war offen und ziemlich in ihrem Betragen. Auf die oft gestellte Frage nach den Menschen ihrer Heimat machte sie geltend, daß deren Bewohner, und alles andere in die-

> sem Lande, von grüner Farbe seien. Niemals sähen sie die Sonne, doch erfreuten sie sich eines Lichts, das dem des Sonnenuntergangs gleiche. Gefragt, wie sie und besagter Junge denn in dieses Land gekommen seien, entgegnete sie, sie seien ihrer Herde gefolgt, an jene Höhle gelangt, und hätten beim Betreten einen bezaubernden Glockenklang gehört. Verzückt von der Süße und Reinheit dieses Klangs, durchwanderten sie die Höhle, und es verstrich eine lange Zeit, bevor sie deren Ausgang erreichten. Als sie hinaustraten, wurden sie von dem starken Sonnenlicht und der ungewohnten Temperatur der Luft wie von einer Keule niedergestreckt, und lagen so lange da. Erschreckt von dem Lärm derer, die da auf sie zukamen, verspürten sie den Wunsch zu fliehen, aber sie konnten den Eingang zu der Höhle nicht mehr finden und wurden gefangen.[9]

Katherine Briggs schreibt, daß »Bohnen traditionellerweise eine Speise der Toten sind« und Grün »die keltische Farbe des Todes« ist.[10] Es ist natürlich auch eine Farbe, die sehr oft mit dem Kleinen Volk in Verbindung gebracht wird, und manchmal auch mit sogenannten UFO-Wesen.

Der Eingang zur Welt dieser Kinder lag in einer Höhle, und das Licht dort war wie unser Zwielicht, so wie in dem beschriebenen Fall von Hexerei und ebenso in der Geschichte von Elidorus. Das Mädchen nannte ihre Heimat St. Martin's Land und sagte, die Leute, die dort lebten, seien Christen, so steht es jedenfalls in William of Newbridges Version der Geschichte geschrieben. St. Martin's Land ist eindeutig das Feenreich, jene andere Welt, die manchmal für kurze Zeit mit der unseren in Verbindung steht und Menschen

Ein Mann, der törichterweise an einem Feentanz teilnahm, wird von einem Freund in Sicherheit gebracht, in dem dieser ihn zurückzerrt (*Fortean Picture Library*).

erlaubt, von der einen in die andere Welt hinüberzuwechseln, ihnen jedoch nicht immer genügend Zeit läßt, wieder zurückzukehren.

Auch wenn sie sich in gewissen Details voneinander unterscheiden, so stimmen die Beschreibungen des Feenreichs doch in den wesentlichen Dingen überein: Man erreicht es häufig durch einen Hügel oder ein Loch in der Erde; und wenn man die Welt der Feen betritt, ist sie ein wunderschöner Ort mit prächtigen Gebäuden, sie ist einfach perfekt. Diejenigen, deren Beschreibungen ich bisher vorgestellt habe, schienen kommen und gehen zu können, wann sie es wollten, aber wie in der Folklore üblich, wurden jene, die so töricht waren, von den Feenspeisen zu essen, oder sonst irgendwie mit ihnen in Kontakt zu treten, von den Feen gefangen gehalten und konnten nicht aus freien Stücken zu ihrem normalen Leben zurückkehren.

Manchmal waren es die Feenmusik und das Tanzen, durch die sich ein Mensch unwiderstehlich angezogen fühlte, so daß er sich in den Feenkreis hineinbegab und sich zu ihnen gesellte. War er einmal darin, konnte er nicht wieder hinaus – und wollte das meistens auch gar nicht, denn die Erfahrung war ja so angenehm. In den Volksmärchen kamen ihm dann immer Freunde zu Hilfe, allerdings erst lange Zeit später, manchmal sogar erst ein oder zwei Jahre später. Er wurde an seiner Kleidung hinausgezogen, dabei mußten die Retter darauf achten, den Kreis nicht zu betreten. Oder man berührte ihn mit einem Stück Eisen, ehe man ihn hinauszog (die Bedeutung von Eisen als Schutz gegen die Feen ist bereits beschrieben worden). Der so Befreite glaubte, er habe nur fünf Minuten lang getanzt, nicht ein Jahr lang oder noch länger: Man bedeutete einem solchen Mann in einem Fall, sich seine »neuen Schuhe« anzusehen, und er bemerkte, daß diese nur noch aus Fetzen bestanden. Erst da ließ er sich von dem überzeugen, was seine Freunde ihm berichtet hatten.[11]

Hin und wieder bleibt der Besucher des Feenreichs noch viel länger fort, vielleicht 200 Jahre irdischer Zeit, obwohl er anscheinend nur kurze Zeit im Land der Feen war. Eine schottische Geschichte berichtet von zwei Geigenspielern, die einen Hügel bei Inverness betraten und dort für eine Feengesellschaft spielten.

Das ganze dauerte nur wenige Stunden, doch als sie nach Hause zurückkehrten, mußten sie zu ihrer völligen Verblüffung feststellen, daß hundert Jahre vergangen waren. Sie suchten dann eine Kirche auf, aber als der Priester anfing, aus der Heiligen Schrift zu lesen, zerfielen sie zu Staub. Dasselbe geschieht manchmal auch, wenn die betreffende Person nach Hause zurückkommt und etwas ißt. Katharine Briggs interpretierte das als Indiz dafür, daß das Feenreich »eine Welt der Toten ist, und jene, die es betreten, schon lange gestorben sind. Sie kehren mit einem unwirklichen, illusorischen Körper zurück, der bei der Konfrontation mit der Wirklichkeit zu Staub zerfällt«.[12]

In einem Fall übertrat ein Mann jedoch ein Gebot, indem er, nach vielen glücklichen Jahren im Land der Feen, verbotenerweise aus einem Brunnen trank. Er befand sich daraufhin auf der Stelle wieder daheim in Pembrokeshire (Wales) und hütete auf der Weide seine Schafe. Es waren nur wenige Minuten irdischer Zeit vergangen.[13]

Wenn man sich in einem Trancezustand befindet, kann man ebenfalls das Zeitgefühl verlieren. Menschen, die dem Tod durch Ertrinken nahe waren oder andere plötzliche Anfälle erlebten, später jedoch wiederbelebt wurden, sagten aus, daß »ihr ganzes Leben blitzschnell an ihrem inneren Auge vorbeizog«. Auch die Einnahme von Drogen kann Erlebnisse oder Träume hervorrufen, die scheinbar sehr lange dauern: Thomas de Quincey, ein Schriftsteller aus dem neunzehnten Jahrhundert, der Opium nahm und seine Erfahrungen in dem Buch *Confessions of an English Opium-Eater* niederschrieb, berichtete von Träumen, die zehn bis sechzig Jahre lang waren. Leute, die unerklärliche Erlebnisse mit UFOs hatten, verlieren ebenfalls hin und wieder das Zeitgefühl: Sie stellen fest, daß sie eine oder zwei Stunden »verloren« haben. Eine Reise, die normalerweise vielleicht zwei Stunden in Anspruch nimmt, dauert an dem fraglichen Tag vier Stunden, und der Zeuge hat keinerlei Erklärung für das, was während der fehlenden zwei Stunden passiert ist.

Shon ap Shenkin verwandelt sich zu Staub, nachdem er nur wenige Minuten später, wie er glaubt, zurück nach Hause kommt. In Wahrheit hatte er viele Jahre damit verbracht, der Feenmusik zu lauschen (Fortean Picture Library).

Wenn er oder sie später hypnotisiert wird, findet man dann vielleicht heraus, daß eine UFO-Entführung stattgefunden hat. Die Einzelheiten des Vorfalls, die aus dem Gedächtnis des Opfers gelöscht wurden, kommen so wieder zum Vorschein.[14] Diese Erfahrung gleicht der eines Besuchers im Feenreich, der feststellen muß, daß in der »realen Welt« wesentlich mehr Zeit verstrichen ist, als er glaubt.

Die Vorstellung von Menschen, die fröhlich zusammen mit den Feen tanzen, während ihre Freunde außerhalb des Kreises sich um ihre Rettung bemühen, demonstriert eindeutig, wie nahe die Welt der Feen unserer eigenen ist. Die Retter können den Tänzer sehen, doch er lebt in einer anderen Welt mit einem anderen Maßstab von Zeit. Die Nähe der Feenwelt zu der der Menschen, äußert sich in häufigen Begegnungen mit Kleinen Leuten und wird durch die Schwierigkeit, von der einen in die andere Welt hinüberzuwechseln, noch unterstrichen. Das gilt besonders für den Weg aus der Feenwelt in die der Menschen, wie die Geschichte, die der irische Schneider Patrick Waters Evans Wentz geschildert hat, beweist:

> Ein Mädchen aus dieser Gegend starb in ihrer Hochzeitsnacht beim Tanzen. Kurz nach ihrem Tod erschien sie ihrem Mann, und sagte zu ihm: »Ich bin gar nicht tot, aber ich wurde dir für eine Weile weggenommen. Es kann lange dauern, oder nur für kurze Zeit sein, ich kann es dir nicht sagen. Es geht mir nicht schlecht. Wenn du mich zurückhaben willst, mußt du zu der Schlucht hinter dem Haus gehen und mich festhalten, wenn ich vorbeikomme. Ich lebe ganz in deiner Nähe, und ich sehe dich, aber du siehst mich nicht.« Er war begierig darauf, sie zurückzubekommen und ging unver-

> züglich zu besagter Schlucht. Als er dort ankam, sah er, wie eine Gruppe von Fremden den Ort gerade verließ, und bald erschien auch seine Frau, doch er konnte weder Arme noch Beine bewegen, um sie zu retten. Dann erklang ein lauter Schrei, und sie war fort. Der Mann glaubt fest daran und würde nie wieder heiraten.[15]

In der modernen Welt geschehen manchmal seltsame Dinge, die auf die Nähe einer anderen Welt schließen lassen, die wir normalerweise nicht sehen können, die aber trotzdem mit der unseren in Kontakt steht. Medial veranlagte Menschen sind noch am ehesten in der Lage, Dinge, die einer anderen Existenzebene entstammen, zu sehen. Möglicherweise teilen wir unseren Lebensraum mit allen nur denkbaren seltsamen Wesen, die wir in der Regel nicht sehen können. Mrs. Claire Cantlon, die damalige Vorsitzende der Faery Investigation Society, erzählte dem Psychologen Dr. Nandor Fodor von ihren eigenen Erlebnissen.

> Mein Haus und mein Garten in Putney sind geradezu von Feen und Gnomen übervölkert. Eines Tages kam mein zehnjähriger Sohn Robin voller Angst zu mir. Er dachte, in seinem Zimmer wäre ein Schwein. Es war ein fetter Gnom, der auf einem Stuhl saß, äußerst schlecht gelaunt aussah und brummte. Ein paar Tage später hörte ich das Geräusch selbst. Es war eine Mischung aus dem Knurren eines Hundes und dem Grunzen eines Schweins. Ich dachte, der Hund wäre hinter der Katze her. Letzte Woche sah ich den Gnom dann. Als ich gerade das Licht ausmachen wollte, bemerkte ich einen sonderbaren Schatten, der an der Markise hinaufklettern wollte und mit einem lauten Plumps herunterfiel. Er sah mich böse an, so daß ich unwillkürlich

> ein Lachen in mir aufsteigen fühlte, und er verschwand. Im Juni sah meine elfjährige Tochter, die äußerst medial veranlagt ist, einen Gnom inmitten eines Lichtkreises auf dem Bettpfosten sitzen und auf einen Ring einhämmern. Er trug einen Umhang und hatte einen langen, weißen Bart.[16]

Auch Leute, die nicht medial veranlagt sind, können unerwartet zu Zeugen von Ereignissen werden, die auf die Existenz einer anderen Welt hindeuten. Die Feen oder Kleinen Leute sind normalerweise unsichtbar für uns, doch es gibt Gelegenheiten, bei denen sie teilweise sichtbar werden. So ist es uns manchmal erlaubt, einen flüchtigen Blick auf sie zu werfen, ehe sich die Bedingungen wieder ändern. Ich bedaure es, nicht detaillierter über die Mechanismen Bescheid zu wissen, die deren Sichtbarkeit oder teilweise Materialisation ermöglichen: Ich werde diesen Aspekt der anderen Welten den Wissenschaftlern überlassen, sollen sie versuchen, es herauszufinden. Alles was ich tun kann, ist, Fallbeispiele zu liefern, die Tatbestände, die von den Zeugen beschrieben werden, aufzulisten. In der Mitte des achtzehnten Jahrhunderts war zum Beispiel der Pastor Robert Hughes auf dem Heimweg nach Llanaelhaearn auf der Lleynhalbinsel (Gwynedd, Wales). Er war frühmorgens auf der Pwllheli Road unterwegs, als er dort Feen auf winzigen Pferden reiten sah. Er erzählte Dr. John Rhys von dieser Begegnung, der sie in seinem Buch über keltische Folklore schilderte: »Seiner Erinnerung nach versuchte er, die Vision loszuwerden, indem er die Augen schloß und wieder öffnete. Zuerst war niemand mehr auf der Straße zu sehen, doch im nächsten Moment kehrte die Erscheinung zurück, und er sah den winzigen Tross von Reitern so klar und deutlich, wie es überhaupt möglich war.« Auf ähnliche Weise sah im letzten Jahrhundert jemand auf der Isle of Man für einen Augenblick die Feen:

> Vor ungefähr 34 Jahren, im Alter von 23, als er um 10 Uhr an einem strahlenden Sommermorgen unterwegs war, geschah es. Er überquerte die Weiden auf der westlichen Seite des Schiefersteinbruchs am Glen Aldyn. Hier mußte er plötzlich innehalten, um nicht über etwas Lebendiges zu stolpern, das nur zwei oder drei Meter von ihm entfernt war. Es waren fünf kleine Wesen, die Hand in Hand im Kreis herumtanzten. Sie waren etwa dreißig Zentimeter hoch und von gräulicher Farbe, wie Pilze. Ihre Körper schienen ein wenig nach vorn gewölbt zu sein, ihre Glieder sowie die Augen waren klar zu erkennen, und ihre Köpfe bewegten sich beim Tanzen. Er bezeichnete sie als »kleine Männer«, denn sie machten auf ihn den Eindruck, als seien sie männlichen Geschlechts. Nachdem er ihnen eine Weile lang zugesehen hatte, verschwanden sie vor seinen Augen, und da war nichts weiter als Gras. In der Annahme, daß ihn seine Sinne getäuscht hatten, suchte er den Ort nach ein paar Tagen erneut auf. Wieder war es Morgen, und wieder waren sie da, genau wie vorher. Aus Angst, sich lächerlich zu machen, hatte er sich davor gehütet, es jemandem zu erzählen.

Nur weil die Kleinen Leute plötzlich verschwinden, oder mal zu sehen sind und mal nicht, oder weil sie später zurückkehren, heißt das nicht, daß mit der Vision des Zeugen etwas nicht stimmt, oder daß er sich etwas eingebildet hat. Tatsächlich geben uns diese an der Grenze des Sichtbaren verlaufenden Beobachtungen Anhaltspunkte, wann und wie Menschen in der Lage sind, diese schwer zu erfassenden Geschöpfe zu sehen.

Auch Dr. Robert Ernst Dickhoff sah im Jahr 1912 Kleine Leute, die dann wieder verschwanden. Nur taten sie es diesmal langsam.

Ein Ereignis, das sich im Jahr 1912 zutrug, als ich acht Jahre alt war und in einem Kölner Vorort wohnte, wird mir wohl für immer im Gedächtnis bleiben. Ich schaute eines Nachmittags aus dem Fenster meiner Wohnung auf den Hof hinaus, und erwartete keinesfalls, irgend etwas Paranormales oder Übersinnliches zu sehen – ich schaute einfach nur aus dem Fenster, um zu sehen, was es zu sehen gab. Hinter mir stand ein großes Bett mir vier Pfosten. Ich war allein in dem Zimmer, doch ich fühlte den unwiderstehlichen Drang, mich umzudrehen. Also tat ich es, und sah zwei seltsame Kreaturen, die, jeweils gegen einen Bettpfosten gelehnt, auf dem Bett saßen. Sie konnten aufrecht stehend nicht größer als einen Meter gewesen sein. Sie sahen vollkommen gleich aus, hatten die Gestalt eines Menschen und eine hellbraune Haut. Da sie nicht lächelten, konnte ich nicht sehen, ob sie Zähne hatten. Falls sie Sachen trugen, müssen diese die gleiche Farbe wie ihre Haut gehabt haben und sehr enganliegend gewesen sein. Mir erschien es jedoch, als seien meine merkwürdigen Besucher nackt gewesen.

Ich weiß nicht, wie lange mich die Kreaturen gemustert haben, bevor ich mich umdrehte. Aber nachdem wir einander ungefähr eine Minute lang angestarrt hatten, passierte eine unglaubliche Sache. Nachdem sie nun scheinbar begriffen hatten, daß ich sie sehen konnte, wurden sie vor meinen erstaunten Augen langsam unsichtbar. Ich sah sie nie wieder – aber das mag daran liegen, daß sie nun besser darauf achteten, in meiner Gegenwart unsichtbar zu bleiben. Ich habe mich oft gefragt, ob meine seltsamen Besucher wohl Außerirdische waren, die aus einer fliegenden

Untertasse kamen. Doch während meines Erlebnisses war nirgendwo eine zu sehen.[19]

Bei manchen UFO-Erlebnissen scheinen die »Raumschiffe« nicht vollkommen massiv zu sein. Jennifer Canfield saß am 3. Juli 1977 zusammen mit ihrem Ehemann auf der Veranda ihres Hauses in Callicoon an der Grenze zwischen New York und Pennsylvania. Der Himmel war bewölkt, und es war ca. 19.30 Uhr. Sie beobachteten, wie sich ihnen ein »strahlendes Licht« geräuschlos näherte, und Mrs. Canfield griff nach ihrem Fernglas. Als sie hindurchblickte, sah sie ein massives Flugobjekt mit zwei großen Scheinwerfern. Es hatte ein »Cockpit«, das wie ein umgedrehter Trichter aussah, und es war grau oder eierschalenfarben. Sie erläuterte dazu:

> Verschiedene Leute konnten das Objekt durchs Fernglas beobachten. Als es sich unserem Haus bis auf eine halbe Meile genähert hatte, bemerkte mein Mann: »Nun sag bloß nicht, daß ich am Ende auch noch von einer fliegenden Untertasse mitgenommen werde!« Ganz so, als sei dies ein Stichwort gewesen, verschwand das Objekt. Es flog nicht nach oben oder nach unten, es schwenkte auch nicht nach links oder rechts. Es verschwand ganz einfach! Wie ich bereits sagte, war es bedeckt, und die Wolken hingen sehr tief. Die fliegende Untertasse befand sich darunter.[20]

Ein paar Jahre zuvor, das war im Sommer 1972, sah ein Mann der an einem Fluß bei Buckingham in England angelte, ein zigarrenförmiges Objekt, das sich im Wasser spiegelte – doch am Himmel war nichts zu sehen. Als er wieder auf das Wasser sah, konnte er die Widerspiegelung eines metallenen Objekts mit abgerundeten Enden sehen, das sich bewegte. Er schaute wieder zum immer noch leeren Himmel hinauf. Dann, nach zwölf Sekunden, wendete das Objekt und verschwand.[21] Meinem Mann Colin und mir ist einmal etwas Ähnliches widerfahren. Es war im Juli des Jahres 1983. Wir standen auf einer Brücke, die den Worcester and Birmingham-Kanal in den englischen Midlands überquert, und machten Fotos von dem Kanal, dem Pub an seinem Ufer und den Booten im Wasser. Es war ein heißer Tag, mit einem blauen, wolkenlosen Himmel. Wir sahen nichts Ungewöhnliches, aber Tage später, als wir die Diapositive durchsahen, entdeckten wir auf einem Dia eine seltsame weiße »Wolkenformation« am Himmel. Keine andere der Aufnahmen, die wir alle hintereinander während eines kurzen Zeitraums gemacht hatten, wies etwas ähnlich Ungewöhnliches auf. Nur das eine Dia zeigte ein Objekt, das alle Welt für ein verschwommenes, zigarrenförmiges UFO halten mußte. Falls es ein UFO gewesen sein sollte, war es für das menschliche Auge unsichtbar. Falls es eine Wolke war, kam und verschwand diese innerhalb weniger Sekunden.

Dic Erscheinung ließ sich auch nicht durch einen Fehler bei der Entwicklung des Films erklären, so bleibt das ganze ein Rätsel. Vielleicht war es ja so, daß der Film etwas aufzeichnete, das nur auf einer bestimmten Wellenlänge sichtbar wird, und daher vom menschlichen Auge nicht erfaßt werden kann. Fotoapparate bannen ja auch manchmal geisterhafte Figuren auf den Film, die der Fotograf gar nicht gesehen hat. Das läßt darauf schließen, daß man unter bestimmten Umständen Erscheinungen aus der »parallelen Welt« auf einem Film festhalten kann. Es macht jedoch ganz sicher kei-

Dieser alte Kupferstich zeigt einen Pilger, der eine andere Welt entdeckt. Zur Rechten ist unsere Alltagswelt zu sehen, von der aus der Pilger die Trennwand zur anderen Welt durchbrochen hat. Diese ist zwar von der unseren abgetrennt, aber zum Greifen nahe (Fortean Picture Library).

nen Sinn, wahllos herumzulaufen und alles mögliche zu fotografieren, nur in der Hoffnung, nachher »unsichtbare« Leute zu sehen – die Seltenheit eines solchen Ereignisses beweist, daß diese Bedingungen (wie immer sie auch aussehen mögen) nur allzu selten herrschen.

Wenn uns diese »andere Welt«, die »parallele Welt«, oder das Feenreich, oder wie auch immer man es nennen mag, wirklich so nah ist, trennt uns vielleicht nur eine dünne Barriere von ihr. Diese Barriere aber scheint für die meisten Sterblichen unüberwindlich zu sein. Nur wenn zufällig für einen Moment lang, oder zwei, die richtigen Bedingungen herrschen, ist es uns erlaubt, einen flüchtigen Blick auf die andere Seite zu werfen (siehe Fototeil). Möglicherweise herrscht in unserem Bewußtsein einfach ein zu großes Durcheinander, um auf der korrekten Wellenlänge zu senden oder zu empfangen. Die Vorstellung einer »Barriere« könnte auch irreführend sein, denn wenn die »andere Welt« sich in demselben Raum wie unsere tägliche Realität abspielt, wäre dieses trennende Hindernis eher imaginär: Es bestünde in unserem Mangel an Wissen und Verständnis für die richtige Sichtweise. Deshalb können wir manchmal unerwarteterweise »sehen«. Obwohl diese Gedanken rein hypothetisch sind, und sich nur auf wenige seltsame Ereignisse stützen, gibt es doch überall auf der Welt ähnlich klingende Berichte. Diese Erlebnisse deuten auf seltene Ereignisse hin: Uns wird blitzartig ein kurzer Einblick in eine andere Existenz zuteil, nur damit wir danach wieder »zur Normalität zurückkehren«. Schließlich können die meisten Menschen sich an etwas erinnern, für das es scheinbar keine logische Erklärung gibt. Haushaltsgegenstände verschwinden und tauchen woanders wieder auf, ganz so, als würde uns ein unsichtbares Wesen mutwillig einen Streich spielen. Manchmal ist das »Wesen« auch hilfreich, wie die Brownies aus den Feengeschichten, die im Haus mithelfen. In den späten fünfziger Jahren lebten in einem Cottage in Devon ein Vikar und seine Frau. Diese bereitete eines Tages einen Eintopf zu. Sie wollte gerade das Gas anzünden und den Eintopf aufsetzen, als sie von irgend etwas abgelenkt wurde. Schließlich gingen sie wenig später aus. Als sie wieder nach Hause kamen, wollten sie zum Abendessen Brot und Käse zu sich nehmen, mußten jedoch feststellen, daß jemand den Herd angemacht und den Eintopf gekocht hatte. Sie waren die ganze Zeit in Sichtweite des Hauses gewesen und hatten niemanden auch nur in seine Nähe kommen sehen. Auch hatten sie keinen Rauch bemerkt. An einem anderen Tag vergaß sie, das Abendessen vom Feuer zu nehmen. Als es der Frau wieder einfiel, hätte es längst verbrannt sein müssen, aber irgend jemand hatte es bereits vom Ofen genommen. Bei einer weiteren Gelegenheit kamen ihr, als sie draußen in der Sonne saß und nähte, zwei Nadeln abhanden und ihr Nadelheft verschwand.[22]

In einem ähnlichen Fall hatte eine Frau, die irgendwo auf dem Land in Wales einen Laden und ein Dorfpostamt betrieb, einen unsichtbaren Helfer. Jeden Morgen, wenn sie aufstand, hatte jemand ihren Laden über Nacht aufgeräumt. Die Unordnung vom Vortag war verschwunden. Sie meinte dazu:

> Ich verstand eigentlich nie wirklich, warum es geschah. Aber ich war von Anfang an sehr dankbar dafür, und so wurde es schließlich selbstverständlich für mich, nicht großartig nach dem Wie oder Warum zu fragen. Ich bedankte mich lautstark jeden Morgen bei ihm, wer immer er auch war. Ich fing an, ihn – falls es ein Er war – Billy zu nennen, nur um ihm etwas Persönlichkeit zu verleihen. Und er ließ mich nicht einmal im Stich. Als ich mich vom Geschäftsleben zurückzog, ging Billy fort. Wissen sie, seine Dienste wurden ja nicht mehr gebraucht.[23]

Diese Geschehnisse kann man natürlich nicht direkt den Feen zuschreiben, doch sind es genau diese Dinge, die man von ihnen erwartet. Während ich an diesem Buch schrieb, hatte ich selbst ein ähnliches Erlebnis, und es gibt mir noch heute Rätsel auf. Man erreicht unser Haus in den Bergen von Nordwales, indem man einem Weg folgt, der über zwei Felder führt, und man muß dabei drei Gatter durchqueren. Am Morgen des 1. Februar 1991 war der Boden am unteren Gatter zur Straße hin mit Eis bedeckt. Nachdem ich es geöffnet hatte, mußte ich mit dem Wagen ein Stück weit zurücksetzen, um genügend Schwung zu haben, denn die Auffahrt führt steil nach oben. Ich durfte danach auch nicht mehr anhalten, um weitere Tore zu öffnen, denn auf dem vereisten Untergrund würde das Auto nicht wieder in Fahrt kommen. Ich überquerte das eine Feld und gleich darauf das nächste (das Gatter stand offen), und hielt auf einem geraden Stück an, das nicht vereist war. Das Tor zur Straße war nun nicht mehr zu sehen, und ich mußte mich beeilen, um dorthin zurückzukehren, bevor die Schafe ausrissen. Zwischen dem Durchqueren des ersten Tores und dem Zeitpunkt, als es wieder zu sehen war, verging nur eine Minute: Und ich war höchst überrascht zu sehen, daß das Tor geschlossen war. Ich hatte nur noch das Feld zu überqueren, dann war ich wieder dort und konnte überprüfen, ob auch der Riegel geschlossen war, und so war es. Der Wind konnte das Tor nicht zugedrückt haben, denn es war überhaupt nicht windig, und außerdem schleifte das Tor über den Boden. Ich hatte ganz zweifellos nicht angehalten und das Tor selbst geschlossen, also mußte es jemand anders getan haben. Doch als ich vor drei oder vier Minuten die Straße entlangfuhr, war niemand zu sehen, und auch jetzt, da ich am Tor stand und über dieses Rätsel nachdachte, war dort niemand zu sehen. In so kurzer Zeit konnte auch niemand außer Sicht verschwunden sein. Es gab zwar einen Nachbarn aus dem Dorf, der manchmal mit seinem Hund auf der Straße spazieren ging und das Tor für mich zumachte, wenn er zufällig vorbeikam und ich gerade hinausfuhr, doch ich hatte ihn an jenem Morgen nicht gesehen. Als ich ihm am nächsten Tag begegnete, fragte ich ihn, ob er das Tor am Vortag für mich geschlossen hatte, aber er antwortete, daß er es nicht gewesen sei. Wenn mir nicht eines Tages irgend jemand gesteht, daß er sich im Gebüsch versteckt hat, um mich zum Narren zu halten, muß ich wohl annehmen, daß irgendeine unsichtbare Hand das Tor geschlossen und verriegelt hat.

Ich sage »unsichtbar«, weil ich nicht nur keine Menschen, sondern auch keine Feen gesehen hatte – ich muß wohl davon ausgehen, keinen höheren Grad medialer Sensibilität zu besitzen als der Rest der Bevölkerung. Das wäre dann ein Beweis dafür, daß medial veranlagte Menschen eher die Chance haben, Feen zu sehen, oder andere »paranormale« Ereignisse zu erleben. Kinder tendieren eher dazu als Erwachsene, und die zahlreichen bereits zitierten Fälle, in denen Kinder Kleine Leute gesehen haben, belegen dies. Vielleicht sind sie einfach offener als Erwachsene – sie lassen ihren natürlichen medialen Fähigkeiten instinktiv freien Lauf, wohingegen Erwachsene sie eher unterdrücken. Wenn Kinder also am rechten Ort sind, um Feen zu sehen, werden sie es wahrscheinlich auch tun; viele Erwachsene hingegen würden wahrscheinlich gar nichts bemerken.

Ein Fall, der diese Aufnahmebereitschaft von Kindern demonstriert, ereignete sich in den 1870er Jahren auf der Insel Skye, als eine Großmutter auf ihre drei Enkel aufpaßte. Eine alte Dame kam zu Besuch und bot an, ihnen etwas Interessantes zu zeigen. Es dämmerte bereits, und sie führte sie zu einem Feldweg. Plötzlich blieb sie stehen und sagte: »Schaut nur dort, könnt ihr sie sehen?« Auf einem Abhang sahen sie grüngekleidete Feen, die in einem Kreis ein Feuer umtanzten. Am nächsten Tag gingen die Kinder wieder dorthin, um nach der Asche des Feuers Ausschau zu halten, aber sie konnten nichts finden. Von der alten Dame, die sie dorthin geführt hatte, hieß es, sie habe das »zweite Gesicht«, womit man in Schottland meint, daß jemand spiritistisch veranlagt ist und die Zukunft voraussehen kann.[24]

Vielleicht hätten die Kinder die Kleinen Leute auch alleine gesehen, wenn sie zufällig über den Feenkreis gestolpert wären. Vielleicht hat aber auch die alte Dame ihre Fähigkeiten auf sie übertragen. In der Literatur gibt es zahlreiche Beispiele, in denen Leute mit spiritistischen Fähigkeiten diese durch spezielle Verhaltensweisen übertragen konnten. Einer der Auskunftgeber von Evans Wentz erzählte folgendes:

> In Newchurch gab es einst einen alten Mann namens David Davis (der von 1780–1840 lebte). Er kam aus Abernant (Carmarthen, Wales) und war dafür bekannt, Geisterbeerdigungen zu sehen. Eines Tages hatte er eine solche Erscheinung, während ein Freund bei ihm war. »Hast du das gesehen? Siehst du das?« fragte der alte Mann aufgeregt. »Nein«, sagte sein Freund. Da stellte der alte Mann einen Fuß auf den Fuß seines Freundes, und sagte: »Siehst du es jetzt?« Und der Freund antwortete, daß er es jetzt sähe.[25]

Es hieß auch, daß das vierblättrige Kleeblatt dem Menschen helfen könne, die Feen zu sehen, und die Blätter seien ebenfalls Bestandteil einer von Feen gemachten

Salbe, die Menschen auf ihre Augen reiben sollten, um die Feen sehen zu können.[26] Die Feen kannten jedoch Mittel und Wege, die Menschen daran zu hindern, sie zu sehen: Eine Fee blies einem Menschen heftig ihren Atem ins Gesicht, als der sagte, er könne sie sehen, daraufhin sah er sie nie wieder.[27] Eine andere Fee spuckte einem Mann in die Augen, der »einen großen Haufen kleiner Burschen mit roten Mänteln, die tanzten und Musik machten« bei Jurby auf der Isle of Man sah. Sie sagte zu ihm: »Du wirst uns nie wiedersehen.« – und er war fortan geblendet. Der Enkel dieses Mannes erzählte die Geschichte Evans Wentz und sagte, daß sein Großvater in seinen jüngeren Jahren hervorragend habe sehen können, in den letzten vierzehn Jahren vor seinem Tod aber total blind gewesen sei. Er fügte hinzu: »Es entzieht sich meiner Kenntnis, ob er sofort nach seinem seltsamen Erlebnis erblindete, oder vielleicht erst danach. Fest steht aber, daß er als junger Mann ausgezeichnet sehen konnte, und daß es überall hieß, die Feen hätten ihn geblendet.«[28] Man glaubte auch, daß man die Feen im Auge behalten mußte, wenn man sie sah. Schaute man weg oder blinzelte man, würden sie verschwinden. Oder, wie ein Ire es Evans Wentz gegenüber ausdrückte: »In der Minute, in der du zwinkerst oder deine Augen von dem kleinen Teufel läßt, ist er bestimmt schon weg.«[29]

Über die medialen Fähigkeiten oder den Besitz eines vierblättrigen Kleeblattes hinaus, muß man auch noch andere Voraussetzungen erfüllen: Man muß zur richtigen Zeit am richtigen Ort sein. Man muß wissen, wo die Schlupfwinkel der Feen sind (siehe Anhang) und eine passende Zeit wählen: zur Dämmerung, um Mitternacht, in den Stunden vor Sonnenaufgang, und zur Mittagszeit – den »vier Dreh- und Angelpunkten des Tages«. Wichtige Jahrestage sind der erste Mai, die Mittsommernacht und Halloween, wenn »die Türen zwischen den Welten geöffnet sind«.[30] Von geheiligten Orten aus der Vorzeit, wie Steinkreisen oder Hünengräbern und Grabhügeln heißt es, daß sie »natürliche Zentren übersinnlicher Energie« seien,[31] und deshalb Orte, an denen man Feen sehen könne. Es wäre möglich, daß die Felsen, die von den Menschen der Vorzeit benutzt wurden, um diese Stätten zu errichten, dabei eine wichtige Rolle spielen: Man sieht dort oft Quarzgestein, dessen Piezo-elektrische Eigenschaften Forscher dazu veranlaßt haben, zu glauben, daß es gerade aufgrund dieser Eigenschaften ausgewählt wurde – vielleicht war diese Strahlung bei den Ritualen behilflich, um eine andere Dimension des Seins zu erreichen? Es steht fest, daß an diesen vorzeitlichen Orten, auch in Zusammenhang mit Quarz, von seltsamen Erlebnissen berichtet wurde. Der Geologe Paul Screeton zum Beispiel schrieb, er habe ein »*Elemental*« (das ist ein Naturgeist oder immaterieller Geist) gesehen. Er war auf einer Straße in der Nähe von Carlisle unterwegs, und trat dabei auf einen Quarzstein unter dem Gras am Straßenrand. Er bückte sich, um ihn näher zu betrachten.

> Ich berührte ihn ungefähr eine halbe Minute lang und ging ein paar Schritte weiter. Dann sah ich, wie sich etwas auf dem Rasen vor mir bewegte. Das Ding hüpfte wie ein Frosch und hatte die Gestalt eines Frosches, aber es war ungefähr einen Meter groß. Es war braun, doch seine Umrisse waren irgendwie verschwommen und schwer zu beschreiben. Der Effekt glich noch am ehesten dem eines verzerrten Fernsehbildes. Ich hatte den Eindruck, daß das,

> was ich sah, ein Naturelement war, und daß ich die Grenzen meines Bewußtseins erreicht hatte.

Er hielt es für einen »Erdzwerg« und glaubte, es sei möglich, daß »der Quarz irgendwie dabei behilflich war, die Erscheinung sichtbar zu machen, indem er mein Bewußtsein anregte, während ich ihn berührte«.[32]

Das Quarzgestein könnte auch bei gewissen elektromagnetischen Effekten eine Rolle spielen, die als Lichtkugeln zutage treten und oft für UFOs oder »außerirdische Raumschiffe« gehalten werden. Die dabei ausgestrahlte elektromagnetische Energie löst bei den Zeugen möglicherweise Halluzinationen aus, so daß diese alle möglichen merkwürdigen Dinge »sehen«, wie zum Beispiel gelandete Raumschiffe und deren Besatzungen. Manchmal sind auch die Beobachtungen der Kleinen Leute von Lichterscheinungen begleitet, und es ist durchaus denkbar, daß hier die gleichen Mechanismen ablaufen: Der Zeuge hat Halluzinationen, die durch die von dem Licht ausgehende Energie ausgelöst werden. Die andere Möglichkeit wäre natürlich die, daß das Auftauchen der Kleinen Leute von einer Licht- und/oder Energieerscheinung begleitet wird. Das könnte bedeuten, daß der Vorhang zwischen dieser und der anderen Welt sich nur unter dem Einfluß mächtiger Energieschübe teilt.

Ein Bericht aus Cornwall, der aus der Mitte des neunzehnten Jahrhunderts stammt, soll dazu dienen, die potentielle Verbindung zwischen Lichtern und der Beobachtung kleiner Laute zu veranschaulichen. Ein Mann, der vom Markt zurückkam und dabei zwischen dichten Hecken hindurchgehen mußte, sah Licht und hörte Musik und Gesang. Als er durch diese Hecke hindurchspähte, sah er einen Elfen auf einem giftigen Pilz sitzen. Er hielt eine glockenblumenförmige Laterne, die ein grünlich-blaues Licht verströmte, in der Hand. Eine Anzahl Feen tanzte im Kreis um ihn herum. Der Mann beschrieb, was er dann tat:

> Ich sah und hörte eine Weile lang zu, und dann nahm ich leise einen großen schweren Stein in die Hand und schleuderte ihn mitten unter sie. Dann sprang ich auf mein Pferd, galoppierte so schnell ich nur konnte davon und hielt nicht inne, bis ich zu Hause in Morwenstow war. Als der Stein zwischen ihnen niederfiel, ging das Licht aus. Sie glauben mir nicht? Aber es ist wahr, so wahr wie das Evangelium, denn als ich am nächsten Tag dorthin zurückging, siehe da, da lag der Stein genau dort, wohin ich ihn geworfen hatte.[33]

Er hatte ganz ohne Zweifel irgend etwas gesehen, warum sollte er sonst mit einem Stein geworfen haben und später an diesen Ort zurückgekehrt sein? Was passierte dort tatsächlich? War das Licht, das er dort sah, wirklich nur eine einfache Feenlaterne? Geriet er vielleicht unter den Einfluß elektromagnetischer Energie, und ließ ihn diese erkennen, daß dort Feen waren? War die Laterne das Licht einer Energiequelle? Oder hatte er sich den Elfen und die tanzenden Feen lediglich eingebildet, als er unter den Einfluß einer elektromagnetischen Entladung geriet?

Falls Elektromagnetismus und andere Energieformen bei den sogenannten Feenbeobachtungen eine Rolle spielen, und die Ergebnisse reine Halluzinationen sind, wäre auch die Vielfalt der Erscheinungsformen der Feen zu erklären. Sie verkörperten dann lediglich das Feenbild, das der Zeuge in seinem Gedächtnis gespeichert hat. Eine andere Erklärung sähe so aus, daß die Kleinen Leute selbst das Bild beeinflussen, das der Mensch von ihnen hat. Es heißt, sie könnten jemanden in ihren »Bann« schlagen – »die Sinne hypnotisieren oder verzaubern, so daß Dinge wahrgenommen oder nicht wahrgenommen werden, ganz wie es der Zauberer will«, wie Katharine Briggs es formulierte. Die Feensalbe oder das vierblättrige Kleeblatt können diesen Bann brechen.[34] Die Feen standen auch in dem Ruf, ihre Gestalt verändern zu können. All das ergäbe einen Sinn, wenn das Kleine Volk tatsächlich in einer anderen Welt, nahe der unseren, lebt, wo die Schwingungsrate anders als bei uns ist, und sie sich bewußt in unserer Welt materialisieren müssen, um von den Menschen gesehen werden zu können. Wir können sie nie so sehen, wie sie wirklich sind. Der Unterschied des Taktes der Frequenzen und Schwingungen unserer beiden Welten ist einfach zu groß. Auch die UFO-Wesen haben schon aufgezeigt, daß ihr Erscheinungsbild auf der Erde nur vorübergehend oder gar illusorisch ist. Einem Zeugen wurde erzählt, daß er das »Wesen nur so sehen würde, wie ich es sehen wollte. Wenn ich wollte, daß es Ähnlichkeit mit einer Ente haben sollte, würde es wie eine Ente aussehen! Wenn ich wollte, daß das Wesen wie ein Ungeheuer aussehen sollte, sah es wie ein Ungeheuer aus!«[35]

Es ist natürlich schwierig (wahrscheinlich sogar unmöglich) zu *beweisen*, daß UFO-Wesen und andere unerklärliche Wesen wie die Feen in einer anderen Welt leben, die der unseren sehr nahe ist, und daß sie sich in unserer Welt in jeder von ihnen gewünschten Form materialisieren und dematerialisieren können. Die Materialisierung selbst ist umstritten, obwohl es einige überzeugende Beweise dafür gibt, die hauptsächlich aus Poltergeist-Fällen stammen. Massive Objekte, und gelegentlich sogar Menschen, haben sich de- und wieder rematerialisiert. In einem außergewöhnlichen Poltergeist-Fall, der sich 1928 in Indien ereignete, wurde die deutschstämmige Miss H. Kohn, die am Poona College Sprachunterricht gab, Zeugin mehrerer seltsamer Vorfälle. Sie lebte damals bei der Familie Ketkar, deren kleine Kinder im Mittelpunkt des Phänomens standen. Auch ihre Schwester beobachtete einige der Geschehnisse, die hier von Miss Kohn beschrieben werden:

> Wie meine Schwester in einem Brief schreibt, sah sie am 23. April um 9.45 Uhr folgendes: »Der ältere Junge nahm plötzlich auf meiner Türschwelle, direkt vor mir, die Gestalt eines Gummiballs an. Er sah glücklich, aber erstaunt aus, und sagte ›Ich bin gerade aus Karjat gekommen.‹ Er paßte durch keine Tür mehr.« Meine Schwester beschreibt den körperlichen Zustand des Jungen als höchst bemerkenswert. Als sie während des Briefeschreibens aufblickte, sah sie, wie er sich vorbeugte, dabei standen seine beiden Arme schräg vom Körper ab, und seine Hände hingen herunter – seine Füße berührten nicht den Boden, zwischen der Türschwelle und den Füßen war deutlich ein freier Raum zu sehen. Es war genau die Körperhaltung eines Menschen, den man um die Taille gefaßt, weggetragen und dann sanft irgendwo abgesetzt hat, ohne daß er sich geregt hätte.[36]

Zusätzlich zu der Materialisation war der Junge auch noch teleportiert worden (d. h. von unsichtbaren Kräften in wenigen Augenblicken an einen anderen Ort transportiert worden). Es gibt auch noch andere Vorfälle dieser Art, und die beiden Phänomene der Teleportation und der Materialisation sind wahrscheinlich eng miteinander verbunden. Niemand kann erklären, wie so etwas funktioniert, und es widerspricht allen Gesetzen der Wissenschaft; jedenfalls solange kein Wissenschaftler dieses Phänomen erforscht.

Vielleicht sind Menschen, die behaupten, die andere Welt besucht zu haben, dorthin teleportiert worden. Sie könnten sich in unserer Welt dematerialisiert, und in der anderen Welt rematerialisiert haben. Man kann sich aber durch die ungeheure Fülle an Material über Konfrontationen mit dem Übernatürlichen auch verwirren lassen, so daß sich immer mehr Schilderungen nach Besuchen in einer anderen Welt anhören. Ob es sich nun immer um denselben Ort handelt, und ob dieser Ort wiederum der ist, an dem die Feen oder das Kleine Volk leben, bleibt vorerst wohl unbeantwortet. Doch auch ohne das Rätsel vollständig zu lösen, ermöglicht es einen faszinierenden, wenn auch flüchtigen Blick in eine möglicherweise existierende parallele Welt. Die Erlebnisse und Erfahrungen muß man wohl in verschiedene Kategorien einteilen, die von den Umständen abhängig sind. Die Interpretationsmöglichkeiten sind mannigfaltig, und für manche Vorfälle fehlt jede denkbare Erklärung. So auch für den folgenden:

> Früh am Morgen des 9. Dezember 1873 wurden Thomas B. Cumpston und seine Frau, »die in Leeds einen guten Namen hatten«, in Bristol wegen ungebührlichen Benehmens festgenommen. Beide wurden in ihren Nachtgewändern aufgegriffen. Die *Times* in London berichtete am 11. Dezember, Cumpston habe eine Pistole abgefeuert. Er berichtete zur Überraschung aller, daß er und seine Frau am

Vortag aus Leeds gekommen waren und ein Zimmer in einem Hotel genommen hatten. Am nächsten Morgen habe sich der Boden des Zimmer »geöffnet«. Er sei beinahe in diese »Öffnung« hineingezogen worden, doch seine Frau habe ihn gerettet. Beide seien so verängstigt gewesen, daß sie aus dem Fenster sprangen und zum Bahnhof liefen, um einen Polizisten zu holen. In der *Bristol Daily Post* wurde am 10. Dezember über das anhängige Verfahren beim Polizeigericht ausführlich berichtet. Cumpston war immer noch so aufgeregt, daß er sich nicht klar ausdrücken konnte. Mrs. Cumpston sagte aus, daß beide am frühen Abend durch laute Geräusche aufgeschreckt worden seien, daß die Wirtin sie aber beruhigt habe. Um drei oder vier Uhr morgens hörten sie wieder diese Geräusche. Sie sprangen aus dem Bett, doch da gab plötzlich der Boden unter ihnen nach. Ihre Schreie hallten wie von einem Echo wieder. Dann öffnete sich, laut ihrer Aussage, der Boden. Ihr Mann fiel in diese »Öffnung« hinein, doch es gelang ihr, ihn festzuhalten. Sie riefen nach der Wirtin, und auch diese hatte Geräusche gehört, die sie allerdings nicht einzuordnen wußte. Die Polizisten, die schließlich zum Victoria Hotel gerufen wurden und den Raum untersuchten, konnten nichts finden, was das außergewöhnliche Betragen der Cumpstons gerechtfertigt hätte. Sie vermuteten, daß das Ganze ein Fall von kollektiver Halluzination war.[37]

Dieser befremdliche Fall erinnert mich an das, was der Pastor Dr. A. T. P. Byles in den 1940er Jahren erlebte. Er war zu dieser Zeit Vikar in Yealmpton in Devon. Seine Frau und er entdeckten ein Loch auf dem Kirchhof. Es war ungefähr einen Meter breit, und als der Vikar einen Stein hinunterfallen ließ, hörte er, wie dieser auf Mauerwerk traf. Sie beeilten sich, Planken zu holen, um das

Loch abzudecken, doch bei ihrer Rückkehr konnten sie das Loch nicht mehr finden: Der Kirchhof war unversehrt, es war nichts mehr zu sehen. Bei einem ähnlichen Fall sah eine angehende Krankenschwester, wie sich auf dem Boden ihres Zimmers ein großes Loch auftat. Es war ungefähr acht Uhr morgens, und sie trank gerade eine Tasse Tee. Das Loch nahm schließlich fast den gesamten Boden ein, und an den Rändern sah es wie Felsgestein aus. Sie konnte den Grund am Boden des Loches nicht erkennen, es mußte sehr tief sein. Eine Stimme befahl ihr, hineinzuspringen, aber sie ignorierte sie, und das Loch verschwand.[39]

Litten etwa all diese Leute an Halluzinationen? Es steht fest, daß sich der Zimmer- oder Erdboden *dieser Welt* nicht öffnete ... aber vielleicht konnten diese Menschen für kurze Zeit in eine *andere Welt* sehen? Was wäre wohl mit ihnen geschehen, wenn sie in das Loch hineingefallen wären? Man könnte auf Science-Fiction-Art spekulieren, daß sie aus dieser Welt hinaus dematerialisiert, und in eine andere Welt hinein rematerialisiert worden wären. Doch hätten sie je aus freiem Willen zurückkehren können? Haben vielleicht Menschen, die verschwunden sind, unfreiwillig eine andere Welt betreten und können nun nicht mehr zurück? Ich denke dabei an die Geschichte der Grünen Kinder von Woolpit, die sich in diese Welt verirrten und hier leben mußten, bis sie schließlich starben, da sie nicht nach Hause zurückkehren konnten. Falls man dem nächsten Bericht glauben darf, haben sich auch Kinder aus dieser Welt in eine andere Welt verirrt, und kamen sogar zurück, um davon zu erzählen.

Eines Sonntagnachmittags in den frühen zwanziger Jahren gingen ein Junge und ein Mädchen aus Flackton in Arkansas in ihrem ruhig daliegenden Städtchen spazieren. Die gesamte Einwohnerschaft hatte sich im Baseballstadion versammelt, um sich das Spiel anzusehen. Die beiden entschlossen sich, auch dorthin zu gehen und nahmen eine Abkürzung durch einen Pinienwald.

Nachdem wir etwa 100 Meter durch den Wald gegangen waren, kamen wir zu einem Fluß, den wir noch nie gesehen hatten. Er war nicht sehr breit, kristallklar und gerade mal knietief. Da wir keine Lust hatten, umzukehren, zogen wir unsere Sonntagsschuhe aus und wateten hindurch.

Als wir das gegenüberliegende Ufer betraten, trafen wir auf eine vollkommen veränderte Landschaft, wie wir sie noch nie gesehen hatten. Da gab es keinen buschbestandenen Waldboden, keine knorrigen Pinien oder Fenchel und Löwenzahn. Fort waren die zwitschernden Spatzen und die schrillen Blauhäher.

Der Boden, den wir unter unseren Füßen spürten, schien feuchter und sandiger zu sein. Wir kannten auch all die niedrigen Bäume und Pflanzen nicht, nur die schönen langen Farne kamen uns bekannt vor, sie sahen wie die aus, die man im Sumpf findet, nur daß sie ein dutzendmal so groß waren. Wir bemerkten einen Vogel, der ein bißchen wie eine Gans aussah, nur war sein Hals etwas länger und sein Federkleid etwas dünner. Er flog mit taumelnden Bewegungen von Baum zu Baum..

Robbie und ich waren viel zu vertieft in den wunderlichen Anblick dieses neuen Ortes, als daß wir Zeit gefunden hätten, uns zu fürchten. Wir schlenderten Hand in Hand in Richtung des Baseballstadions. Als wir das andere Ende dieses seltsamen fremden Landes erreicht hatten, erklommen wir einen Hügel und sahen in einiger Entfernung das

Ball Diamond-Stadion und unsere Freunde. Da uns nun auf einmal eine bleierne Müdigkeit überfiel, erschien uns die Arena wie eine Bühne, auf der hier und da ein paar Pinienbäume und Schilfgräser aufgestellt worden waren. Die Stimmen unserer Freunde drangen schwach und irgendwie losgelöst zu uns hinunter. Sie klangen wie die blechernen Geräusche der abgenutzten Wachszylinder unserer Grammophone. Wir sahen uns, von ihnen unbemerkt, das Spiel bis zum Ende an, bis sie schließlich alle außer Sichtweite waren – es erschien uns so, als hätten sie die Bühne verlassen.

Wir wanderten nachdenklich durch diese Traumwelt zurück, in die wir auf so unerklärliche Weise hineingeraten waren. Als wir den Fluß, der gar nicht hätte da sein dürfen, wieder durchquert hatten und uns noch einmal nach der Traumwelt umdrehten, war sie verschwunden.[40]

Vierzig Jahre später, das war 1962, betraten zwei Männer, die im Staate New York einen Jagdausflug unternahmen, ebenfalls eine andere Welt. Es war November, der Boden war etwa dreißig Zentimeter hoch mit Schnee bedeckt, und es schneite immer weiter, während sie durch diese einsame Landschaft gingen.

Als wir eine Weide überquerten, bemerkte ich einen ausgedehnten Pinienhain und dachte, dies sei der perfekte Ort, um einen Hirsch aufzustöbern. Dort bei den Pinien angekommen, standen wir vor einem dichten Wall aus Unterholz, der undurchdringlich zu sein schien. Schließlich gelang es uns, den Pinienwald durch eine schmale Öffnung zu betreten, und was wir sahen, versetzte uns in höchstes Erstaunen. Auf einem 500 Meter langen und 300 Meter breiten Areal standen die Bäume in absolut schnurgeraden

Reihen neben- und hintereinander. Dort lag der Schnee nur etwa fünf Zentimeter hoch und im hinteren Teil schien die Sonne. Es war unglaublich.

Vollkommen perplex drehte ich mich nach der Stelle um, durch die wir hereingekommen waren. Dort schneite es nach wie vor, und der Himmel war vollkommen bedeckt. Dann begann ich, auf das sonnige Areal zuzulaufen. Onkel Sal lief hinter mir her und rief mir zu, stehenzubleiben, aber ich lief weiter, bis ich das Ende der Pinien erreicht hatte. Ich suchte mir tastend den Weg durch einen weiteren Wall aus Unterholz, der diesmal allerdings grün und in voller Blüte war, und betrat ein etwa drei bis fünf Morgen großes Gebiet mit grünem Gras, Blumen, singenden Vögeln und keckernden Eichhörnchen. Die Temperatur betrug etwa 28 Grad. Unmöglich, dachte ich. Onkel Sal hatte mich inzwischen eingeholt. Ich sagte: »Sal, siehst du auch, was ich sehe?«

Er sagte vollkommen überwältigt: »Wo zur Hölle sind wir?« Wir entledigten uns unserer schweren Wintersachen und ließen uns auf einer kleinen Anhöhe nieder, um uns an einem Sommertag mitten im November zu erfreuen. Nach ungefähr einer dreiviertel Stunde wurde mir plötzlich klar, daß Dad und Eddie uns das niemals glauben würden. Also schlug ich Onkel Sal vor, die beiden besser hierher zu bringen, um es ihnen zu zeigen. Wir achteten auf dem Rückweg zum Auto sorgfältig darauf, unsere dort hineinführenden Spuren nicht zu zerstören.

Als wir Dad und Onkel Eddie zur Mittagszeit am Auto wiedertrafen, erzählten wir ihnen, was wir gesehen hatten. Anschließend folgten wir alle Vier unseren Spuren bis zu dem Pinienhain und gingen hinein – doch dieses Mal war am anderen Ende kein Sonnenschein. Ich rannte voraus, und dachte die ganze Zeit, daß wir diesen Platz vor nur einer Stunde verlassen hatten, und daß sich seitdem alles verändert hatte. Die anderen folgten mir durch das Unterholz und fanden mich wie betäubt vor. Unsere Spuren führten zu der kleinen Anhöhe, und die Abdrücke unserer Körper waren dort zu sehen, wo wir gelegen hatten, allerdings in dreißig Zentimeter hohem Schnee.

Was war geschehen? Hatten Sal und ich denselben Traum gehabt? Oder waren wir in eine andere Dimension hinübergewechselt? Ich habe später viele Jahre lang nach diesem Pinienhain gesucht, ihn aber nie wiedergefunden.[41]

Die beiden letzten Reisen ereigneten sich zufällig, und es gab auch keinen erkennbaren paranormalen Kontext. Andere Leute haben ebenfalls unbekannte Orte besucht, doch unter bereits beschriebenen, ganz besonderen Umständen. Ein modernes Beispiel dafür sind UFO-Entführungen. Menschen glauben, sie seien zum Zweck medizinischer Untersuchungen an Bord eines außerirdischen Raumschiffs gebracht worden. Es ist zwar unwahrscheinlich, daß sie wirklich in ein Raumschiff gebracht wurden, doch es wäre möglich, daß ihre Entführer sie zeitweilig in eine andere Welt brachten. Nur ein Beispiel von vielen ist das des brasilianischen Soldaten José Antonio, der, während er im Mai 1969 in einer Lagune fischte, von zwei 1,20 Meter großen Wesen in eine Maschine gebracht wurde, die wie ein aufrechtstehender Zylinder aussah. Nach einer vermeintlichen Reise trug man ihn in einen großen, offenbar aus Stein gemachten Raum, der von einem sehr hellen Licht gleichmäßig ausgeleuchtet wurde. Dann kam eine Anzahl behaarter Zwerge herein. Sie waren blaßhäutig, hatten grüne Augen, lange dichte Bärte, die ihnen bis auf den Bauch reichten, und rotes, hüftlanges Haar. Es passierten viele merkwürdige Dinge, und an einer Stelle hatte José Antonio das Gefühl, daß sie ihm die Frage stellten, ob er ihnen bei ihren Beziehungen zur Erde behilflich sein könne.[42] Obwohl er glaubte, eine Reise in einem Raumschiff unternommen zu haben, ehe er den großen Raum erreichte, könnte dieses Schiff rein illusorischer Natur gewesen sein. Die Reise durch die Luft wurde vielleicht nur vorgetäuscht, um ihn zu verwirren, und das wahre Ziel geheimzuhalten. Möglicherweise sind die Bewohner dieser anderen Welt sehr darauf bedacht, daß die Menschen nicht herausfinden, wo sie leben und wie man dorthin gelangt: Wenn wir wüßten, daß ihre Welt zum Greifen nahe ist, würden wir ja vielleicht verstärkte Anstrengungen unternehmen, den Weg dorthin zu finden, was Gefahren für uns und/oder für sie zur Folge haben könnte.

Auch Menschen, die dem Tode nahe waren, berichten manchmal davon, eine andere Welt besucht zu haben, und es liegt nahe, diese Welt für den Himmel oder das Leben nach dem Tod zu halten. Manche Schilderungen dieser »transzendentalen Umwelt« enthalten Beschreibungen wie: »Es ist einfach eine andere., helle, sonnige Welt ... wirklich wunderschön«; »Herrlich blauer Himmel.. Felder voller Blumen in allen möglichen Farben«; »Ein Ort mit wundervollem Licht im Pulsschlag einer himmlischen Musik«; »Herrliche, grüne Weiden ... mit grasendem Vieh ... ein heller Tag voller Sonnenschein«.[43] Die zeitweiligen Besucher dieser Welt, die sogenannte »Nahtoderlebnisse« durchmachen, berichten davon, sie hätten mit »Gott« geredet, und er habe zu ihnen gesprochen, sie seien von »Geistern« zurückgeschickt worden, seien »Jesus«, oder toten Verwandten begegnet, und ihnen unbekannte Menschen hätten sie begrüßt. Im Jahr 1889 war Dr. Wiltse aus Skiddy in Kansas am Zeitpunkt seines Todes angelangt. Er beschrieb später in lebhaften Worten die Erfahrung, die er machte, als er seinen »toten« Körper verließ.

> Ich sah eine Reihe von Leuten, die um den Körper herum saßen und standen, und ich bemerkte vor allem zwei Frauen, die anscheinend zu meiner Linken niederknieten, und ich wußte, daß sie weinten. Mir ist später klar geworden, daß es meine Frau und meine Schwester waren, doch ich hatte keinen Begriff von Persönlichkeit. Frau, Schwester oder Freund waren für mich wie ein und dasselbe. Ich erinnerte mich an keinerlei Form von Beziehung, jedenfalls kam mir keine in den Sinn. Ich konnte lediglich die Geschlechter voneinander unterscheiden, aber sonst nichts.
>
> Ich bemühte mich daraufhin um die Aufmerksamkeit der Leute, sowohl in der Absicht, sie zu trösten, als auch, um sie an ihre eigene Unsterblichkeit zu erinnern. Ich verneigte mich spielerisch vor ihnen und winkte ihnen mit meiner rechten Hand grüßend zu. Ich begab mich mitten unter sie, doch ich mußte feststellen, daß sie mich nicht beachteten. Dann kam mir die ganze Situation plötzlich komisch vor, und ich mußte herzlich lachen.
>
> Die müssen mich doch ganz sicher gehört haben, dachte ich, aber es schien nicht so zu sein, denn nicht einer ließ seine Augen von meinem toten Körper. Es kam mir nicht ein einziges Mal in den Sinn, zu sprechen, und ich kam zu dem Schluß: »Sie sehen nur mit den Augen ihres Körpers. Sie können keine Seelen sehen. Sie sehen nur, was sie glauben zu sehen, aber sie liegen falsch. Das bin nicht ich. Ich bin hier, und ich bin lebendiger denn je.«

Er reiste später durch eine wüstenhafte Gebirgslandschaft und gelangte zu drei Felsen, von denen er spürte, daß sie den Eingang zur nächsten Welt darstellten. Er schaute durch einen niedrigen, überwölbten Torweg:

> Die Atmosphäre war grün, und alles erschien kühl, lautlos und wunderschön. Dahinter waren Felsen, eine Straße, ein Tal und eine Gebirgskette. Alles neigte sich in einem sanften Bogen nach links, so daß der Ausblick nicht sehr tief war. Ich dachte, wenn ich nur bereits dort wäre, würde ich bald Engel oder Teufel oder beides sehen können. Und während mir das durch den Kopf ging, sah ich die Umrisse von beiden, genau so, wie ich sie mir oft vorgestellt hatte. Ich betrachtete sie näher und entdeckte, daß sie nicht wirklich da waren, sondern lediglich schemenhafte Abbilder meiner Gedanken waren, und daß so jede gewünschte Gestalt vor mir entstehen konnte. Was für eine wunderbare Welt, sagte ich zu mir, in der die Gedanken so intensiv sind, daß sie Gestalt annehmen. Wie glücklich werde ich im Reich solcher Gedanken sein.

Er wurde dazu »verlockt, diese Grenze zu überschreiten«, doch kaum hatte er sich dazu entschieden, wurde er von einer kleinen, undurchdringlichen schwarzen Wolke aufgehalten, die direkt vor seinem Gesicht erschien. »Ich fühlte, wie die Fähigkeit, mich zu bewegen oder nachzudenken, dahinschwand. Meine Hände hingen kraftlos herab, meine Schultern und mein Kopf fielen nach vorne, die Wolke berührte mein Gesicht, und ich verlor das Bewußtsein.«

Dr. Wiltse bemerkte, daß er während seiner Erlebnisse die ganze Zeit durch einen dünnen, spinnenwebenartigen Faden mit seinem »toten« Körper verbunden war, der vorne aus seinem Hals herausragte und ihm über die Schultern auf den Rücken fiel. Er erfuhr das, was als Out-of-body-Experience (OBBE) bekannt ist. Die meisten Menschen, die ein OBBE hatten, erlebten dies unvorbereitet, doch es gibt auch einige, die eine solche Erfahrung herbeiführen können. Zu ihnen gehört Robert Monroe. Er hat sowohl unsere Welt in seinem »Astralkörper« bereist als auch die Welt nach dem Tod, und noch eine dritte Art von Welt, die der unseren gleicht, aber doch nicht dieselbe ist. Er betrat sie durch ein Loch in einer gewaltigen Mauer, und als er sich hindurch gewagt hatte, fand er »eine Welt von physischer Substanz, die beinahe mit der unseren identisch war«. Es gab dort Menschen, Fahrzeuge, Häuser, Städte usw., doch gab es auch feine Unterschiede zwischen dieser und der »normalen« Welt. Es gab »keine Verbrennungsmotoren, kein Benzin oder Öl«, jedoch sah er dampfbetriebene Lokomotiven. Man benutzte aber weder Holz noch Kohle, um den Dampf zu erzeugen. Monroe beschreibt in seinem Buch *Journeys Out of the Body*, wie die Maschinen arbeiten, und auch wie dort Autos funktionieren. Während er dort eine Zeitlang lebte, lernte er viel über diese andere Welt. Er war dort in den Körper eines Architekten übergegangen. Wann immer er aufgrund seines mangelnden Wissens in schwierige Situationen geriet, verließ Monroe diesen Körper. Er kehrte dann durch das Loch in der Wand in unsere Welt zurück, um den Architekten nicht in Schwierigkeiten zu bringen. Auf die Frage, wo diese andere Welt sein könne, meinte Monroe:

> Sie könnte eine unterbewußte Erinnerung an eine Zivilisation darstellen, die einmal auf der Erde existierte. Es könn-

> te eine unserer Erde ähnliche Welt in einem anderen Teil des Universums sein, die man durch mentale Manipulation erreicht. Es könnte eine antimaterielle Kopie dieser physischen irdischen Welt sein, in der wir zwar die gleichen sind, aber doch anders; Stück für Stück mit ihr durch eine Macht verbunden, die unser heutiges Begriffsvermögen übersteigt.[45]

Bei unserer Forschungsreise durch die Berichte über eine unbekannte Welt sind wir auf eine Vielzahl unterschiedlicher Beschreibungen gestoßen. Die beschriebenen Welten scheinen sich zu ähneln, aber die Menschen die dort gewesen sind, waren von ihrer jeweiligen Umwelt beeinflußt, und brachten diese in die Interpretation des Erlebten mit ein. Es gibt also, um es zusammenzufassen: das Feenreich oder das Land des Kleinen Volkes, das scheinbar so nah ist, und doch für die Menschen so schwierig zu betreten (außer in der Feenüberlieferung); da sind die Nahtoderlebnisse, bei denen Menschen die Welt der Geister aufsuchen, da ist die Welt, die Robert Monroe während seiner Out-of-Body-Experience besuchte, da ist die vierdimensionale Welt, mit der man in der Vergangenheit alle paranormalen Phänomene sowie die Teleportation zu erklären versuchte; da ist das parallele Universum, von dem manche Leute glauben, es sei unserer Welt sehr nah; da ist die Theorie von einer Vielzahl von Universen, die besagt, daß der Lauf der Ereignisse von dem bestimmt wird, was sich in den anderen existierenden Welten ereignet; und da ist die »Anderswelt« der nordasiatischen Schamanen oder Zauberer, die ein umgekehrtes Abbild dieser Welt« ist, und in der alles entgegengesetzt stattfindet (hier Tag/dort Nacht, hier Sommer/dort Winter usw.).[46]

Sind all diese Welten in Wirklichkeit eins, oder ist das Universum jenseits unseres winzigen Teilbereichs so komplex, daß wir noch nicht einmal begonnen haben, es zu verstehen, falls wir dazu überhaupt in der Lage sind. Der Parapsychologe John L. Randall lieferte bei der Erörterung der möglichen Existenz anderer Welten ein einfühlsames Resümee:

> Was wir als »Realität« betrachten – die alltägliche Welt mit ihren drei räumlichen Dimensionen und ihrem linearen Zeitablauf – ist nichts weiter als eine Abstraktion eines viel komplexeren Universums. Wir sind in der Tat wie die Menschen in Platons Allegorie, die, als sie die Schattenbilder einer erhabeneren Wirklichkeit an den Wänden ihrer Höhle sahen, diese für die Realität selbst hielten.[47]

Schlußwort

Ich habe vielleicht nicht bewiesen, daß die Feen existieren; ich habe vielleicht nicht bewiesen, daß es noch andere Welten gibt, als die, die wir um uns herum sehen können – aber ich glaube, ich habe gezeigt, daß es noch einige Geheimnisse zu erforschen gibt, daß es keine simple Erklärung für die Erlebnisse gibt, die Menschen mit Feen und Besuchen in anderen Welten gemacht haben. Wenn man mich fragt, wie ich die Beweise deuten würde, lautet meine Antwort, daß offenbar eine Vielzahl von Wesen eine große Anzahl »anderer Welten« bewohnt. Diese sind gar nicht weit von der unseren entfernt, doch fällt es uns noch schwer, sie zu erreichen. Auf die gleiche Frage würde ich ihnen jedoch morgen möglicherweise antworten, daß es sich vielleicht alles nur in den Köpfen der Zeugen abgespielt hat... Mir gefällt aber der Gedanke, daß es das Kleine Volk gibt, und daß noch andere Welten als diese existieren. Da ich auf keine persönlichen Erlebnisse zurückgreifen kann, bin ich mir dessen aber natürlich nicht sicher. Falls *Sie* allerdings irgendwelche Beweise dafür haben, die mich davon endgültig überzeugen könnten, lassen Sie es mich bitte wissen.

Anhang

Einige Stätten in Großbritannien und Irland, die mit den Feen in Verbindung gebracht wurden:

England

Beedon Barrow, Beedon, Berkshire: Auf diesem runden Grabhügel, der auch als Burrow Hill bekannt ist, lebten die Feen. Ein Landarbeiter zerbrach dort seinen Pflug und ging nach Hause, um sein Werkzeug zu holen. Als er zurückkam, stellte er fest, daß die Feen den Pflug für ihn repariert hatten.

Blackdown Hills, Somerset: Als im siebzehnten Jahrhundert ein Mann über den Blagdown Hill ritt, glaubte er einen ganz normalen Markt zu sehen. Doch als er näher heranritt, konnte er nichts mehr entdecken, obwohl er spürte, daß ihn eine Menschenmenge umgab. Zu Hause angekommen, überfiel ihn eine Lähmung, von der er sich nie wieder erholte.

Cadbury hillfort, Congresbury, Avon: Hier lebten einst Feen.

Carn Gluze round barrow, St. Just, Cornwall: Eines Nachts sahen Bergleute auf ihrem Heimweg dort Feen auf dem Hügel tanzen.

Cauldon Low, Waterhouses, Staffordshire: Auf diesem Hügel hat man Feen tanzen gesehen.

Clint's Crags, near Ireshope, Durkam: Es hieß, daß die Feenkönigin in ihrem Palast, der in einer Höhle am Fuße dieser Felsen sei, lebe.

Cusop Dingle, Herefordshire: Dort hat man unter den Blumen Feen tanzen gesehen.

Dartmoor, Devon: Man glaubte, daß viele Orte im Moor von den Pixies aufgesucht würden. Einige Beispiele: ein großer Steinkreis in Gidleigh Common, ein Steinkreis im Huccaby Moor, Piskies' Holt in Huccaby Cleave, und die Pixies' Cave, das ist eine Grotte unterhalb von Sheepstor.

Fairy Bridge, Ballasalla, Isle of Man: Die Einwohner der Insel nahmen für gewöhnlich ihre Hüte ab und grüßten das Kleine Volk, wenn sie diese Brücke passierten. Ganz in der Nähe gab es einen Feenhügel.

Fairy Hill, Bishopton, Durham: Als einige Männer anfingen, auf diesem alten Grabhügel mit seiner Burg Ausgrabungen vorzunehmen, hörten sie eine Stimme, die ihnen befahl, den Hügel in Ruhe zu lassen. Die Arbeiten wurden jedoch fortgesetzt, und kurz darauf fanden die Arbeiter eine große Eichentruhe. Sie brachen sie auf, weil sie hofften, darin einen Schatz zu finden, doch sie enthielt nichts weiter als Nägel.

Fairy's Toot, Butcombe, Avon: Aus dieser beschädigten Grabkammer ertönten seltsame Geräusche, und es hieß, daß dort Feen und Kobolde lebten.

Glastonbury Tor, Somerset: Der Heilige St. Collen besuchte dort den Feenkönig in seinem Palast auf der Spitze des Berges.

Harrow Hill bei Patching, West Sussex: Der örtlichen Überlieferung nach war dies »die letzte Heimstatt der Feen in England«. Sie lebten in den prähistorischen Feuersteinminen und Bergwerken des Hügels. Als zu Anfang dieses Jahrhunderts an diesen Stätten archäologische Grabungen vorgenommen wurden, fühlten sich die Feen beleidigt, weil man ihre Existenz leugnete, und sie verließen den Ort.

Kenchester, Herefordshire: Die Feen tanzten einst in den römischen Ruinen, und die hier gefundenen römischen Münzen nannte man »Zwergengeld«.

King Stone, Rollright Stones, Long Compton, Warwickshire (die Rollrights selbst sind in Oxfordshire): Einst umtanzten des Nachts die Feen den großen Menhir, der gegenüber des Steinkreises steht; sie kamen aus einem Loch in dem Grabhügel, auf dem der Menhir steht. Die Steine, mit denen die Öffnung verschlossen wurde, fand man am darauffolgenden Tag immer beiseite geschoben vor.

Lough Goayr, Kirk Bride, Isle of Man: Man glaubt, daß es einer der letzten Orte auf der Insel ist, an dem die Feen gesehen wurden. Sie ließen dort ihre Peitschen knallen und riefen »Hoi, son N'herin!« (»Hey, auf nach Irland!«). Vermutlich zogen sie sich auf weiter entfernte Inseln zurück.

Men – an Tol bei Madron, Cornwall: Es hieß, daß im Innern des Felsens eine gute Fee lebe, die Krankheiten heilen und die von bösen Feen entführten Kinder zurückbringen könne.

Nafferton Slack, Humberside: Ein großer Felsen am Osthang des Hügels soll magische Kräfte besitzen. Manchmal erscheint er wie der Eingang zu einem hell erleuchteten Saal, und ein Mann sagte, er habe wunderbare Musik aus seinem Innern erklingen hören. Er habe auch Feen hineingehen sehen, einige zu Fuß und einige in einer Kutsche.

Ogo Hole, Llanymynech, Shropshire: Diese Höhle in den Bergen wurde für den Eingang ins Feenreich gehalten.

Park Mound, Pulborough, West Sussex: Dort befinden sich die Ruinen einer normannischen Festung, und man hat hier einst ein Feenbegräbnis gesehen.

Puckaster Cove bei St. Catherine's Point, Isle of Wight: Der Sage nach feierten die Feen dort am Strand ihre Feste. Ein Mann, der einem merkwürdigen Licht folgte, sah winzige Leute in rot, mit purpurnen Kappen, die zu Feenmusik tanzten. Sie gaben ihm ein braunes Pulver, das er einnahm, und daraufhin wurde er kleiner. Als sie aufhörten zu tanzen, setzten sie sich auf Pilzen nieder, die daraufhin zerplatzten und sie mit Goldstaub benetzten. Sie gaben dem Mann etwas Gold, und er erhielt auch wieder seine normale Größe zurück. Seitdem hat nie wieder jemand Gold aus den Pilzen in Puckaster Cove gewinnen können.

Pudding Pie Hill, Sowerby, Nord-Yorkshire: Wenn man neunmal schnell um diesen Grabhügel herumläuft, dann ein Messer in seine Spitze hineinstößt und sein Ohr auf den Boden legt, hört man im Innern die Feen reden. Denn sie haben diesen Hügel errichtet und leben noch immer hier.

St. Cuthbert's Well, Edenhall, Cumbria: Der jetzt zugewachsene Brunnen befand sich einst im Garten eines nun zerstörten Gutshauses und wurde für einen Zufluchtsort der Feen gehalten. In Cumbria glaubte man, daß ein bestimmtes Relikt, auf das man besonders gut achtgeben mußte und das man »Luck« (Glück) nannte, über Wohl und Wehe der Familie und des Hauses wachen würde. Das »Glück von Edenhall« war eine den Feen gestohlene gläserne Vase oder ein Glaskelch. Die Feen prophezeiten daraufhin: »Zerbricht einst dieses Glas im Fall, lebwohl du Glück von Edenhall«.

Shan Cashtal (alte Burg), Andreas, Isle of Man: Die Feen gelangten von diesem Hügel aus durch einen unterirdischen Gang in den Kirchhof von Maughold.

South Barrule mountain, Isle of Man: Manannan, der irische Meeresgott, der die Isle of Man beschützte, hatte auf dem South Barrule seine Festung und vollbrachte dort Zauberdinge. Der Südhang des Berges war der Ort auf der Insel, der am häufigsten von Feen heimgesucht wurde.

Tower Hill, Middleton – in Teesdale, Durham: Die Feen pflegten vom Hügel aus zum Fluß Tees zu gehen, um sich und ihre Sachen dort zu waschen. Man erzählte sich, daß eine Frau dort einst ein Feenmädchen fand, das rote Augen hatte, ganz in Grün gekleidet war, und auf einem Stein saß, der wie ein Käse aussah. Sie nahm das Kind mit nach Hause, setzte es neben das Feuer und gab ihm Brot mit Butter und Zucker zu essen. Doch das Mädchen weinte so bitterlich, daß sie es dorthin zurückbrachte, wo sie es gefunden hatte.

Trencrom Hill bei Lelant, Cornwall: Die dort lebenden Spriggans waren ein kriegerisches Feenvolk und sehr häßlich. Sie bewachten einen vergrabenen Schatz und konnten Stürme heraufbeschwören. Ein Mann, der nach dem riesigen Goldschatz grub, der auf dem Hügel versteckt sein sollte, wurde durch einen heraufziehenden Sturm eingeschüchtert. Dann erschien auch noch eine Horde von Spriggans, die zwischen den Felsen hervorkamen, die, während sie sich näherten, immer größer wurden.

Wick Barrow, Stoguersey, Somerset: Dort gibt es einen prähistorischen runden Grabhügel, der auch als Hügel der Pixies bekannt war: Dort fand einst ein Mann einen zerbrochenen Brotschieber (eine Art hölzerne Schaufel zum Brot backen), der den Pixies gehörte, und er nahm ihn mit, um ihn zu reparieren. Später brachte er ihn dorthin zurück; und als er daraufhin noch einmal dort hinging, fand er auf dem Hügel einen Kuchen, den man für ihn dort gelassen hatte.

Willy Howe bei Wold Newton, Humberside: Ein Mann, der des Nachts an diesem Rundhügel vorbeikam, hörte Gesang und sah eine Tür, die ins Innere des Grabhügels führte. Darin befand sich ein hell erleuchteter Raum, in dem Leute ein Fest feierten, und ein Diener bot dem Mann etwas zu trinken an. Er schüttete die Flüssigkeit weg, um den Feen keine Macht über sich zu geben. Statt dessen rannte er mit dem gläsernen Kelch davon.

Wales

Aberglaslyn Pass bei Beddgelert, Gwynedd: Im letzten Jahrhundert behauptete ein Mann, er habe hier oft Feen gesehen: Sie sähen wie kleine Menschen aus und spielten im Fluß.

Beacon Ring, Trelystan, nahe Welshpool, Powys: Dieses prähistorische Hügelfort, das vom Offa's Dyke Path gekreuzt wird, hielt man für eine Heimstatt der Feen.

Caer Drewyn, Corwen, Clwyd: Der Name dieses Hügelforts bedeutet Gwyns' Heimstatt, und Gwyn war wahrscheinlich Gwyn ap Nudd, der Feenkönig.

Castell Dinas Bran, Llangollen, Clwyd: Ein Schäfer sah »einen kleinen Mann mit einer Kniebundhose aus Moos, der eine Geige unter seinem Arm geklemmt hatte«; dieser lud ihn ein, an einem Feentanz teilzunehmen. Er nahm die Einladung an und war so aufgeregt, daß er ausrief: »Spiel auf, alter Teufel; Pech und Schwefel, wenn du willst!« Woraufhin die Feen ihre Gestalt veränderten und der Geiger sich in einen Teufel verwandelte. Der Schäfer konnte nicht mehr aufhören zu tanzen. Sein Herr fand ihn am nächsten Tag, als er »wie verrückt im Kreis herumwirbelte«, doch gelang es ihm schließlich, den Bann zu brechen.

Clocaenog Forest bei Cerrig – y – drudion, Clwyd: Man hatte an verschiedenen Stellen dieser abgelegenen Gegend, die nun stark bewaldet ist, Feen beobachtet. Desgleichen im nahe gelegenen Hiraethog (das sind die Moorgebiete rund um Llyn Brenig). Ein Mann, der bei Pont Petrual einen Feentanz beobachtete, wurde ins Feenreich mitgenommen. Am nächsten Morgen erwachte er auf einem Bett aus Farn, irgendwo in den Bergen. Die Feen tanzten auch häufig auf dem Craig Bron Bannog, einem Hügel im Herzen des Waldes.

Craig – y Ddinas, Pontneddfechan, Mid Glamorgan: Diese bizarre Felsformation inmitten malerischer Wälder wurde für die letzte Heimat der Feen in Wales gehalten (siehe Fototeil). Es heißt auch, daß König Arthur und seine Ritter dort in einer Höhle liegen und schlafen.

Fairy Glen Betws y-Coed, Gwynedd: Dieser malerische Ort mit seiner felsigen Schlucht, durch die der Fluß Conwy fließt, liegt südöstlich von Betws. Hier hat man die Feen spielen gesehen.

Fremmi Fawr, Prescelly Hills, Dyfed: Ein Schäferjunge sah auf einem Abhang Feen im Kreise tanzen und gesellte sich zu ihnen. Er fand sich daraufhin in einem Palast im Feenreich wieder, wo ihm alle seine Wünsche erfüllt wurden. Nur aus einer bestimmten Quelle im Garten war es ihm verboten zu trinken. Als er aus lauter Neugier doch daraus trank, verschwand der Palast augenblicklich, und er war wieder allein auf einem kalten Abhang inmitten der Berge.

Llangua church, Gwent: Im letzten Jahrhundert sahen zwei an der Kirche vorbeikommende Leute auf dem dahinterliegenden Rasen Dutzende von tanzenden Feen. Diese formierten sich anschließend zu einer langen Reihe, überquerten eine nach der anderen die Brücke und gingen in den Wald hinein.

Llyn Morynion bei Ffestiniog, Gwynedd. In dem See lebte ein Feenvolk, und eines Tages holten sie sich eine Herde von Kühen zurück, auf die bis dahin ein ansässiger Farmer aufgepaßt hatte. Der Mann hatte die Feen verärgert.

Llyn Rhosddu bei Newborough, Anglesey, Gwynedd: Dort wurde eine Fee gesehen, die im Wasser des Sees untertauchte. Sie hatte sich zuvor mit einem Laib Brot bei einer Frau bedankt, die ihr ein Backrost geliehen hatte.

Llyn y Fan Fach, Black Mountain, Dyfed: Eine wunderschöne Feenjungfrau aus dem See nahm sich einen menschlichen Ehemann. Sie lebten viele Jahre zusammen in der Nähe von Myddfai und hatten drei Söhne. Dann mußte die Feenfrau jedoch wieder in den See zurückkehren, und sie nahm auch das Vieh wieder mit, das ihre Mitgift gewesen war. Sie kam später zurück, um jeden ihrer Söhne in die Heilkunst und die Kräutermedizin einzuweihen. Das sind die Ursprünge der Ärzte von Myddfai, deren Heilmittel und Arzneien in Manuskriptform überliefert wurden.

Llyn Cwellyn bei Rhyd-ddu, Gwynedd: Ein junger Mann, der am See in einen Feenzirkel hineinstolperte, geriet daraufhin ins Feenreich. Sieben Jahre lang blieb er der Welt der Menschen fern, und als er endlich zurückkehren konnte, hatte seine Liebste einen anderen Mann geheiratet, und seine Eltern waren tot. Der Mann selbst starb an gebrochenem Herzen.

Mynydd Llwydiarth bei Pentraeth, Anglesey, Gwynedd: Die Feen sangen und tanzten des Nachts auf dem Berg und rund um den See. Sie waren »ein unsichtbares Volk gütiger kleiner Leute, die verschwanden, wenn man sich ihnen näherte.

Pentre Ifan cromlech bei Brynberian, Dyfed: Rund um die Felsen dieser prähistorischen Grabkammer hat man Feen gesehen, die wie kleine Kinder in Soldatenuniformen aussahen und rote Mützen trugen.

Porth Dinllaen bei Morfa Nefyn, Gwynedd: Die Feen sangen

und tanzten einst in den prähistorischen Grabhügeln dieses an der Küste gelegenen Vorgebirges. Anschließend hoben sie ein bestimmtes Stück Grasnabe hoch und stiegen hinab ins Feenreich.

Schottland

Broch of Houlland, Shetland: Aus dem Innern dieses uralten Steinturms konnte man die Feen Geige spielen hören, und es klang sehr melodisch.

Burnswark Hill, Annandale, Dumfries: Der Hügel barg einen Feenpalast in seinem Innern. Die dort lebenden Feen waren von bösartiger Natur und entführten junge Männer und Frauen, um sie für sich arbeiten zu lassen.

Carmylie Hill, Glasgow, Lanark: Das Hügelgrab auf dem Gipfel des Hügels trug den Namen Fairy Folk Hillock, denn dort pflegten in der Nacht die Feen zu tanzen.

Dun Borbe, South Harris, Äußere Hebriden: In dieser urzeitlichen Festungsanlage lebten einst Feen, und eines Tages stieß jemand ein eisernes Messer in die Tür, das sie nicht herausziehen konnten, da sie kein Eisen berühren durften. Dem Mann, der es schließlich für sie herauszog, gab die Feenkönigin eine Salzmühle zum Geschenk.

Dun Borve, Snizort, Isle of Skye: Diese vorgeschichtliche Befestigungsanlage war eine Heimstatt der Feen, bis eines Tages die Dorfbevölkerung zusammenkam, und »Das Feenfort brennt!« rief, woraufhin sie alle flohen. Sie kehrten nie wieder zurück, nachdem sie gehört hatten, daß man sie getäuscht hatte.

Dundreggan, Glenmoriston, Inverness: Die Feen, die diesen Erdhügel bewohnten, versuchten immer, die Mütter neugeborener Babies zu entführen, damit diese ihre eigenen Kinder säugten. Ein Farmer, dessen Frau gerade ein Kind zur Welt gebracht hatte, war draußen bei seinem Vieh, als mit einem Windstoß das Jammern und Seufzen seiner Frau zu ihm hinüber klang. Im Namen der Dreifaltigkeit schleuderte er sein Messer in den Wind, und sie fiel zu Boden. Er hatte sie vor den Feen gerettet. Eine andere Frau, die im Innern des Dundreggan gefangen war, wurde gerettet, indem man den Hügel mit Weihwasser besprühte.

Dun Osdale, Duirinish, Isle of Skye: Ein Mitglied des Macleod-Clans wurde dazu verlockt, am Feenbankett teilzunehmen, das in diesem Fort abgehalten wurde. Als man ihm einen goldenen Becher voller Wein anbot, trank er diesen nicht, sondern stahl den Becher.

Dunvegan Castle, Isle of Skye: In der Burg wird eine zerfetzte Feenfahne aufbewahrt, und es kursieren verschiedene Geschichten darüber, wie sie in den Besitz der Familie gelangte. Sie führten diese Fahne bei jeder Schlacht mit sich, denn es hieß, daß im Falle einer drohenden Niederlage, eine vielköpfige Armee auf dem Schlachtfeld erscheinen würde, um den Gegner in die Flucht zu schlagen. Dies hatte ihnen einst eine Feenjungfrau prophezeit.

Eildon Hills bei Melrose, Roxburgh: Der Poet und Prophet Thomas the Rhymer sah einst die Feenkönigin, als er durch die Berge schweifte. Es hieß, sie habe einen Zauber über ihn verhängt und ihn zu ihrem Sklaven gemacht. Sie brachte ihn in eine Höhle und von dort ins

Feenreich. Hier verbrachte er sieben Jahre. Als sie ihm erlaubte, es wieder zu verlassen, beschenkte sie ihn mit der Gabe »einer Zunge, die niemals zu lügen vermag«.

Fairy Hill, Aberfoyle, Perth: Der Pastor Robert Kirk, der auf diesem Berg 1692 starb, soll von hier aus ins Feenreich gebracht worden sein. Man begrub ihn auf dem Kirchhof, doch es hieß, der Sarg sei lediglich voller Steine. Man kann sein Grab dort besichtigen, es wird von einer Platte aus rotem Sandstein bedeckt.

Haltadans, Fetlar, Shetland: Die aufrecht stehenden Steine, die »der hinkende Tanz« genannt werden, sollen Trows (der Name der Feen auf den Shetland-Inseln) sein, die im Mondlicht tanzten. Als sie einmal bis zum Sonnenaufgang tanzten, wurden sie zur Strafe zu Stein verwandelt.

Tonnahurich (Hill of the Yews), Inverness: Es wurde angenommen, daß im Innern des Hügels eine Fee lebte; man sagte auch, daß Thomas the Rhymer dort mit seiner Gefolgschaft in tiefem Schlaf liege.

Irland

Ben Bulben, County Sligo: Evans Wentz hat eine ganze Reihe von Geschichten zusammengetragen, in denen von Feenbeobachtungen im Schatten des Ben Bulben die Rede ist. Zum Beispiel die des Farmers, der des Nachts Musik und Kinderstimmen hörte, und die des alten Mannes, der viele tausend »Gentry« in ihren im Mondlicht schimmernden Rüstungen sah.

Dun Aengus, Inishmore, Aran-Inseln, County Galway: Diese prächtige prähistorische Befestigungsanlage am Rande einer Steilklippe war einer der bevorzugten Wohnsitze der Feen.

Hill of the Brocket Stones, Carns bei Grange, County Sligo: Die Gentry, hieß es, kamen des Nachts wie eine Armee den Berg hinunter; sie sähen aus wie lebendige Menschen, seien aber anders angezogen – aber »es waren keine lebendigen Wesen, so wie wir«.

Knockmaa, zwischen Headford und Tuam, County Galway: Hier stand der Palast von Finvara (Finbhearra), dem König der Feen von Connacht. Dorthin sind auch Menschen entführt worden, und im Innern des Hügels ist ein Eingang in die Unterwelt. Der Feenkönig liegt hier zusammen mit seiner Frau Onagh in einer Steinkammer begraben.

Lough Gur, County Limerick: Man glaubte, daß in den Wassern des Sees und den ihn umgebenden Landstrichen Feen lebten. In diesem See befindet sich auch der Eingang zur Tir-na-nog, dem Land der Jungen, in das die Tuatha de Danann flohen.

Lough Neagh, County Antrim: An den Ufern des Sees lag einst eine Stadt, die von einem Feenvolk bewohnt wurde. Menschen, die mit der Gabe ausgestattet sind, die Feen sehen zu können, können noch immer die Ruinen der prächtigen Paläste erkennen. Ruderer auf dem See haben aus seiner Tiefe Musik und Gelächter gehört, das von den dort unten abgehaltenen Festen der Feen zu ihnen herauf drang.

Die *Grabkammern von Newgrange, County Meath*: Die

berühmten prähistorischen Grabkammern waren eine Heimstatt der Feen, und die in der Nähe lebenden Menschen sahen die »guten Leute« in der Nacht und am Morgen dort heraus kommen. Dagda, der Hohe König der Tuatha de Danann, lebte dort.

Rathcrogan, County Roscommon: Owneygat, oder Cat's Cave, ist der Eingang zur Anderswelt.

Slieve Gullion, County Armagh: »Die guten Leute im Innern dieses Berges sind Menschen, die gestorben und fortgeholt worden sind; der Berg ist verzaubert.« (so erzählte es ein Mann, mit dem Evans Wentz sprach).

Slievenamon, County Tipperary: An der Ostflanke des Berges stand einst ein berühmter Feenpalast. Dort wurde Fionn mac Cumhail von den Frauen aus dem Feenhügel verzaubert.

Bibliographie

Die folgenden Bücher befassen sich weitestgehend oder ausschließlich mit Feen und Feenüberlieferungen.

Andrews, Elizabeth, *Ulster Folklore*, Elliot Stock, London, 1913

Briggs, Katharine, *A dictionary of Fairies*, Penguin Books, London, 1976

– *The Fairies in Tradition and Literature*, Routledge and Kegan Paul, London, 1967

– *The Vanishing People*: A Study of Traditional Fairy Beliefs, B. T. Batsford, London, 1978

Cooper, Joe, *The Case of the Cottingley Fairies*, Robert Hale, London, 1990

Gardner, Edward C., *Fairies*: A Book of Real Fairies, The Theosophical Publishing House, London, 1945

Gregory, Lady, *Visions and Beliefs in the West of Ireland*, G. P. Putnam's Sons, London und New York, 1920; zweite Auflage veröffentlicht von Colin Smythe, Buckinghamshire, 1970

Hartland, Edwin Sidney, *The Science of Fairy Tales*, Methuen, London, 1925er Ausgabe (Erstveröffentlichung 1890)

Keightley, Thomas, *The Fairy Mythology*, Neuausgabe 1878 von G. Bell, London, veröffentlicht von Avenel

Books, New York, 1978 unter dem Titel *The World Guide to Gnomes, Fairies, Elves, and Other Little People*

Kirk, Robert, *The Secret Common-Wealth*, mit einem Kommentar von Steward Sanderson, D. S. Brewer, Suffolk, und Rowman and Littlefield, N.J., 1976

Logan, Patrick, *The Old Gods*: The Facts About Irish Fairies, The Appletree Press, Belfast, 1981

MacManus, D. A., *The Middle Kingdom*: The Fairie World of Ireland, Max Parrish, London, 1959

Narváez, Peter, (Hrg.), *The Good People*: New Fairylore Essays, Garland Publishing, New York und London, 1991

Owen, Reverend Elias, *Welsh Folk-Lore*, 1888; die Ausgabe von 1896 von Woodall, Minshall & Co., Oswestry and Wrexhan, wiederveröffentlicht von EP Publishing, West Yorkshire, 1976

Rhys, John, *Celtic Folklore. Welsh and Manx*, The Clarendon Press, Oxford, 1901 (zwei Bände); Wildwood House, London, 1980

Roth, John E. *American Elves*: An Encyclopedia of Little People from the Lore of 340 Ethnic Groups of the Western Hemisphere, Mc Farland & Co., Jefferson, NC, 1995

Smith, Peter Alderson, W. B. *Yeats and the Tribes of Danu*: Three Views of Ireland's Fairies, Colin Smythe, Bukkinghamshire, 1987

Spence, Lewis, *British Fairy Origins*, Watts & Co., London, 1946

– *The Fairy Tradition in Britain*, Rider and Co., London, 1948

Thomas, W. Jenkyn, *The Welsh Fairy Book*, T. Fisher Unwin, London, 1907, University of Wales Press, Cardiff, 1952, 1995

Wentz, W. Y. Evans, *The Fairy-Faith in Celtic Countries*, H. Frowde, London, 1911; Lemma Publishing Corporation, New York, 1973

Anmerkungen

Die genauen Daten über die Veröffentlichung der hier nicht vollständig gekennzeichneten Bücher entnehmen Sie bitte der Bibliographie.

1. *»Es waren bloß ein paar* Feen*«: Feenüberlieferungen in Großbritannien und* Irland

1. Eine ausführliche Erklärung der Herkunft des Wortes »Fee« findet man in Spence, *British Fairy Origins*, S. 1–2, und in Noel Williams, »The Semantics oft the Word Fairy: Making Meaning Out of Thin Air«, in Narváez, *The Good People*, S. 457–478.
2. Spezielle Beispiele dafür findet man in Leslie V. Grinsell, *Folklore of Prehistoric Sites in Britain* (David + Charles, 1976).
3. Wirt Sikes, *British Goblins*, (Erstveröffentl. von Sampson Cow, London, 1880; Nachdruck von EP Publishing 1973), S. 374–375. Ebenfalls in Spence, *British Fairy Origins*, S. 182. Weitere Beispiele auf den Seiten 181–184.
4. Lady Wilde, *Ancient Legends, Mystic Charms, and Superstitions of Ireland* (Ward and Downey, London, 1988; Nachdruck O'Gorman Ltd, Galway, 1971), S. 235.
5. Mac Manus, *The Middle Kingdom*, S. 116–117.
6. *Sunday Express*, 13. Oktober 1968.
7. Gregory, *Visions and Beliefs*, S. 141.
8. ebenda, S. 134.
9. Mac Manus, *The Middle Kingdom*, S. 111–112.
10. ebenda, S. 99–100.

11. Y *Cymmrodor*, 7 (1886), S. 56
12. W. B. Yeats, *The Celtic Twilight* (Colin Smythe, Buckinghamshire, 1981), S. 93.
13. Mac Manus, *The Middle Kingdom*, S. 62–63.
14. ebenda, S. 103.
15. Wentz, *The Fairy – Faith*, S. 47.
16. Lewis Spence gibt einen Überblick über die Erscheinungen und Verkleidungen der Feen, in Kapitel 8 seines Buches *The Fairy Tradition in Britain*.
17. »Anglesea Folk-Lore« in Y Cymmrodor, 7 (1886), S. 196.
18. *Archaeologia Cambrensis* (1886), S. 72.
19. Briggs *The Fairies in Tradition and Literature*, S. 138–139.
20. Weitere Einzelheiten in »Protection against fairies»in Briggs, *A Dictionary of Fairies*, S. 335–336.
21. Mac Manus, *The Middle Kingdom*, S. 119–121.
22. ebenda, S. 121–126.
23. Harold T. Wilkins, »Pixie-Haunted Moor«, *Fate* Magazin, Ausgabe 29, Juli-August 1952, S. 113–114.
24. Siehe Rogos Bücher: NAD: *A Study of Some Unusual »Other World« Experiences* (University Books USA, 1970) und NAD: *A Psychic Study of »The Music of the Spheres«* (vol. 2) (University Books, USA, 1972).
25. Zitiert in Briggs *A Dictionary of Fairies*, S. 12–13.
26. E. Hamer, *Parochial Account of Llanidloes*, zitiert in Owen, *Welsh Folk-Lore*, S. 102–103.
27. Rita Gould, »Some Notes on Cornfield Circles at Two Sites in Leicestershire (1988 and 1989)«, *Flying Saucer Review*, Aug. 35, Nr. 1 (1990), S. 11.
28. *Soleraine Chronicle*, 26. Januar 1907, wie berichtet von Sir Patrick Macrory in SPR *Newsletter*, Nr. 32, Januar 1990, S. 11–12.
29. Pierre le Loyer, *Discours, et histoires des spectres*, (Paris, 1605), zitiert in Andrew MacKenzie, *The Seen and the Unseen*, (Weidenfeld and Nicolson, London, 1987), S. 85.
30. Veröffentl. von Robert Hale Ltd, London, 1990, S. 69–71.
31. *The Countryman*, vol. 76, Nr. 4, Winter 1971/72, S. 183–184.
32. Spence, *The British Fairy Origins*, S. 176–177.
33. Spence, *The Fairy Tradition in Britain*, S. 315.
34. Mac Manus, *The Middle Kingdom*, S. 78–81.

35. John Premnay, »Small Tales of the Little People«, *Country Life*, 24. Mai 1973.
36. Owen, *Welsh Folk-Lore*, S. 109–110.
37. Collecteana, in *Folklore*, vol. 45 (1934), S. 344.
38. Forby, *Vocabulary of East Anglia*, vol. 8, S. 108, zitiert in Eveline Camilla Gurdon, *Country Folklore: Suffolk*, (D. Nutt, Ipswich, 1893), S. 35.
39. Aus »The East Anglian« oder »Notes and Queries«, vol., S. 45.
40. Pennant, *Whiteford*, S. 131, zitiert in Owen, *Welsh Folk-Lore*, S. 111.
41. Henry Morley, Memoirs of Bartholomew Fair (1859), zitiert in *Fairies*, Katalog einer Ausstellung im British Museum, 1980, S. 28–29.

2. *»Ein Tanz von großer Lebhaftigkeit«: Berichte aus Großbritannien und Irland aus der Zeit vor dem zwanzigsten Jahrhundert*

1. Zitiert in K. M. Briggs, *The Anatomy of Puck*, (Routledge and Kegan Paul, London, 1959), S. 242; und John Ashton, *The Devil in Britain and America*, (Erstveröffentlichung 1896, wiederveröffentlicht von Newcastle Publishing Co., Hollywood, CA, 1972), S. 294.
2. John Beaumont, *An Historical, Physiological, and Theological Treatise of Spirits*, London, 1705), zitiert in Briggs A *Dictionary of Fairies*, S. 243–245.
3. Owen, Welsh, *Folk-Lore*, S. 98–99. Weitere Erklärungen findet man in T. Gwynn Jones, *Welsh Folklore and Folk-Custom*, (Erstveröffentlichung 1930, Neuauflage 1979 von D. S. Brewer, Cambridge), S. 72–74.
4. A. W. Moore, *The Folk-Lore of the Isle of Man*, (D. Nutt, London, 1891; Wiederveröffentl. von E. P. Publishing, Yorkshire, 1971), S. 47.
5. Charles C. Smith, »Fairies at Ilkley Wells«, *Folk-Lore Record*, Ausg. 1 (1878), S. 229–231.
6. Hollingworths *History of Stowmarket*, S. 248, zitiert in Eveline Camilla Gurdon, *Country Folk-Lore: Suffolk*, (Folk-Lore Society, 1893), S. 38.

7. John Harland und T. T. Wilkinson, *Lancashire Folk-Lore.*
8. Wentz, *The Fairy-Faith*, S. 72–73.
9. Jonathan Ceredig Davies, *Folk-Lore of West and Mid – Wales*, (Aberstwyth, 1911), S. 124.
10. ebenda, S. 128.
11. Wentz, *The Fairy-Faith*, S. 72–73
12. William Martin, Colecteana, III. In the Isle of Man, *Folk-Lore*, Ausg. 13 (1902), S. 186.
13. Gregory, *Visions and Beliefs*, S. 219–221.
14. Transactions of the Devonshire Association, Ausg. 60, zitiert in J. R. W. Coxhead, *Devon Traditions and Fairy-Tales* (The Raleigh Press, Exmouth, 1959), S. 51.
15. Katharine M. Briggs, A *Dictionary of British Folk-Tales in the English Language*, Part. B., Folk Legends, Ausg. 1 (Routledge + Kegan Paul, London, 1971).
16. Gregory, *Visions and Beliefs*, S. 206.
17. Zitiert in Jerome Clark and Loren Coleman, *The Unidentified* (Warner Paperback Library, New York, 1975), S. 55.
18. Gregory, *Visions and Beliefs*, S. 238.

3. »*Kleine braungekleidete Gestalten*«: *Berichte aus Großbritannien und Irland während des zwanzigsten Jahrhunderts*

1. Gardner, *Fairies*, S. 38.
2. Sir Arthur Conan Doyle, »The Evidence for Fairies« *Strand* magazine.
3. Ein Brief an Ernest W. Marwick, zitiert in seinem Buch *The Folklore of Orkney and Shetland* (B. T. Batsford Ltd., London, 1975), S. 38.
4. Bessie Skea, »Tales of little people and other isles legends«, *Islander* (*The Orcadian*), 1991, S. 4.
5. »Dancing« in Briggs, A *Dictionary of Fairies*, S. 88–89.
6. Siehe Kapitel 8, Janet + Colin Bord, *Earth Rites* (Granada Publishing, London, 1982).
7. Ein Brief in *Country Quest*, Ausg. 14, Nr. 6, November 1973, S. 47.
8. David Clarke, »From My Pennine Valley Notebook«, *Magonia*, Nr. 33, Juli 1989, S. 3–7, Peter Hough, »Strangeness in Stocksbridge«, *Fate* magazine, Februar 1991, S. 55.

9. Robin Gwyndaf, Fairylore: Memorates and Legends from Welsh Oral Tradition, in Narváez, *The Good People*, S. 178–179.
10. Aus einem persönlichen Gespräch.
11. Mac Manus, *The Middle Kingdom*, S. 45–47.
12. Ein Brief von Richard Holland in *Fate* magazine, Dezember 1993, S. 116.
13. Mac Manus, S. 38–39.
14. ebenda S. 36–38.
15. *Belfast Telegraph*, 9. November 1959, wie berichtet in Folklore, 71 (1960), S. 53.
16. Mac Manus, *The Middle Kingdom*, S. 47–48.
17. »More fairies seen« in »I see by the papers«, *Fate* magazine, April 1993, S. 14.
18. Celia Green + Charles McCreery, *Apparitions* (Hamish Hamilton Ltd., London, 1975), S. 158.
19. Mac Manus, *The Middle Kingdom*, S. 48–50.
20. Vivienne Rae – Ellis (Hrsg.), *True Ghost Stories of Our Own Time* (Faber and Faber, London, 1990), S. 80–81.
21. Veröffentlicht von Alasdair Alpin Mac Gregor, und erwähnt in Peter Underwood, *Deeper into the Occult* (Harrap, London, 1975), S. 73–74.
22. Sam Hanna Bell, *Erin's Orange Lily* (Dennis Dobson, London, 1956), S. 73.
23. *Irish Press*, 1938.
24. Nandor Fodor, *Between Two Worlds* (Parker Publishing Company, West Nyack, New York, 1964), S. 192.
25. Alasdair Alpin Mac Gregor, *The Peat – Fire Flame* (The Ettrick Press Ltd., Edinburgh and London, 1937), S. 26–28.
26. Mac Manus, *The Middle Kingdom*, S. 32–35
27. Ein Brief aus *John O'London's Weekly*, 28. März 1936, S. 1023.
28. Sir Arthur Conan Doyle, »The Evidence for Fairies«, *Strand* Magazine.
29. Gardner, *Fairies*, S. 36.
30. ebenda, S. 38.
31. ebenda, S. 40–41.
32. Ein Brief aus »True Mystic Experiences«, *Fate* magazine, Mai 1977, S. 52–53.
33. Aus einem persönlichen Gespräch, 1986.

34. Circum libra, »The little Green Man«, *The Ley Hunter*, Nr. 40, Februar 1973, S. 2.
35. Weitere Einzelheiten zu Rocs Erlebnissen finden sich in David Ash and Peter Hewitt, *Science of the Gods* (Gateway Books, Bath, 1990), S. 100–106.
36. Ein Brief aus *John O'London's Weekly*, 28. März 1936, S. 1023.
37. Aus Briefen von Marina Fry, Februar 1973.
38. Gordon Creighton, »A Weird Case from the Past«, *Flying Saucer Review*, Ausg. 16, Nr. 4, S. 30.

4. *Zwerge, Mumien und kleine grüne Männchen*: Das Kleine *Volk rund um die Welt.*

1. Weitere Einzelheiten, siehe Wentz, *The Fairy Faith*, S. 185.
2. *Sydsvenska Dagbladet Snällposten*, 5. August 1984, wie berichtet in *Fortean Times*, Nr. 43, S. 45; *Wall Street Journal* (Princeton, N.J.), 13. Juli 1990, Nachdruck in *Forteana News*, Januar 1991, S. 19; *European*, 6. - 9. August 1992, wie berichtet in *Fortean Times*, Nr. 74, S. 16.
3. »Fairies in the Lower Simla Hills, India«, in Collecteana, *Folklore*, Ausg. 45 (1934), S. 345–346.
4. M. J. Field, »Gold Coast: Ethnography. The Asamanukpai of the Gold Coast«, *Man* 34, Dezember 1934, S. 186–187.
5. Über die südamerikanische Überlieferung zum Kleinen Volk, siehe *Strange* magazine, Nr. 11, S. 19.
6. Pressebericht vom 11. April 1990 im *Edmonton Journal*, von Laurie Sardadif.
7. Mary L. Fraser, *Folklore of Nova Scotia* (1932), zitiert in John Robert Colombo, *Mysterious Canada* (Doubleday Canada Ltd, Toronto, 1988), S. 31.
8. »Cherokee »Little People« Legends of North Carolina« von Ron Martz, *Atlanta Weekly* (Georgia), 11. Oktober 1987, Abdruck in *Pursuit*, Jg. 21, Nr. 1, vollst. Ausg. Nr. 81 (1988), S. 34.
9. *Nature*, 66, 12. Juni 1902, S. 151.
10. »Unearthed Remains of a Dwarf Race«: Bericht aus dem *San Francisco Chronicle*, Neuabdruck in der *Toronto News*, 2. Januar, 1891.

11. Informationen zur Pedro Mumie von: John Bonar, *Goliaths of Glenrock* (Jelm Mt. Press, Laramie, Wyoming, 1981), S. 43–45; Ray Palmer, »Mystery of the Midget Mummy«, *Fate* magazine, September 1950, S. 74–76; ein Brief der Pastorin Elvina Colburn aus Kalifornien, die die »winzige Mumie« sah, *Fate* magazine, April 1951, S. 96–97; »The Mysterious Little People«, *True West*, April 1983, S. 16–18.
12. Frank Farrara, »Midget Mummy Mystifies. Marinites«, wahrscheinlich aus dem *San Francisco Chronicle*, 1. Januar 1979.
13. »The Tools of Tiny People«, *Mysteries of the Unexplained* (Readers Digest, New York, 1982 + 1988), S. 43.
14. Ulrich Magin, »The European Yeti«, *Pursuit*, Jg. 19, Nr. 74, S. 65.
15. Andrew Mac Kenzie, *The Seen and the Unseen* (Weidenfeld and Nicolson, London, 1987), S. 77–79.
16. Emma Hardinge Britten, *Nineteenth – Century Miracles* (New York, 1884), zitiert in Nandor Fodor, *Between Two Worlds* (Parker Publishing Company, New York, 1964), S. 193.
17. *Nemere*, Transylvanische Zeitung, 16. März 1883, zitiert in Win Henry Jones + Lewis L. Kropf, »Magyar Folk – Lore and some Parallels«, *The Folk – Lore Journal*, Jg. I, Teil XI, November 1883, S. 361.
18. »Dwarfs in the West«, Folk-Lore Miscellanea, in *Folk – Lore*, Jg. 4 (1893), S. 402.
19. Gardner, *Fairies*, S. 36–37.
20. *Fiji Times*, 19. Juli 1975, abgedruckt in *Pursuit*, Jg. 12, Nr. 3.
21. Robiou Lamarche, *UFOs Over Puerto Rico, Santo Domingo and Cuba*; mir zur Verfügung gestellt von Albert. S. Rosales aus Miami, Florida.
22. Fabio Picasso, »Infrequent types of South American Humanoids III: Gnomes + Little Green Men«, *Strange* magazine, Nr. 11, S. 19–21.
23. William Allen White, *Autobiography* (Macmillan, London, 1946), beschrieben von Glenn Clairmonte in »William Allen White and the Little People« in *The World's Strangest Stories* (Clark Publishing Company, Illinois, 1983), S. 205–206.
24. Alex Evans, »Encounters with Little Men«, *Fate* magazin, November 1978, S. 83–85.

25. »Folklore from Nova Scotia«, zusammengetragen von Arthur Huff Fauset, *Memoirs of the American Folk-Lore Society* (American Folk-Lore Society, New York, 1931), S. 89.
26. Fred Allen, »Time Traveler in Morongo Valley«, *Elsewhen*, Jg. 1, Nr. 6, S. 8.
27. Kenneth Arnold, »How it all began«, *Proceedings of the First International UFO Congress* (Warner Books, New York, 1980), S. 26.
28. Von Mark Chorvinsky in den Delmarva Historical Archives gefunden.
29. George Young, *Ghosts in Nova Scotia* (The Lunenburg County Print Ltd, Nova Scotia, 1977), S. 13.
30. Brief aus dem *Fate* magazin, März 1978, S. 128.
31. Karen Maralee »Fairy Dust«, *Fate* magazin, September 1994, S. 55–56.
32. Fred H. Bost, »A Few Small Steps on the Earth: A Tiny Leap for Mankind?«, *Pursuit*, Jg. 12, Nr. 2, S. 50–53.
33. Eine ausführlichere Schilderung findet man in Janet + Colin Bord, *Modern Mysteries of the World* (Grafton Books, London, 1989), in den USA veröffentlicht als *Unexplained Mysteries of the 20th Century* (Contemporary Books, Chicago); siehe auch Loren Coleman, *Mysterious America* (Faber + Faber, London + Boston, 1983), S. 41–56.
34. Janet Ahmasuk, »Stalking the little green Men«, *Nome Nugget*, 6. Oktober 1988; Neuabdruck in *Forteana News*, Februar 1989, S. 18. Siehe auch Mark Chorvinsky, »Alaskan Little Green Men«, in seiner regelmäßigen Kolumne »Our Strange World« im *Fate* magazine, November 1990, Seite 19–28, in der er die Beobachtungen von 1988 beschreibt und kommentiert.
35. Janet Ahmasuk, »Little men visit Wales fisherman«, Nome Nugget, 3. November 1988, Nachdruck in *Forteana News*, Februar 1989, S. 20.
36. Janet Ahmasuk, »Little people visit the village«, Nome Nugget, 27. Oktober 1988, Nachdruck in *Forteana News*, März 1989, S. 18.
37. »Elder recalls »little people««, in *Valley Sun* (Wasilla, AK), 29. September 1992.
38. siehe Ahmasuk (36.)

5. UFO-*Wesen und* Feen: *Sind sie ein und dasselbe?*

1. Owen, *Welsh Folk*-Lore, S. 93–94.
2. Laut Nachforschungen von UFO Norway/Leif Havik, und berichtet in The UFO World '86, recherchiert von Jenny Randles, veröffentlicht von BUFORA (British UFO Research Association), Mai 1986, S. 22.
3. Antonio Chiumiento, »An Encounter with »Rat – Faces«, in Italy«, *Flying Saucer Review*, Jg. 28, Nr. 6, S. 14–18.
4. Dr. Walter Buhler, »Extraterrestrial Dwarves Attack Farm Worker«, *Flying Saucer Review*, Jg. 28, Nr. 1, S. 5–8.
5. Die beiden französischen Fälle aus Aime Michel, *Flying Saucers and the Straight – Line Mystery* (S. 6, Phillips, New York, 1958), S. 154.
6. Alfred Budden, »The Mince – Pie Martians«, F*ortean* Times, Nr. 50, S. 40–44.
7. Antonio Ribera, »The Landing at Villares del Saz«, in Charles Bowen (Hrsg.), T*he Humanoids* (Neville Spearman, London, 1969), S. 77–81.
8. Ahmad Jamaludin, »A Wave of Small Humanoids in Malaysia in 1970«, *Flying Saucer Review*, Jg. 28, Nr. 5, S. 24–27.
9. Ahmad Jamaludin, »Humanoid Encounters in Malaysia«, MUFON UFO J*ournal*, Nr. 141, November 1979, S. 7–9.
10. Ahmad Jamaludin, »Strange Encounters in Lumut«, M*alaysian* UFO B*ulletin*, Nr. 3, Oktober 1981, S. 3–4.
11. Ahmad Jamaludin, UFO Reports from Malaysia, 1981 – 1987, *Flying Saucer Review*, Jg. 33, Nr. 4, S. 22–23.
12. Jenny Randles, T*he Pennine* UFO M*ystery* (Granada Publishing, London, 1983), S. 156.
13. Jenny Randles, *Abduction* (Robert Hale Ltd. London 1988), S. 91.
14. Gordon Creighton, »UFO, Occupants and Sex in Colombia«, *Flying Saucer Review*, Jg. 23, Nr. 1, S. 14–18.
15. Ein ausführlicher Bericht des Villas Boas Falls befindet sich in Gordon Creighton, »The Amazing Case of Antonio Villas Boas«, in Charles Bowen, s.o., S. 200–238.
16. A. C. Haddon, »A Batch of Irish Folk-Lore«, F*olk-Lore*, IV, S. 358.

17. Für weitere Informationen über Wechselbälger siehe »Changelings« in Briggs, A *Dictionary of Fairies*, S. 69–71; Wentz, *The Fairy-Faith*, S. 244–253, Spence, *The Fairy Tradition in Britain*, Kapitel XIII.
18. Wentz, *The Fairy-Faith*, S. 125–126.
19. Briggs, A *Dictionary of Fairies*, S. 66; siehe Einleitung zu »Captives in Fairyland«, S. 62–66.
20. Jaques Vallee, *Passport to Magonia* (Henry Regnery Co., Chicago, 1969), S. 234, 242, 265, 308.
21. Kirk, *The Secret Commonwealth*.
22. Rhys, *Celtic Folklore*, S. 279.
23. Jean – Claude Borret, *The Crack in the Universe* (Neville Spearman Ltd., Jersey, 1977).
24. Vicente – Juan Ballester – Olmos, A *Catalogue of* 200 *Type* - I UFO *Events in Spain and Portugal* (Center for UFO Studies, 1976), Fall 22, S. 5.
25. Bowen, s. o., S. 154.
26. Grafton Books, London, 1991.
27. William E. A. Axon, LL.D., »Welsh Folk-Lore of the Seventeenth Century«, Y *Cymmrodor*, Jg. XXI, 1908, S. 116.
28. R. H. B. Winder, »The Little Blue Man of Studham Common«, *Flying Saucer Review*, Jg. 13, Nr. 4, S. 3–4.
29. Siehe auch Peter M. Rojcewiez, »Between One Eye Blink and the Next: Fairies, UFOs, and Problems of Knowledge«, in Narváez, *The Good People*, S. 479–514.

6. *Gefallene Engel, heidnische Götter ... Wer ist das Kleine Volk?*

1. Briggs, A *Dictionary of Fairies*, S. 394.
2. Siehe dazu auch Keith Basterfield and Robert E. Bartholomew, »Abductions: the fantasy-prone-personality hypothesis«, *International* UFO *Reporter*, Jg. 13, Nr. 3, S. 9–11.
3. Nigel Watson, Ian Cresswell, Granville Oldroyd, »The Case of the Liverpool Leprechauns«, *Magonia* Nr. 18, S. 12–16.
4. Anthony Weir, »Sweathouses, Puzzling and Disappearing«, *Archeology Ireland*, Jg. 3, Nr. 1 (Frühjahr 1989), S. 10–13.

5. Bill Schmeer, »The Entombed Miners« Staircase to Heaven', in *The World's Strangest Stories* (Clark Publishing Co., Illinois, 1983), S. 99–108.
6. Hilary Evans, »The Case of the Little Man of Renèvé«, *Magonia* Nr. 22, Mai 1986, S. 9–11.
7. Aus einem persönlichen Gespräch.
8. Bob Rickard, »Fairy Remains at Carlingford«, *Fortean Times* Nr. 52, S. 11–12.
9. Janet + Colin Bord, *Atlas of Magical Britain* (Sidgwick + Jackson, London, 1990), S. 113.
10. Geoffrey Crawley, aufeinanderfolgende Artikel im *British Journal of Photography* vom 24. Dezember 1982, 31. Dezember 1982, 7. Januar 1983, 21. Januar 1983, 28. Januar 1983, 4. Februar 1983, 11. Februar 1983, 18. Februar 1983, 1. April 1983, 24. Mai 1985.
11. Siehe auch Paul Smith, »The Cottingley Fairies: The End of a Legend«, in Narváez, *The Good People*, S. 371–405.
12. *Fairies*, Ausstellungskatalog des Brighton Museums (1980), S. 40–41.
13. Peter Houghs and Jenny Randles Nachforschungen in diesem Fall sind beschrieben in *Northern* UFO *News*, Ausgaben 131–136 (1988–89), dort wird auch Peter Houghs 25seitiger Bericht für die MUFORA zusammengefaßt.
14. John L. Hall, »Expect the Unexpected!«: unveröffentlichter Bericht vom November 1994.
15. Wilfred Mendis, »Where the Pygmies of Ceylon Lived«, *Loris*, 4 (1945), S. 262.
16. S. V. Cook, »Native Folk-Lore. The lepracauns to Kwa Ngombe«, *Journal East African Ug. Natural History Society*, Nr. 20, November 1924, S. 24.
17. Zitiert in Wentz, *The Fairy-Faith*, S. 137, Anm. 2.
18. Briggs, A *Dictionary of Fairies*, S. 47.
19. Andrews, *Ulster Folklore*.
20. ebenda S. 8–9.
21. Die ausführlichste Darstellung dieser Theorie findet man in Kapitel VII »Were fairies a reminiscence of aboriginal races?« in Spence, *British Fairy Origins*.
22. Janet + Colin Bord, *Earth Rites* (Granada Publishing, London, 1982).

23. Siehe zum Beispiel Spence, *British Fairy Origins*, Kapitel VIII, »Are fairies derived from godlike forms?« und Kapitel XI, »Vestiges of Cult in fairy tradition«, Wentz, *The Fairy Faith*, Kapitel 4+9; Logan, The Old Gods.
24. Für weitere Informationen zu den *Genii cucullati* siehe H. R. Ellis Davidson, *Myths and Symbols in Pagan Europe* (Manchester University Press, 1988), S. 108–109; Miranda Green, *The Gods of the Celts* (Alan Sutton, Gloucester, 1986), S. 90–91.
25. Wentz, *The Fairy - Faith* xxiii – xxiv.
26. Nandor Fodor, *Between Two Worlds* (Parker Publishing Co., New York, 1964), S. 191.
27. *British Fairy Origins*, S. 110; und siehe das gesamte Kapitel VI, »Fairies as elementary spirits«.
28. Eine Schilderung, die Sir Arthur Conan Doyle zugeschickt wurde, und die er in seinem *Strand* Artikel, »The Evidence for Fairies«, benutzte.
29. Eine Schilderung, die Miss Hall aus Bristol Edward C. Gardner zuschickte, und die dieser in seinem Buch *Fairies*, S. 37–38, verwandte.
30. H. V. Morton, *In Search of Ireland* (Methuen + Co., London, 1930), S. 179.
31. Aus *Account of Aberystwyth*, zitiert in Spence, *British Fairy Origins*, S. 164.
32. K. M. Briggs, »The English Fairies« *Folk - Lore*, Jg. 68 (1957), S. 285.
33. Spence, *British Fairy Origins*, S. 152–154.
34. Eine Ausgabe mit einem wissenschaftlichen Kommentar von Steward Sanderson wurde von D. S. Brewer Ltd, Cambridge and Ipswich, 1976 veröffentlicht, sowie von Rowman and Littlefield, Totowa, N.J., 1976.
35. Briggs, *A Dictionary of Fairies*, S. 252–254.
36. ebenda, S. 234.
37. Gregory, *Visions and Beliefs*, S. 119.
38. Ein walisischer Gewährsmann von Wentz, *The Fairy-Faith*, S. 145.
39. Siehe hier besonders Kapitel IV, »Fairies as spirits of the dead«, und Kapitel V, »The ancestral character of fairy spirits«.

40. Siehe zum Beispiel J. C. Cooper, *Fairy Tales: Allegories of the Inner Life* (Aquarian Press, Northants, 1983).
41. C. J. Jung, *Dreams* (Ark Paperbacks, London, 1982), S. 231.
42. Fodor, s. o., S. 194.
43. Dr. Nandor Fodor, *The Haunted Mind* (Garrett Publications, New York, 1959), S. 139 in Signet Mystic (New American Library, New York, 1968) Ausgabe.
44. Brief im *Fate* magazine, Ausgabe 331, Oktober 1977, S. 127–128.
45. Dennis Stacy, »An Unsolicited Elf«, *Fortean Times* Nr. 64, S. 56.
46. *Buenos Aires Herald*, 12. Januar 1977, zitiert in *Flying Saucer Review*, Jg. 23, Nr. 5, S. iii
47. Irene Granchi, »A pleasant encounter in Brazil with »human - looking«, little people«, *Flying Saucer Review*, Jg. 35, Nr. 4, S. 21.

7. *Das Feenreich und andere Welten*

1. Briggs, *A Dictionary of Fairies*, S. 14–23.
2. ebenda, S. 345–346.
3. Zitat von Giraldus, aus Owen, *Welsh Folk-Lore*, S. 32–36; siehe auch Briggs, *A Dictionary of Fairies*, S. 118–120.
4. Katharine Briggs, *British Folk Tales and Legends: A Sampler* (Paladin Books, London, 1977), S. 152–153.
5. J. F. Cambbell, *Popular Tales of the West Highlands* (Alexander Gardner, Paisley + London, 1890–93), Jg. II, S. 66–67, zitiert in Briggs, *A Dictionary of Fairies*, S. 422–423.
6. Ein Brief, abgedruckt in Richard Bovet, *Pandaemonium, or the Devil's Cloyster Opened* (1684) und zitiert in Briggs *A Dictionary of Fairies*, S. 423–424.
7. Gregory, *Visions and Beliefs*, S. 56–67.
8. Briggs, *British Folk Tales*, S. 161–168.
9. Übersetzung Ralph von Coggeshalls', veröffentlicht in Keightley, *The Fairy Mythology*, S. 281–283.
10. Briggs, *A Dictionary of Fairies*, S. 201.
11. Hartland, *The Science of Fairy Tales*, S. 161–168.
12. Briggs, *A Dictionary of Fairies*, S. 400.

13. Hartland, s. o., S. 225–226.
14. Zahlreiche Beispiele findet man in Jenny Randles, Abduction (Robert Hale Ltd., London, 1988).
15. Wentz, *The Fairy-Faith*, S. 49.
16. Dr. Nandor Fodor, *Between Two Worlds* (Parker Publishing Co., New York, 1964), S. 192.
17. Rhys, *Celtic Folklore*, S. 215.
18. Walter Gill, *A Second Manx Scrapbook* (Arrowsmith, 1932).
19. Ein Brief an das *Fate* magazine, November 1956, S. 113–114.
20. CUFOS *Associate Newsletter*, Jg. 4, Nr. 5, S. 7.
21. Fall 7235, *Northern* UFO *News*, Nr. 115, September/Oktober 1985, S. 8.
22. Die Ereignisse laut Schilderung der Ehefrau, in Briggs, *The Fairies in Tradition*, S. 137–138.
23. »Llowarch«, »Ghosts in the Post?« in »Weird Wonders of Wales'« Kolumne, *Cambrian News*, 8. März 1991.
24. Briggs, *The Fairies in Tradition*, S. 137–138.
25. Wentz, *The Fairy-Faith*, S. 152–153.
26. »Fairy ointment«, »Four-leaved clover«, »Seeing fairies«, in Briggs, *A Dictionary of Fairies*, S. 156, 180–181, 350–353.
27. Wentz, *The Fairy - Faith*, S. 50.
28. ebenda, S. 131.
29. ebenda, S. 71 Anm. 1.
30. Briggs, *A Dictionary of Fairies*, S. 400.
31. Wentz, *The Fairy-Faith*, S. 61.
32. Paul Screeton, *Quicksilver Heritage* (Thorsons Publishers, Wellingborough, 1974), S. 248–249.
33. S. Baring Gould, *The Vicar of Morwenstow* (1876), S. 164.
34. Briggs, *A Dictionary of Fairies*, S. 191.
35. Cynthia Hind, UFOs – *African Encounters* (Gemini, Zimbabwe, 1982), S. 65.
36. Alan Gauld and A. D. Cornell, *Poltergeists* (Routledge + Kegan Paul, London, 1979), S. 114.
37. Charles Fort, LO!, in *The Complete Books of Charles Fort* (Dover Publications, Inc., New York, 1974; LO! wurde 1931 zum erstenmal veröffentlicht), S. 698–699.
38. Theo Brown, *Devon Ghosts* (Jarrold Colour Publications, 1982), S. 24–26.

39. D. J. West, »A Pilot Census of Hallucinations«, Resultate der Society for Psychical Research, Jg. 57, Teil 215, April 1990, Fall 0878, S. 176.
40. Ann Boyette, »Did I travel in time?«, *Fate* magazine, Mai 1956, S. 50–51.
41. Patrick F. Arnone, »Beyond the Veil«, *Fate* magazine, April 1982, S. 59–60.
42. Weitere Einzelheiten und Analysen des Falls sind nachzulesen in *Flying Saucer Review*, November/Dezember 1973er Ausgabe, und Jaques Vallee, *The Invisible College* (E. P. Dutton + Co., New York, 1975), S. 118–122.
43. Michael B. Sabom, MD, *Recollections of Death* (Corgi Books, London, 1982), S. 281.
44. Frederic W. H. Myers, *Human Personality and its Survival of Bodily Death* (Longmans, Green and Co., London, 1903), S. 315-322.
45. Robert A. Monroe, *Journeys out of the Body* (Souvenir Press, London, 1972), S. 94–100.
46. Mircea Eliade, *Shamanism* (Princeton University Press, 1964).
47. John L. Randall, *Psychokinesis* (Souvenir Press, London, 1982), S. 216.

ECON SACHBUCH

Jürgen Fliege
In hellen und in dunklen Tagen
Mit Jürgen Fliege durch das Jahr
TB 26374-9

»Ich würde Sie gerne in der nächsten Zeit begleiten und mit Ihnen ein paar Schritte gemeinsam gehen. Wenn es gutgeht, sogar ein ganzes Jahr lang. Ich würde Sie gerne irgendwo und irgendwann, gerade wenn es Ihnen beliebt, treffen und dabei ein bißchen ins Erzählen kommen. Nur kurz. Immer nur ganz kurz. Man muß sich ja erst aneinander gewöhnen.«
Für Millionen von Zuschauern ist Jürgen Fliege der Talkmaster mit Herz und Engagement. Fasziniert verfolgen sie seine tägliche Sendung »*Fliege*« und lesen seine ebenso amüsanten wie nachdenklichen Zeitungskolumnen. Die schönsten Texte von Jürgen Fliege zum Jahr und seinen wechselvollen Zeiten sind hier in einem einzigartigen Band zusammengefaßt.

ECON TASCHENBÜCHER ECON

ECON UNTERHALTUNG

Nicole Avril
So lange liebe ich dich schon
Roman
TB 27113-X

Eine unmögliche Dreiecksgeschichte. Der junge Antoine verliebt sich in Pauline, die zweite Frau seines Vaters. Obwohl sie seine Gefühle erwidert, finden die beiden nicht zusammen. Als Antoines Vater verunglückt, steht dies für immer zwischen ihnen. „Ein schöner Roman, gefüllt mit Nostalgie…" (Le Parisien)

Sara Lewis
Liebe ist kein Kinderspiel
Roman
TB 27164-4

Alice Hammond ist 33, steht zwischen zwei Männern, sucht dringend eine Wohnung, möchte einen neuen Job und … ist schwanger. Eigentlich hat Alice sich schon gegen das Kind entschieden, doch plötzlich ändert sie ihre Meinung. Familie und Freunde sind entsetzt …
Sara Lewis' Roman garantiert witzige und zeitgemäße Unterhaltung.

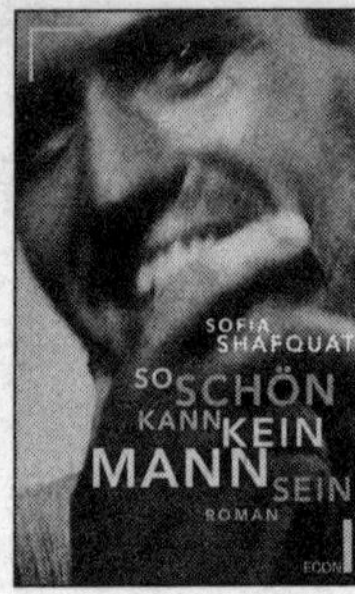

Sofia Shafquat
So schön kann kein Mann sein
Roman
TB 27151-2

Leslie Kovalsky, offen, ehrlich und vertrauensvoll, die Antwort der 90er Jahre auf Holly Golightly („Frühstück bei Tiffany"), ist auf der Suche nach dem Sinn und dem Mann ihres Lebens.
„‚Thelma und Louise' ohne Kugelhagel. Ein inspirierendes Debüt." (Booklist)

U 002

ECON TASCHENBÜCHER ECON

ECON UNTERHALTUNG

Susan Pepper Robbins
Kreuz und quer und dann nach Hause
Roman
TB 27094-X

Die humorvolle, mitfühlende und bissige Geschichte von Ruth, einer lebenslustigen Mutter, die damit kämpft, ihre beiden Söhne zu erziehen und den Aufdringlichkeiten ihres Exmanns zu entgehen.
„Ruth ist schlagfertig und läßt sich nichts gefallen. Sie beeindruckt mit ihrer Geduld, ihrer Cleverness und Ihrem Schwung." (Kirkus Reviews)

Nancy Bosson
Wie die Mutter, so der Sohn ... und die Tochter auch!
118 heitere Miniaturen
TB 27046-X

Unterhaltsam und liebevoll erzählt Nancy Bosson von vielen Aspekten der Mutter-Sohn-Bindung: von Erziehungsstrategien, mütterlichen Eitelkeiten und der größten Rivalin: Sohnemanns erster Freundin ...
Außerdem: Eine Checkliste aller Qualitäten einer idealen Mutter!

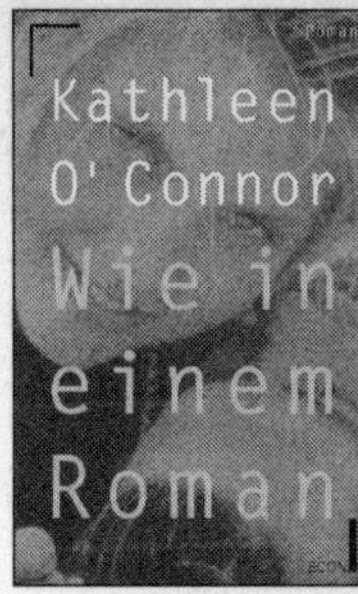

Kathleen O'Connor
Wie in einem Roman
Roman
TB 27133-4

Cheryl hat eine gescheiterte Ehe hinter sich, als sie Richard, der nach einem Schlaganfall im Rollstuhl sitzt, kennen- und liebenlernt.
Ihr gemeinsames Leben ist nicht einfach und fängt genau da an, wo Romane aufhören – bei der Heirat.
„Wer beim Lesen eines Liebesromans auf Niveau nicht verzichten will, kommt hier voll auf seine Kosten." (Publishers Weekly)

U 003

ECON TASCHENBÜCHER ECON